रहिमन पानी राखिए

वाणी प्रकाशन
21-ए, दरियागंज, नई दिल्ली-110002
फोन : 011-23273167, 23275710, 41562622
फैक्स : 011-23275710
e-mail : vani_prakashan@yahoo.com

सजिल्द पहला संस्करण : 2006
सजिल्द दूसरा संस्करण : 2025

vaniprakashan.com

वाणी प्रकाशन
4695, 21-ए, दरियागंज, नयी दिल्ली-110 002
फ़ोन : + 91 11 23273167, 23275710
शाखाएँ
अशोक राजपथ, पटना-800 004, बिहार
कॉफ़ी हाउस कैम्पस, महात्मा गांधी मार्ग, प्रयागराज-211 001, उत्तर प्रदेश
महात्मा गांधी अन्तरराष्ट्रीय हिन्दी विश्वविद्यालय, वर्धा-442 001, महाराष्ट्र
sales@vaniprakashan.in
vaniprakashan@gmail.com

Rahiman Pani Rakhiye
by Vidyanivas Mishra

ISBN : 978-81-8143-493-7

Essays

मूल्य : ₹ 395

जी.एस. ऑफ़सेट, दिल्ली-110 095 में मुद्रित

वाणी प्रकाशन का लोगो मक़बूल फ़िदा हुसैन की कूची से

रहिमन पानी राखिए

विद्यानिवास मिश्र

वाणी
प्रकाशन

प्रकाशन के उत्कृष्टतम 62 वर्ष

रहिमन पानी राखिए

निवेदन

'रहिमन पानी राखिए' आदरणीय पंडित विद्यानिवास मिश्र की उन रचनाओं का संकलन है जो उनकी पूर्व प्रकाशित कृतियों में उपलब्ध नहीं हैं। पंडित जी जीवन और साहित्य की व्यस्तताओं में इन्हें स्वयं व्यवस्थित कर पाठकों तक पहुँचाने के पहले ही हम सब से विदा ले लिए। सब कुछ अकल्पनीय ढंग से हुआ। जीवन की आपाधापी अंत तक बनी रही और इस क्रम में उनकी भौतिक शरीरी यात्रा अनंत की यात्रा में तब्दील हो गई पर उनकी जीवंतता सदैव उनके साथ बनी रही। उनकी अनेक रचनाएँ अभी तक अप्रकाशित हैं। उन्हें प्रस्तुत करने के प्रयास में यह प्रथम कड़ी है।

पंडित जी की रुचि बहुआयामी थी और उसमें जीवन रस को अपनी समग्रता में, गहने और थहाने की तीव्र आकांक्षा थी। उनकी रचनाओं में एक सहृदय, रसिक, यात्री तत्त्व विश्लेषक, संस्कृतिविद की संश्लिष्ट छवि उभरती है। जीवन के निकट जाना, उसमें डूबना–उतराना और अपने साथ अपने पाठकों और श्रोताओं को उसका रस चखाना श्रुति की वाचिक परंपरा का स्मरण दिलाता है। रस का संचार और संवाद ही उनका प्रमुख संबोध्य है। उनकी इस छवि की यहाँ पुष्टि होती है।

इस संग्रह की रचनाओं को पाँच शीर्षकों में रखा गया है। ये शीर्षक पंडित जी की पूर्व प्रकाशित रचनाओं से लिए गए हैं और उन्हें व्यवस्थित करने का आधार उनमें निहित भाव और विषय हैं। 'व्यक्ति व्यंजना' में उनके वे निबंध हैं जो भारतीय संस्कृति और भारतीय मन की भारतीय दृष्टि से पहचान कराते हैं। पानी, प्रकाश, प्रकृति को पहिचनवाते हुए वे अपनी और अपने राम की स्मृति भी ताजी करते हैं। अतीत, वर्तमान और अनागत भविष्य के बीच हमारी अपनी पहचान किस तरह बनती बिगड़ती है, उसके सामने क्या चुनौतियाँ हैं ऐसे प्रश्नों से हमारा सामना होता है। इनमें हमारे खोने, पाने, बनने और बिगड़ने और संगति–विसंगति इन सबका विश्लेषण सहज भाव से किया गया है।

'चिड़िया रैन बसेरा' में पंडित जी के संस्मरण है। गाँव, घर, शहर, देश, विदेश

में विभिन्न स्थितियों में रहते हुए पंडित जी के अनुभव विशिष्ट देशकाल की छवि उकेरते हैं। इन संस्मरणों के साथ विचरते हुए हमें एक काल के सांस्कृतिक इतिहास की झलक मिलती है। शहरों का अपना व्यक्तित्त्व होता है जो वहाँ रहने वालो की तासीर और वहाँ के माहौल से बनता है। उनसे घुल मिलकर आदमी नई रंगत पाता है। घर बाहर व्यक्ति और समय के तालमेल से हमारे अनुभव जगत की बुनावट होती हैं।

मानवीय रिश्तों की गर्माहट कैसे-कैसे रूप धरती है और हमारा परिवेश उन्हें किस साँचे में ढालता है इसकी व्याख्या करते हुए जीवन के खट्ठे मीठे सभी रूप पंडित जी को अपनी ओर खींचते हैं। इस भाग का अंतिम लेख बड़ा ही मार्मिक है। 'ओझल होता साहचर्य' संगिनी के विछोह में प्रीति का उद्रेक है। भावों से सराबोर यह लेख निजी पीड़ा को एक व्यापक मानवीय फलक पर रख कर उपास्थित करता है। पंडित जी का आत्म मंथन निजता के स्वर में आज के समय की, विशेषतः टूटते-बिखरते समाज की विडंबना को रूपायित करताहै। इसे पढ़कर साहचर्य, परस्पर साकांक्ष जुड़ाव और मानवीय चेतना के लिए उसका उद्दाम आकर्षण और अकेले होते, सबसे कटते और टूटते आदमी की, उसकी असहायता की, संबंधों की विषमता का तीखा अहसास होता है।

पंडित जी की यात्रा अनवरत चलती थी। शायद अस्मिता की तलाश और उसे पहचानने की उत्कट जिजीविषा उन्हें यात्राओं पर ले जाती थी। यात्राओं से जुड़े अगले खंड में यात्रा वृत्तांत हैं जो हमें लेखक के साथ भावात्मक यात्रा पर ले जाते हैं। उनमें घटनाएँ, मानव स्वभाव, परिस्थिति, प्रकृति आदि में रमते पंडित जी आम आदमी की साधारण जिंदगी की जद्दोजहद से लेकर अध्यात्म के शिखर तक ले जाते हैं। अपने साथ बाँध कर वे एक तरल प्रवाह का अंग बना हमारे अस्तित्त्व के अनेक पक्षों का स्पर्श करते है।

चौथा खंड साहित्य और समाज की उन विभूतियों के लिए स्मरणांजलि है जो पंडित जी के प्रेरक रहे, सहचर रहे और जिनके संस्पर्श से उनके कार्य क्षेत्र, निष्ठा और सरोकारो का रूप बना और निखरा। पंडित जी का स्वर इन सबके प्रति कृतज्ञता का है। स्नेह संबंधों में रचे-बसे ये संस्मरण संबंधों की ऊष्मा और भावों की उच्छल तरंगों से अनुप्राणित हैं। पंडित जी की संश्लिष्ट बनावट का रहस्य कदाचित् इन्हीं प्रभावों में निहित है।

संग्रह के अंतिम भाग में आज की सामाजिक सांस्कृतिक परिस्थिति पर व्यंग्यात्मक रचनाएँ हैं। पंडित जी की पैनी निगाह आज की विसंगतियों की गहरी पैमाइश करती है और सोचने के लिए झकझोरती है।

कुल मिलाकर यह संग्रह पंडित जी के कई रूपों को एक साथ उकेरता है। सामग्री को एकत्र कर व्यवस्थित कर इस रूप में ढालने का कठिन कार्य भाई डॉ.

दयानिधि मिश्र ने सतत प्रयास से साधा। अरुण माहेश्वरी जी ने सुरुचि से तत्काल प्रकाशन का बीड़ा उठाया। ब्रजेंद्र त्रिपाठी और राघवेंद्र पाठक ने इस उपक्रम में महत्त्वपूर्ण योगदान दिया है। इन सबके समवेत प्रयास से हमारा प्रयास यह आकार ले सका। आशा हैं सुधी पाठकों को यह प्रयास रुचेगा और पंडित जी के विचार और भाव जीवंत बने रहेंगे। उनकी अन्य अप्रकाशित रचनाओं को सामने लाने का हमारा प्रयास चल रहा है और शीघ्र ही कई अन्य कृतियाँ भी प्रस्तुत होंगी।

दिल्ली

गिरीश्वर मिश्र

अनुक्रम

खण्ड : 1 व्यक्ति व्यंजना

खण्ड : 2 चिड़िया रैन बसेरा

खण्ड : 3 यात्राओं की यात्रा

खण्ड : 4 गिर रहा है आज पानी

खण्ड : 5 भ्रमरानन्द का पचड़ा

खण्ड-1 : व्यक्ति व्यंजना

विरथ रघुवीरा

मैं राम के धर्ममय रथ के बारे में लिख रहा हूँ। पहली बार 'सदा धरममय अस रथ जाके इस शीर्षक से 1948 में लेख लिखा था, लिखा क्या था, मेरे अग्रज पं. बदभद्र प्रसाद मिश्र ने यह लेख मुझसे लिखवा लिया था। उसे स्वर्गीय श्रद्धेय टंडन जी ने पढ़ कर सराहा था। तब गाँधी की चिता की आग तो बुझ चुकी थी पर उस आहुति की आँच अभी सिरायी नहीं थी। आज उस लेख को लिखे पैंतीस वर्प हो गये। आज अस्त्रहीन लड़ाई वाले व्यक्ति यकायक अप्रासंगिक हो गये और धर्म का रथ संशय के कुहासे में ऐसा घिर गया है कि वह दिखता ही नहीं। पुनः उस शीर्षक का उपयोग करते समय बहुत ग्लानि होती है, अपने ऊपर अपने समाज के ऊपर और समझदारी के नशे में डूबे हुए हिंदुस्तान के बुद्धिजीवी वर्ग के ऊपर। लगता है कोई धिक्कार रहा हो कि तुम यह बात करने लायक नहीं। दूसरी ओर कोई ललकार रहा है कि क्या हिमाकत की बात करते हो, क्षेप्यास्त्रों और अणुबमों के इस युग में तुम **धरममय रथ** से विजय करने चले हो, प्रगति के उन्माद ने धर्म को पिछड़ेपन की निशानी मानकर दूर फेंक दिया है किसी कोने में, जहाँ कभी-कभी लोगों को भरमाने के लिए जाना होता है। **सदा धरममय अस रथ जाके** पाठ करने वाले गाँधी केवल अनुष्ठान होकर रह गए हैं, उनका जीवनदर्शन तावीज में बंध गया है, उनकी साममय आहुति बस पुरातत्व की प्रदर्शिनी हो गयी है; ऐसे में बात करने चले हो रथहीन साधनहीन राम की विजय यात्रा की। एक ओर तीसरा मन है जो आजकल बहुत उदास रहता है, पहले वह ऐसा नहीं था, वह कुछ करना चाहता है, पर वह साहस नहीं जुटा पा रहा है कि जवाब दें, केवल और भीतर डूबता है और सोचता है कि विभीषण ने भी तो मन संदेह प्रकट किया था :

रावन रथी विरथ रघुवीरा। देखि विभीषण भयेउ अधीरा।
अधिक प्रीति मन भा संदेहा। बंदि चरन कह सहित सनेहा।
नाथ न रथ नाहिं तन पद त्राना। केहि विधि जितब वीर बलवाना।

राम पैदल हैं, न शरीर पर कोई कवच है, न शिर पर जटा के अलावा कोई शिरस्त्राण है, न पैरों में जूते हैं, न संगठित प्रशिक्षित सेना है, केवल हु हु करने वाली बानरों की अनियंत्रित भीड़ है, उधर रावण रथ पर पूरी रण सज्जा के साथ आ रहा है, उसके पास चतुरंगिणी सेना है, स्वर्ग के नन्दनकानन को धूलि में मिलाने वाले महान योद्धा हैं, युद्ध को संचालित करने वाली सेना की अद्भुत संपदा है, ऐसे बलवान् के ऊपर राम कैसे विजय प्राप्त कर सकेंगे? आज के सन्देही विभीषण से उस विभीषण में एक अन्तर जरूर है, आज के सन्देही विभीषण के मन में यह सन्देह प्रीतिवश नहीं उठता, वह उठता है बुद्धि के अपच के कारण। विभीषण राम के साथ इतने जुड़े हुए हैं, राम की करुणा के साथ इतने जुड़े हैं कि वे राम के पराक्रम को जानते हुए भी चिंतित होते हैं, काश राम के पास भी ये युद्ध के साधन होते तो विजय और निश्चित होती। आज का विभीषण राम से एकदम उदासीन है, वह धर्म से भी उदासीन है, उसने उसे अनुवाद बनाकर धर्म का अर्थ ही घटा दिया है। उसे जीत हार से अब कुछ लेना-देना नहीं, उसे प्रश्न करके जतलाना है कि मैं कितना समझदार हूँ, मैं कितना अपने देश से निरपेक्ष रहकर, अपनी संस्कृति से निरपेक्ष रहकर लम्बी-लम्बी बात कर सकता हूँ? इस विभीषण को उत्तर देने का उत्साह नहीं होता क्योंकि उत्तर तो है पर उस उत्तर को ग्रहण करने वाला नहीं है, क्योंकि वह उत्तर पाना नहीं चाहता, वह प्रश्न छोड़कर अपना वर्चस्व स्थापित करना चाहता है। वह सिद्ध करना चाहता है सब मूल्य ढह गये, सत्यशील ढोंग हो गये, अब न जीत का महत्त्व है, न हार का, यह जीवन न-कुछ है, व्यर्थ है, यह जीवन बस केवल मसखरा है जो कभी दर्शन की मुद्रा में शांति का पाठ करता है, कभी गाकर भीख माँगता है, कभी गाली की मुद्रा में आ जाता है, कभी केवल मुँह बनाता रहता है, और मंगनी के ढीले-ढाले कपड़ों को बेढँगे तरीके से पहन कर दूसरों का मनोरंजन करता रहता है। यह जानते हुए भी उत्तर दिए बिना रहा नहीं जाता, क्योंकि व्यर्थता की चुनौती सही नहीं जाती।

राम ने उत्तर दिया था—

सुनहु सखा कह कृपा निधाना। जेहिं जय होइ सो स्यंदन आना।
सौरज धीरज जेहि रथ चाका। सत्य सील दृढ़ ध्वजा पताका।
बल विवेक दम परहित धोरे। छमा कृपा समता रजु जोरे।
ईस भजनु सारथी सुजाना। विरति चर्म संतोष कृपाना।
दान परसु बुधि सक्ति प्रचंडा। बर बिग्यान कठिन कोदंडा।
अमल अचल मन ओन समाना। सम जम नियम सिलीमुख नाना।
कवच अभेद विप्र गुरु पूजा। एहि सम बिजय उपाय न दूजा।
सखा धर्ममय अस रथ जाके। जीतन कहुँ न कतहुँ रिपु ताकें।

महा अजय संसार रिपु जीति सकइ सो बीर।
जाके अस रथ होइ दृढ़ सुनहु सखा मतिधीर।।

जिस रथ से जीत होती है, वह कुछ दूसरा ही है। उसमें एक पहिया शौर्य का है तो दूसरा पहिया धैर्य है, अकेले न धैर्य चला सकता है जैसा कि हिंदुस्तान का औसत आदमी सोचता है न अकेले शौर्य चला सकता है जैसा कि अमरीकी मन सोचता है। इस रथ में जो पताका फहरानी चाहिए और जिसे कभी झुकने नहीं देना है, वह सत्य और शील है, सत्य के साथ शील न हो तो वह ढोंग मात्र है। इसी प्रकार जो घोड़े रथ में जुतते हैं; वह भी जोड़ी है : बल के साथ विवेक और दम के साथ परहित। राम की लड़ाई राक्षसों के हित के लिए है। गाँधी की लड़ाई अँग्रेजी साम्राज्य के खिलाफ थी लेकिन अँग्रेजों के हित में। इन घोड़ों की लगाम जरूर त्रिलड़ी है, उसमें क्षमा, कृपा और समता ये तीन लरें हैं। समता, क्षमा और कृपा के बिना ऐसी कड़ी हो जाती है कि वह लचीलापन खो देती है, कभी भी दबाव में टूट सकती है, क्षमा और कृपा का भाव उसे स्नेह से मजबूत बनाता है। अब बात आयी आस्तिकता की। रथ हाँकने वाला तो भगवद्भाव ही हो सकता है, बिना उसके लड़ाई अहंकार का प्रदर्शन रह जाए। इसको समझाना ही कुछ मुश्किल है–भगवान् का क्या काम लड़ाई में? भगवद्भजन का अर्थ है निष्क्रियता, भक्ति का अर्थ है अफीम का नशा, भगवद्-भजन कैसे रथ का संचालन कर सकता है? पर जिन लोगों ने गाँधी जी का देखा है जिन्होंने उनकी प्रार्थना समय के भजन सुने हैं, उन्हें समझाना मुश्किल नहीं है कि भगवद्-भाव का अर्थ निष्क्रियता नहीं है, प्रत्युत वह विशेष प्रकार की सक्रियता है, जिसमें कभी थकान नहीं होती कभी आयास नहीं मालूम होता, लड़ाई बिना तनाव के लड़ी जा सकती है। रावण राम से लड़ने आता है, उसके मन में बहुत तनाव है, मैं इतना शक्तिशाली, देवताओं को चाकर बनाने वाला, महाप्रतापी एक तापस और सुकुमार निर्वासित राजकुमार से लड़ने चला हूँ, लोग उसे ईश्वर कहते हैं, लोग उससे समझौता करने की सलाह देते हैं, पर मैं कुछ नहीं जानता, मैं उसे पराजित करूँगा। रावण का अहंकार उसका सारथि है। राम लड़ाई में जीत का सारा श्रेय वानर-भालुओं को देते हैं–

तुम्हरें बल मैं रावनु मारयो।

ऐसे विरथी रथी की तलवार संतोष को होती है, ढाल वैराग्य को। संतोष की मार का कोई जवाब नहीं, पर संतोष का अर्थ दूसरा है, संतोष का अर्थ नियति का स्वीकार नहीं। उचित साधनों से दूसरों को संताप दिए बिना जो प्राप्त हो, उसे बहुत मानना। जो अपने प्रयत्न से नहीं प्राप्त होता, वह अपना प्राप्तव्य नहीं है। ऐसे रथी के हाथ में विचित्र कुल्हाड़ी रहती है, दा की, उत्सर्ग की, उत्सर्ग से सब

अवरोध कट जाते हैं और अद्भुत अस्त्र रहता है बुद्धि का, धनुष है विज्ञान का, सर्वमय होकर सर्व के बारे में, सब होकर सब के बारे में सोचने के अभ्यास का। उस धनुष से यम नियम के शर निकलते हैं, ये शर स्थिर चित्त के तरकस में रखे रहते हैं। और सबसे सुरक्षित कवच है **विप्रपद पूजा**। विप्र का अर्थ पूरी संस्कृति में एक है मंत्रदृष्टा ऋषि, सत्य का साक्षात्कार करने वाले, एक सत् को अनेक रूपों में देखते हुए उसकी एकता का निरंतर अनुभव करने वाले विचारक। इस एकता को पहचानना ही विप्रपद पूजा है।

इस रथ से विजय यात्रा की बात आज के संदर्भ में और सार्थक हो गयी है। आज जब नैतिकता को लोग दुराग्रह मानने लगे हैं, एकमात्र नैतिकता रह गई है कम से कम प्रयत्न से कम से कम समय में अधिक से अधिक बटोर लेने में, जब अस्त्रों की होड़ उन्माद की सीमा तक पहुँच गयी है, जब मैत्री का अर्थ हो गया है अस्त्र शस्त्र देकर लड़ाना, जब जीवन का परिचालक हो गया है अतृप्त भोग, यह सामान हो जाय, वह सामान हो जाय, जो न भोगा जा सके उसे कूड़ेदानी में फेंक दें, दूध नदी में उड़ेल दें, गल्ले का अम्बार फूँक दें, पर बँटायें नहीं, जब भयंकर आसुरी भाव भीतर बाहर व्याप्त हो गया हो, जब राह एकदम सूझती नहीं हो तब यह विजय यात्रा भविष्यत् का स्वप्न नहीं है, वर्तमान की आवश्यकता है। धर्म को हमने उस सीमित दायरे वाले घेरे का पर्याय मानकर जो देश के साथ खिलवाड़ किया है, उसी का परिणाम है कि हमारे पास बड़े होने की कोई जगह नहीं है, हम टँग गए है, एक चुम्बकीय आकर्षण शून्य में। धर्म न जाति है, न मंदिर, न संप्रदाय, न मत, न वेष, न टीका, वह जीवन का जाग्रत भाव है, उसकी सधी हुई साँस है, ऐसी साँस जो वीणा के तार की तरह रागविशेष में बँधी हो और साथ ही व्यक्ति के बँधन से मुक्त हो। हम साँस लेना ही भूल गये हैं। इसीलिए राम, युधिष्ठिर, गाँधी हमें कमजोर लगते हैं, रावण और दुर्योधन प्रबल लगते हैं या राम, युधिष्ठिर और गाँधी अवास्तविक लगते हैं, रावण और दुर्योधन ही वास्तविक लगते हैं। हमने एक शब्द खोजा है संस्कृति, बड़ा ही खोखला शब्द, उसे अब तक हम कोई अर्थ नहीं दे पाये, पर उसी का राग अलापते रहते हैं, धर्म से भागते रहते हैं। जो धर्म से भागता है वह धर्म के आधार राम से, युधिष्ठिर से और गाँधी से भी भागता है। वह राजनीति में धर्म को नहीं लाना चाहता वह रोजमर्रा की जिंदगी में धर्म का हस्तक्षेप नहीं बरदाश्त करता, वह गलत काम करने की छूट चाहता है इसीलिए धर्म से कतराता है। पर इस पलायन में, इस कतराने में भी धर्म कहीं दुबका हुआ है, कभी भी मौका पाकर वह छेड़ सकता है, तुमने जिसे जीतने का साधन समझा है, वह है जीतने का साधन? देसी बमगोलों के बल पर दलदली जंगलों में छिपे हुए किशोर-किशोरियों ने विश्व की बहुत बड़ी शक्ति को वियतनामसे, लाओस से हटने को मजबूर कर दिया। जिसे तुम जीत समझते हो वह है क्या

जीत? बराबर डर बना रहे कि कहीं दूसरा आगे न बढ़ जाए, कहीं जो भी मिला है छिन न जाए। जिसे तुम प्राप्ति समझते हो, वह प्राप्ति है या उधार है, जिसे उतारने के लिए तुम्हें अपने को शैतान के हाथ गिरवी रखना होगा? वह दुबका हुआ धर्म ये सवाल ऐसी स्थिति में ही छेड़ता है, जब आदमी शक्ति के उन्माद में या आतंक में भीतर से कमजोर हो जाता है, जब आदमी शक्ति अपने भीतर नहीं खोजता, बाहर खोजता है, जब मसीहा की प्रतिक्षा करता रहता है, तांत्रिकों की शरण लेता रहता है। वह धर्म जब यह छेड़खानी करता है तो सारा अभिमान चिर जाता है, नशा उतर जाता है और उन्माद ठंडा पड़ जाता है, यकायक एक राह दिखती है, उस पर अकेला एक आदमी जा रहा है, पीछे मुड़कर नहीं देखता कोई साथ है या नहीं, बस धीरे-धीरे आगे बढ़ रहा है, उसके साथ घने अँधकार में राह भी आगे रोशनी की लकीर की तरह बढ़ रही है। वह आदमी भीड़ के भय का एकमात्र उत्तर है, वह दिखता जरूर अकेला है, पर अकेला नहीं है, अकेली है यह भीड़, जिसमें कोई आदमी अपने को सुरक्षित नहीं समझता।

राम की विजय यात्रा प्रसाद के शब्दों में एक निर्वासित का उत्साह है, आज ऐसे निर्वासित का संकल्प लेना असंभव लगता है, क्योंकि सच्चाई ही असंभव लगती है, परंतु एक विवशता भी सामने है, इतनी घुटन में जिया नहीं जाता इतने झूठ में रहा नहीं जाता और निर्वासन इस बनावटी सुरक्षा के डर से अपरिहार्य है उस व्यक्ति के लिये जो अभी जीना चाहता है। राम की विजय विरथी और प्राणवान धर्म की विजय है, वह किसी दूसरे के ऊपर नहीं, अपनी कायरता और झूठी सुरक्षा के दुर्ग के ऊपर है, वह सोने की संपत्ति के लोभ के ऊपर है, वह विजय मृत्यु के ऊपर है क्योंकि मृत्यु और नहीं भय है, झूठ है, लोभ है। यह विजय इसीलिए प्राप्य प्राप्ति नहीं है लक्ष्य है, सतत सन्धय लक्ष्य और इसके लिए यह आवश्यक है कि विरथी हों, साथ ह्री धर्ममय रथ का रथी हो, निरंतर ह्रदय से अपराजित हो, और जय उसको माने जो सबकी जय हो, सबकी जय हो इसीलिए सबके अपने राम की जय हो। रामनवमी इस उत्साह को जगाए, यही राम का व्रत है।

बेघर होते हुए

जन्म हुआ एक कच्चे घर में, जिसकी दालान भर याद है, पश्चिम की ओर थी, सुबह की धूप आती थी और दालान बहुत चौड़ी थी, वह क्रीड़ास्थली, वही रणस्थली थी, मुझसे तीन वर्ष बड़ी घर में बहन थी, घर में उस समय और बच्चे नहीं थे। शायद चार वर्ष का हुआ, उसके पहले बस और कुछ भी नहीं है, दीदी, दालान और बस दो जनों के बीच के खेल-कूद, मान-मनोवल, कुट्टी-मिलनी, इसके बाद याद है नया घर बनने लगा, मैंने घर की दीवाल उठते समय मजूरों को कौड़ियों में हर ईटों की खेप पर मजूरी भी दी है, उस घर की चौखट, खँभियों, तोरणों की नक्काशी दिन-दिन बैठकर देखी है। उस घर में रहते हुए जनेव हुआ, विवाह हुआ, गौना हुआ, घर जब बना तो केवल भोजन करने के लिए घर के भीतर रहा नहीं तो रात दिन अपने बाबा के पास बाहर के बरामदे में, खेत-खलिहान में ही बिताये। मुझे बिल्कुल याद है कि आठ वर्ष की उम्र में जनेव हुआ तो मुझसे कहा गया कि मां से पहले भीख माँगों, मैं मां को पहचानता नही था। यह भी निषेधाज्ञा जनेव के कर्मकांड में दी गयी कि माँ के सिवा किसी स्त्री की ओर नहीं देखना है, मैंने आँख मूंद ली थी और मुझे रुलाई छूट रही थी कि कैसे माँ से भीख माँगू। मैं घर का आदमी नहीं था। इसके बाद तो शहर में आना पड़ा, आगे की पढ़ाई के लिए और घर केवल छुट्टियों का बसेरा हो गया, बस चालीसेक वर्ष किराये के मकानों में रहना हुआ, 30 जून, 1986 को जब अंतिम किराये का मकान छोड़ना पड़ा और लगा कि गाँव में घर है जहाँ दाया। छोटे चाचा रहते हैं, गोरखपुर में घर है, जिसका गृह प्रवेश मुझे कराना पड़ा, वहाँ एक छोटा भाई है, बनारस में सबसे छोटे भाई ने मेरे लिए घर ले लिया है, बस्ती में मेरे दूसरे भाई ने घर खरीदा है, ससुराल की बहुत बड़ी बखरी भी अब मेरी पत्नी की ही है, पर यही लगता है मैं बेघर हूँ और बहुत हलकापन महसूस होता है, न किराया देना है, न मकान का टैक्स देना है, न बिजली के बिल की हायतौबा है, मैं इन सभी घरों का समय-समय पर आश्रित हूँ, मेरा कोई भी घर नहीं है आश्रित हूँ, पर मुक्त हूँ, कहाँ कब रहूँ,

कितने दिन रहूँ, इस पर कोई भी किसी का नियंत्रण नहीं है।

साल भर मन में कुछ तनाव रहा कहाँ बसें, पर अब बसना बचकाना लगता है। अब क्या बसना, कभी-कभी यह इच्छा हुई कि किसी आश्रम में रहें, पर जब सोचा कि आश्रम में भी तो बसना ही है। बसने से छुट्टी वहाँ कहाँ। बसने से छुट्टी तो चलते रहने से होती है। शुकदेव जी की तरह से इतना नहीं कर सकते कि जितनी देर में गाय दुही जाती है, उतनी देर कहीं रुकें और फिर चल दें न नारद जी की तरह ढाई घरी से ज्यादा रुकें तो सिरदर्द होता है, पर आठ दस दिन से ज्यादा कहीं भी रहना, टिकना, लगता है मैं भार हो गया हूँ। काश कि वह भागवत स्थिति सम्यक् होती कि रास्ते में पेड़ों से लहकाए पुराने चीर मिलते, जिसे लोगों ने छोड़ दिया है, ऐसे पेड़ होते जंगल होते जहाँ पत्र-पुष्प-फल गिरते और कोई रोक-टोक न होती, उठा कर जीवन निर्वाह किया जा सकता, काश नदियों का जल अमृत होता, इतना गंदला न होता, काश कंदरायें खोह अपने द्वार खुले रखते आओ रात में बेखटक सो जाओ। और काश इतना मन अवसन्न होता, इतना टूटना, इतना उद्वेग होता कि कोई दूसरी राह न दिखती, कोई दूसरा अपना न दिखता सिवाय एक बनवारी के और काश हजार छेदों वाले खोखले बाँस के टुकड़े को छूकर उसमें प्राण फूँक देते।

इस काश काश की बात छोड़ें, जंगल तो घर होता था, जब घर घर होता था, घर में रहते-रहते व्यक्ति-व्यक्ति न होकर घर हो जाता था, जब समस्त सगोतिए घर हो जाते थे, गाँव घर हो जाता था, कला या का संप्रदाय घर हो जाता था, देश घर हो जाता था, तब जंगल भी घर के चौखटे में आ जाता था। आज घर ही घर नहीं घरौंदा हैं, घरौंदा भी क्यों कहें, घरौंदे तो कितने भी भंगुर क्यों न हों बड़े अपने होते हैं।

मेरी दीदी बहुत घरौंदे बनाती थी, और बहुत शादी-ब्याह रचाती थी, वह चली गयी जब मैं अभी नौ साल का था, और भाई-बहन बहुत छोटे थे फिर जिम्मेवारी मेरे ऊपर आयी और मेरी शादी हो गयी, वाजाव्ता घरबारी हो गया, पर घर के पिछवाड़े झुरमुटों में बड़ी दुपहरी में घर बनाने का मेरा व्यापार चलता रहा। बड़े मनोयोग से नींव के लिए गड्ढ़े खोदता, कच्ची मिट्टी के या पकी ईंट के टुकड़ों की दीवाल चिनता, फिर बाँस के टुकड़ों की छाजन के ऊपर गारे के लेप से छत बनातीं, बाँस की खपचियों को खोंस कर खिड़कियाँ निकालता। दीवालों की पुताई करता, उस पर बहनें चिरई और बाँस बनाती, बाँस क्या कल्पवृक्ष ही समझिए। पसीने से लथपथ हो जाते, कभी दीवाल भहरा जाती, कभी-कभी टेढ़ी हो जाती कभी-कभी कोई बहन खीझ कर कि उसका घर इतना अच्छा नहीं बनाते, गुस्से में घर ढाह देती, फिर रोना-धोना शुरू हो जाता, उसका जिसका घर बन रहा था। वह घरौंदा भी प्यारा था, घर की छाया प्यारी नहीं लगती थी और दुपहरी उस घरौंदे को समर्पित थी,

घर इतना ठंडा कहाँ होगा।

आज बेघर होते हुए वह घरौंदा याद रहा है। अभी कुछ ही दिन पहले अपने गाँववाले घर गया, घर जो मेरी आँखों के सामने बना, यों कहें मेरी आँखों ने जिसे बनाया, बीसेक साल बाद गया, चौखट देखी, खंभे देखे, मेहराब देखे, शहतीरें देखी, बड़ेर देखी, मोहब्बत देखी, आँगन देखा, पिछवाड़े का वह कोना देखा जहाँ छोटा सा अमरूद का पेड़ था, जहाँ घरौंदे बनते थे, अब वह विशाल हो गया है और दरवाजे पर जुटी भीड़ देखी, इने गिने बूढ़ों की, समौरिया (हमउम्र) स्त्री-पुरुषों की, अपने सामने या गाँव से आने के बाद जन्मे बच्चों की जो अब जवान हो गए हैं। हर एक चेहरे पर एक इतिहास देखा। हर एक की आँख में एक कुतूहल देखा कि बाबू देखें पहचानते हैं या नहीं। और का जाने क्या जादू कि मैं नाम लेकर पुकारता चला गया। जिनके नामकरण मेरे समय नहीं हुए, उनके बाप के या माँ के नाम से पुकारता चला गया और हमारे समौरिया चकित और द्रवित कि बाबू गाँव को भूले नहीं है। जो मुझसे उम्र में दस पाँच वर्ष बड़ी मेरी किशोरावस्था में बहुएँ थीं, उनके दाँत झर गए, कमर झुक गयी पर आँखों में वही चुहुल, वही शरारत एक ने तो आकर दोनों हथेलियों में मेरा मुँह भर लिया और जेठ में फागुन उतर आया। कैसे समझाता कि भूलने का रोग तो बाद में लगता है, जब आदमी का रिश्ता जिन्स बन जाता है वह व्यतीत बन जाता है, पुराना हो जाता है पर नयी वय में जो मिलता है और उसके साथ जो घटता है, वह वस्तु नहीं बनता, वह व्यतीत नहीं बनता, वह व्यक्ति का व्यक्तित्व बन कर विकसित होता रहता है, वह चुक जाए तो व्यक्तित्व न रहे, व्यक्ति रहे तो भी एक लोथ। उतपाती फागुन जेठ-बैसाख असाढ़-सावन, अगहन-पूस कुछ नही देखता, वह कब निपात करने आ जाए, कब काठा बनी शाखा में कली बन कर फूटे कुछ पहले से अनुमान नहीं होता, क्योंकि वह कोई वर्ष का खण्डमात्र नहीं है, वह कोई एक महीने का नाम नहीं है, वह तो आहुति के लिए जमे हुए घी का पिघलन है। वह मनुष्य के भीतरी रस का वह सार है जो तपाते ही पिघल जाता है, जब कभी यह पिघलाव होता है, फागुन आ जाती है। पर किशोरावस्था में कुछ ज्यादा आता है, इसलिए कवि बिसूरते रहें कि चैत के चार दिन हैं–

जो आके न जाये, वह बुढ़ापा देखा,
जो जाके न आए वह जवानी देखी।

बैरागी लोग यौवन की क्षण भंगुरता के उपदेश देते रहे पर चढ़ती जवानी कोई उम्र थोड़े ही होती है, वह कोई कालावधि नहीं होती। सुबह जब पक्षियों की कतार की कतार सूरज की ओर मुँह किये निकलती है तो क्या उनका आयाम माप सकते हैं? क्या आपको सुधि बनी रहेगी, कितनी देर चिड़ियाँ निकलती रहीं?

एक सैलाब उड़ते हुए रंगों का उमड़ता जा रहा है आपके बहुत ऊपर, बस इतना जानते हैं। फागुन कुछ वैसा ही होता है, किशोरावस्था भी कुछ वैसी ही होती है, किरनों के सैलाब का जवानी सैलाब, कहाँ यह सैलाब उतरता है। उतरता तो जरा जर्जर काँपते हाथों में भरे जाते समय गाल लाज से लाल क्यों हो उठते? कहेंगे बेघर होते हुए कितना बहक गया यह आदमी, पर मेरे हुजूर, हिंदी के गहन गंभीर पाठक, मैं बहका नहीं। फागुन की बात बेघरपन की ही बात है। फागुन का कोई घर नहीं होता, जैसे बनमाली का कोई घर नहीं बस कुछ संकेत स्थल हैं, गाय यहाँ दुही गयी और दूध दोहनी में नहीं गया, राधा के मुँह पर गया, बाट यहाँ जोही गयी, राधा के पैरों में चुभे काँटे यहाँ निकाले गए, गोरस यहाँ लूटा गया, रास यहाँ रचा गया, गेंद यहाँ से कालियदह में फेंकी गयी, पीताम्बर और ओढ़नी की हेराफेरी यहाँ हुई, मानिक यहीं हिराया, मुकुट बन कर जो पंख विराजमान है, वह पंख यहीं पावस के उद्याम नृत्य में झरा था, उसके ऊपर शायद धरती का पावस के मेघ के लिए उन्मादी प्यार न्यौछावर हो गया था। पर घर कोई नहीं। छाया कोई नही। रिश्ता कोई नहीं। नाता कोई नहीं। आसरा कोई नहीं। राहत कोई नहीं। केवल उजड़न, केवल तपन, केवल टूटन, केवल नैराश्य, केवल उद्वेग, केवल प्यास, केवल भाग दौड़, सारी आत्मीयता को हंसी-हंसी में हर लेने वाले के पीछे। वही जो आँख मूंद कर कहीं पास ही छिप गया है, खोजने पर मिलता नहीं, उसकी हँसी सुनायी पड़ती है पर एक कोने से नहीं, कई कोनों से। कहाँ जाएँ, फागुन तुम्हीं बतलाओ, कहाँ जाएँ। कैसी मरन है।

जरा रुकिए मैं बेघर कहाँ हूँ? जाने कितने घर मुझे दबाए हुए हैं। कितने घर हैं जो मुझे असह्य पाश में बाधे हुए हैं। मैं निपट घरघुसू आदमी, बेघर कहाँ हूँगा और कहाँ हूँगा उस बेघर करने वाले चरवाहे से आँखमिचौनी खेल कर दौड़ते रहने का जोखिम उठाने वाला नासमझ खिलाड़ी। जाने कहाँ से एक जर्रा समझदारी मिल गयी वह भी जीवन की नहीं, पोथी की, उसके पीछे आँख कमजोर होती गयी, और जो देखना था वह देखा नहीं जा सका, सामने से मलय मारुत की पालकी पर सौरभ बरसाती सवारी निकली, समझदारी की आँखें नहीं देख सकी। ये आँखें तो बस काठ में उकेरी बेल देखती हैं, कल्पकलमी देखती हैं, पर पूरे जंगल को दहकाता हुआ वह दावानल नहीं देख पाती जो भस्म में से नए अंकुर उगाता है, अभिलाषाओं को क्षर करके नयी अभिलाषा, अभिलाषा ही अभिलाषा जगाता है, जगाता नहीं स्वयं अभिलाषा बन कर कसकता रहता है, "कण्टक चुभे बने जागरण अवदात" पुकारता है द्वार की ओर नहीं द्वार के आगे देखो, द्वार घर से बाहर जाने के लिए है।

ये ढईमारी आँखें कहाँ द्वार की सही भूमिका निभा रही हैं, बार-बार एक छोटे घर को एक छोटी सुरक्षा की ओर निहारती हैं, नहीं देखती कि द्वार के पार एक

बड़ा आँगन है, जो केवल रोशनी से घिरा हुआ है, इसीलिए बड़ा श्यामल है : "ध्येयः सदा सवितृमण्डलमध्यवर्ती, नारायणः सरसिजासन सन्निविष्टः" बड़ा गहरा जलनिधि है, उसमें एक कमल है, उस कमल के ऊपर नारायण हैं। आँखें कहाँ उसे निहारती हैं, क्या अर्थ हुआ बेघर हुए जब तक कि ये आँखें न हों।

मैं संन्यासी नहीं बनना चाहता, मैं लोकसेवक नहीं बनना चाहता, पर एक घर चाहता हूँ जो घर हो, पर घिरा न हो, जिसका मैं हो सकूँ पर जो मेरा न हो, और वह घर कहीं नहीं है। मुझे न भाड़े का घर चाहिए न रैन बसेरा घर चाहिए, न अपनेपन के कागजी दावे वाला घर चाहिए, मुझे केवल घर चाहिए, ऐसा घर जिसे मेरी आँख मेरी शिरा-शिरा तोड़ कर बनाएँ और मैं उसमें रहने जाऊँ, मैं न रहूँ। ऐसा घर चाहता हूँ जो मेरे जीवन का अंतिम और एकमात्र साक्षी हो, और आँसू की बूँदे न हों, एक हल्की सी हँसी की उजास हो—मैं ऐसे घर ढाता हूँ और ढाहे घरों का घर बनता हूँ। उस उजास के लिए, अँधेरी रात में भटकने के लिए तैयार हूँ, पर उजास कहीं से टेरे तो सही। घरौंदा बनाते-बनाते जो मैं अपने को घरौंदा बना चुका हूँ, उसे तोड़ने के लिए कोई परा स्वन लहरों का प्रयोग तो करें।

नहीं करेगा, जानता हूँ तो भी बेघर रहूँगा, बेमतलब बेघर रहूँगा, यही मेरी नियति हैं क्योंकि मैं नीची दीवारों वाले संकरे घरों वाली बस्ती से घबराता हूँ। अपने देश में ऐसे घर बहुत हैं, उनकी सुरक्षा में मुझे भय लगता है, घरहीन होना उससे अधिक सुरक्षित लगता है, साँस तो ली जा सकती है और यहाँ बस डर है, उस कोने में देश को दूषित करने वाला बिच्छू है, उस कोने में बिल है जिसमें जातिवाद का महानाग रहता है, चूहे तिलचिटे तो बेशुमार और सबके ऊपर एक चुड़ैल घूमती रहती है, चिल्लाती रहती है—मैं आ रही हूँ बाअदब होशियार! जिंदगी एक जटिल कम्प्यूटरी हिसाब हो गयी है, इतने खतरों से बचना है, बचो। मैं चिल्लाना चाहता हूँ, मुझे बचाव नहीं चाहिए पर मेरी जबान जैसे जकड़ गयी हो और नसें न बोल पाने के तनाव में टूटती जाती हैं, मेरे सपनों का घर तब भी नहीं उठता और बेघरपन ठठा कर हँसता रहता है, बच्चू, खाला का घर नही है यह बेघरपन। घर के नाम पर कोई अपना नहीं, और बेघरपन के नाम पर दुश्मन, बस पं. हजारी प्रसाद द्विवेदी जी के शब्दों में "धोबी के जुगुप्सित जन्तु सा उभयतो कि भ्रष्ट" यहाँ से वहाँ दौड़ाया जाना है। वह घर जो बेघरपन का अर्थ है, इस जन्म में तो मिलना नहीं, मिलना है एक तरस कि घर मिले न मिले, दीखे तो सही, दीखे भी न तो कम से कम कभी तो सुनायी पड़े और एक आत्मनिर्वासन। किसने कहा था सावन में चुनरी रंगा लो, इतने कमजोर तो क्यों पड़े साहित्य रचना के चक्कर में।

ये पलासनि कौने दवारि लगाई

बरसों पहले विध्य क्षेत्र में था, फागुन में जब कभी जंगलों की तरफ निकलना हुआ तो करौंदों की गन्ध और डहडहे पलाशों की लाली से अभिभूत हो जाता था। फागुन की प्रतीति बाग-बगीचे में नहीं होती, गुलाब जिसे चटकारी देकर जगाता है वह बसंत बहुत घरपोसू किस्म का बसंत होता होगा, नाजुक मिज़ाज। पर हिंदुस्तान की जनता का बसंत तो महा दहन है, उन्मादी गन्ध से खुद बेखबर अवधूत और फक्कड़ वसंत है। उसकी प्रतीति तो खुले आकाश में होती है, नदी की उभरती रानों सरीखी बाजुओं के विस्तार में और उन बाजुओं का रस खींचकर बिना पत्तों के खिलने वाले करील में होती है, पर सबसे अधिक जंगलों में होती है। करौंदे की गन्ध जहाँ डुबा देती है, पलाश की आग वहाँ भीतर-बाहर की लाली की पिटारी-की-पिटारी खोलकर आकाश को लुटा देती है। मेरी कल्पना में आज भी वही बसंत बसा हुआ है, धूलि के बबूले उठ रहे हैं, हवा ऐसी बेरुखी दिखा रही है कि लगता है कि कभी उसे प्राणों से सरोकार नहीं रहा, उसके रूखेपन से मन उन्मन हो रहा है, पेड़ नंगे हो गए हैं, लगता है, प्रेत कंकाल हों। किसने और कैसा माहुर घोल दिया है कि लगता है कि तन-मन-प्राण कुछ भी साबुत नहीं बचेगा-बचेगा तो अपना होकर नहीं पराया होकर, पराया भी कैसा कि परायों का पराया, परात्पर ब्रह्म, अपनापन कहीं रहने नहीं देने वाला, अपनापन उतरवाकर रख लेने वाला, हृदय से स्रोत के मंथन से निकला हुआ संजोया हुआ लगाव लूटकर बगरा देने वाला, हज़ार-हजार पलाश की बाहों को ऊँचा कर होली के लूकों से पूरे जंगल में आग लगा देने वाला। उस पराए की कोई तलाश नहीं करता, कोयल पुकारती है, तड़प-तड़पकर पुकारती है—

झूरिस कौने लय बन बाग
य कौने जु आँवन की हरियाई
कोइलि काहें कराहती है बन
कौनें चहूँ दिसि धूरि उड़ाई

कैसी नरेस बयारि बहै यह
कौन धौं कौन सौं माहुर नाई
हाय न कोऊ तलास करै
ये पलासनि कौने दवारि लगाई।।

पर वह फागुन है कहाँ? कानपुर से इलाहाबाद सुबह जाने वाली ट्रेन से कभी-कभी पलाश बड़े अंतराल के बाद दिखते हैं, सिर पर आग की डलिया लिए हुए, पर उस आग का आज कोई गाहक नहीं। उस आग को संभालने के लिए पानी भी तो चाहिए, वह पानी भी नहीं। बचपन में पलाश नाम कानों में नहीं पड़ता था, पड़ता था लोक गीतों के ऊपर छाने वाला नाम छिउला, छिउलिया कोई माङ्गलिक अनुष्ठान हो, एक दर्द भरे गीत से शुरू होता था—

छापक पेड़ छिउलिया त पतवन गहबर हो
तेहि तरे ठाढ़ि हरिनिया हरिन से पूंछइ हो
कि तोर चरहा झुरान कि कांटे मन अनमन हो

छतनार छिउला के पेड़ के नीचे जेठ-बैसाख की गर्मी में दौड़ते-दौड़ते हरिन-हरिनी नहाने पहुँचते हैं, हरिन बड़ा उदास है, हरिनी पूछती है कि क्यों उदास हो, तुम्हारा चरागाह सूख गया, ताल सूख गए, क्या हुआ। हरिन कहता है नहीं, यह सब कुछ नहीं, आज राजा जी के घर में छठी है, आज मुझे मार डालेंगे मेरा मांस सिझाएँगे। हरिनी मचिया पर बैठी कौसल्या से अरज करती है, मुझे मार डालो हरिन को बख़्श दो, रानी कहती है जाओ अपने घर-हरिनी का माँस विरस होता है, भकसावन होता है, हरिन का मांस सुमांस होता है। हरिनी कहती है अब तो तुमने हरिन मार डाला, मुझे उसकी खलड़ी दे दो उसी को लेकर मैं मन में तीहा संतोष करूंगी। पर रानी कैसी? जो निठुर न हो, अपस्वारथी न हो, बोलती है—वाह! इस खलड़ी की खँजडी बनेगी और मेरे राम इसे बजाएँगे। जब-जब वह खँजड़ी बजती है, हरिनी उस शब्द को कान लगाकर सुनती है और इसी छिउला के पेड़ के नीचे हरिन को बिसूरती है। कहीं-कहीं किसी पाठ में हरिनी कौसल्या को शाप भी देती है, पर अधिकतर पाठ बस यहीं समाप्त हो जाते हैं—

जब-जब बाजै खँजड़िया हरिन के बिसूरई हो।

उस छिउला के पेड़ के नीचे जितनी शीतल छाया है, इतना बड़ा उत्ताप झेला जा सकता है, कितना पानी है उसकी जड़ों में कि उसके रस लिए बिना, उससे जगद्व्यापी करुणा का रस लिए बिना उल्लास का क्षण रीता रहता है।

पलाश सच्चे माने में वसंत की नयी सृष्टि के ज्वार की प्रतीति है क्योंकि वह आग धधकाकर वह सब कुछ जला डालता है, जो पुराना है, जो कहीं चिपका

हुआ है, जो कहीं अटका हुआ और यकायक आग गाँठ-गाँठ में नयी आकांक्षा का रस भर देती है, पत्ते निकलने शुरू होते हैं तो निकलते ही चले जाते हैं, भीतर बड़े चिकने, ऊपर खुरदुरे थोड़े से चौड़े ज्यादा नहीं बस ऐसे जैसे कि किसी घरैतिनि की हथेली हों, भीतर कोमल और ऊपर उभरी नसों के कारण खुरदरी। पत्र छत्र बन जाते हैं। जेठ-बैसाख आते-आते कहीं एक भी रन्ध्र नहीं रह जाता कि सूर्य की किरणें प्रवेश कर सकें। कालिदास ने प्यार की यही तो परिभाषा दी है जो स्वयं तपाए और स्वयं जुड़वाए, वही प्यार है, "दिवस इवार्ध श्यामः तपात्यये जीवलोकस्य"। असाढ़ के अधसँवराए दिन की तरह जो लू में झुलसाकर यकायक बादल की वृष्टि बन जाता है और खेतों की झँवाई हराइयों को ऋग्वेद की सीता को श्याम रसायन से परितृप्त कर देता है।

बचपन में मुझे यह भी याद आता है कि जंगल कटने लगे थे, गाँव के पास के, पलाश के पेड़ विरल होने लगे थे, शादी-ब्याह या किसी प्रयोजन में पलाश के पत्तों की पत्तलें बनाने वाला बारी कोस-दो-कोस जाता पत्ते इकट्ठा कर पत्तलें बनाता, दोने बनाता। जनेव होता तो नाई पलाश की एक सीधी टहनी काटकर लाता, बरुआ (बटुक) का दण्ड बनाने के लिए, सूखी-सूखी टहनियाँ बीनकर लाता समिधा के लिए। पलाश को आहुति बनते देखा, पलाश को हज़ारों-हज़ारों लोगों की परितृप्ति बनते देखा, पलाश को नयी ऊर्जा का मानदण्ड बनते ब्रह्मवर्चस् का स्तंभ बनते देखा। यही नहीं लड़कियों के टेसू के खेल देखे, टेसू के फूलों को सुखाकर उनसे रंग बनाते देखा और उस रंग से भीगने-भिगोने का व्यापार भी देखा। पर आज महानगर में न छिउला की छापक छाँह है, न उसके पत्तलों पर परसी रसोई है, न उसकी समिधा है, न उसके फूलों का रंग और न उस रंग में सराबोर रस है। जो हर फागुन में उसी परिवर्त्तन के शुभ को दुहराने की पीड़ा थी, पुरानापन जल्दी छूटता जो नहीं है, नयापन बड़ा कसकता है चाहे वह पत्रहीन वृक्ष की नयी कोंपल हो, चाहे वह मनुष्य के मन की उपरायी स्मृति हो, चाहे हर साल दूर से आने वाली चिड़िया की वही पुकार हो जो पिछली साल सुनने को मिली थी, पर इस साल लम्बे अंतराल के बाद फिर सुनने को मिली, नयी लगी, वह पीड़ा भी अब औपचारिक मिलन उत्सवों के आयोजन में कहीं दब गयी है।

ऊधमी वसंत के साथ जिस मदन और जिस मदन-मोहन का ऊधमी रूप सामने आता था, कानों में उसकी हँसी उसकी चुनौती गूँजती थी, सो सब कुछ खोकर सब कुछ भस्म करके उसके आने की, उसे पाने की प्रतीक्षा उसका होने की प्रतीक्षा होती थी, वह कहाँ होती है। अब तो श्रीकृष्ण को भी किसी तात्कालिक प्रासंगिकता के चौखटे में फ़िट करें, तभी स्मरण कर सकते हैं, हज़ारों बरस पुराने वैष्णव भाव के भीतर उन्हें रखने की इज़ाज़त नहीं देती है हमारी समझदारी, विश्वयारी की दावेदार और भीतर भीतर डरी हुई समझदारी, अब कोई ऐसी याद दिलाए भी

कि फिर फागुन आ गया, उत्पाती फागुन आ गया, हर मन पर हर प्राण पर, हर अस्तित्व पर डाक पड़ने लगी, तुम्हारी हैसियत बस इतनी है, तो कौन सुनता है; अब सब खरीदार है, भले ही किसी-न-किसी दूसरी अदृश्य सत्ता के हाथों पहले से बिके हुए। सब नीलामी की बोली बोल रहे हैं, बिना समझे कि बोली बोली कैसे जाती है—बोली बोलना है तो भौरों का गुञ्जन सुनो, कोयल की कूक सुनो, पपीहे की पुकार सुनो, हवा की दहकार सुनो, तरह तरह के रंगों के चिटकने की आवाज़ सुनो, तरह-तरह की गाछों की लहरों की सुरसुरी सुनो, टप् टप् चूते महुए के कूँचों की समेवत सुनो, गले में ढोल बाँधों या कमर में मृदङ्ग बाँधो, हाथों में झाँझ लो, मजीरा लो, घर से निकल पड़ो, घर की चहारदीवारी की सुरक्षा से निकल पड़ो, जोखिम लो चोटों की, जो रंगों से पड़ती है, गीतों से पड़ती है, जो सब कुछ उघार कर रख देने वाली पलाश की लपटों से पड़ती है, त्रिलोचन की उघरी हुई दहकती आँस से पड़ती है, तो फागुन कुछ समझ में आए और फागुन का कीर्त्तन समझ में आए कि—

फेरि वैसे कुञ्जन में गुञ्जरन लागे भौंर
फेरि वैसें क्वैलिया कपोलन ररै लगी।
फेरि वैसे पातन पै पूरिगौ परात पीत
फेरि त्यों पलासन में आगि सी बरै लगी।।
फेरि वैसे पपिहा पुकारै लगै नन्दराम
फेरि वैसे धाम धाम सौरभ भरै लगी।
फेरि वैसे ऊधमी वसंत बिस्वासी भाये।
फेरि वैसे डारन पै डाक सी परै लगी।।

महानगरी भाई! बच्चों की पिचकारी की पिच्च-पिच्च से डरने वाले शरीफ, महानगरी भाई—हो तैयार नए वसंत के स्वागत के लिए, फिर परिवर्त्तन के ज्वार के लिए। शायद नहीं हो, तुम कमरे में आराम से बैठो, रेकार्ड लगा दो, एक कटोरे में अबीर रख दो, एक थाली में मठरी और हौले से गले मिल लो—होली मुबारक!

भाई! तुम्हें यह होली मुबारक हो। मेरा मन अभी भी उस जंगल में है जहाँ सृष्टि को यज्ञ बनाने वाला पलाश ललकार रहा है **'जो घर जारै आपना चलै हमारे साथ'**। आज वे पेड़ कट गए हों, बौने हो गए हों, विरल हो गए हों पर मेरे कानों में उस महापलाश पुरुषोत्तम की डाक है, पुकार है—अगर कोई सिद्ध कर दे कि हिंदी का दायरा सीमित है तो अपने हाथ से हिंदी साहित्य सम्मेलन में आग लगा दूँगा। और मेरे मन में आज भी पलाश की घनी छाया में विलखती हरिनी को उजागर करने वाली लोक-संस्कृति की स्मृति है जिसके आगे सारे राजसी धूम-धाम और सांस्कृतिक समारोह पानी-पानी हो जायें।

रहिमन पानी राखिए

प्रतिदिन एक मंत्र पढ़ता हूँ, जो **'आपो ह्नि ष्ठा मयोभुवः'** से प्रारंभ होता है अर्थात् हे जल में रहने वाली शक्ति मेरे लिए कल्याणकारी बनी रहो और इसका अंत होता है, इस पंक्ति से **'आपो जनयथा च नः'** 'हे जलाधिष्ठात्री मुझे रचो' और मैं अपने देश की विचित्र पानीदारी की स्मृति से रोमांचित हो उठता हूँ। जाने कितनी तो बाढ़ आती है, प्रलय ढाती हुई, कितनी तो वर्षा होती मूसलाधार और इस देश को पानी से वितृष्णा नहीं होती। इस देश का खेतिहर तो बादल की बाट जोहता रहता है, आकाश में वह सिर्फ बादल के संकेत पढ़ता है, या फिर समय का संकेत पढता है, पानीदार तारों में लाल-पीले बादल आए, क्या बरसेंगे? कजरारे बादल आए, जरूर बरसेंगे, पर यहीं बरसेंगे या दूसरे गाँव, कुछ कहा नहीं जा सकता, उजले हाशिए वाले काले बादल आयें, किसान प्रसन्न हो जाता है, वे कबूतरपंखी बादल बिना बरसे बिना पूरा बरसे नहीं जाएँगे, या फिर वह तारों की स्थिति में समय पढ़ता, चौमचिया (खाटनुमा तारों का पुंज) सिर पर आ गयी, आधी रात हो गयी, सुकवा (शुक्र) क्षितिज में नीचे आ रहा है, सुबह होने वाली है। इस देश का कवि-कलाकार-पंडित कलासृष्टि के देवता को भी जलधारा का नाम देता है, सरस्वती या सरस्वान् नाम उस सिंधु का है, जिसने भारत को हिन्दुस्तान बनाया, जिसमें वितस्ता, असिक्नी, रावी, विपाशा, शतद्रु का जल संभार सिमटता है, जिसकी घाटी हमारे इतिहास की साक्षी है। कला के देवता को जलधारा के रूप में देखने वाली आँख को मैं ध्यान से देखना चाहता हूँ। पंडित कहते हैं, **सरस्वती** नाम सिंधु को पहले दिया गया, फिर एक अपार जल संभार–दिखा पश्चिम समुद्र की ओर जाने वाला, उसे भी सरस्वती नाम दिया, उसके किनारे ज्ञान के सत्र हुए, मंत्रों के प्रतीकों के अर्थ पर अनुसंधान हुए, इसलिए ज्ञानकी अधिष्ठात्री देवी का नाम पड़ा सरस्वती। पर मैं इससे संतुष्ट नहीं हो पाता, जिसके तट पर ज्ञान की साधना हुई, उसे सरस्वती कहने से कुछ बात जमती नहीं, कहीं बिना मझधार में पड़े, बिना मौजों का बहार लिए कोई रचना संभव है, सरस्वती नाम प्रवाह का है, तट का थोड़े ही है। फिर

ख़याल आता है–इस देश में सृष्टि के देवता कमल से उत्पन्न हैं, इस देश की लक्ष्मी समुद्रमंथन से उद्भूत हैं, इस देश के शिव अपने जटाजूट में गंगधार लपेटे रहते हैं और नारायण तो जल में ही शयन करते हैं, जल समस्त संभावना का आगार है।

ऋग्वेद में वाग्देवता कहती हैं **'मम योनिरप्स्वन्तः समुद्रे'** मेरा जन्मस्थान समुद्र की गहराई में बहुत भीतर है। जल अव्यक्त अनंत आकार है, सरस्वती नाम उस अनंत संभावना का है, जो प्रसुप्त है हममें से प्रत्येक के भीतर, जो हममें से प्रत्येक को भाषा के माध्यम से, भाव के माध्यम से एक दूसरे से जोड़ती है, यह बतलाती हुई कि तुम सब जीवन-प्रवाह के अंग हो। पानी हमारे देश का **जीवन** है। प्रत्येक-व्यक्ति की लाचारी है कि एक पानी की छोटी धारा बने, प्रत्येक धारा की एक लाचारी है कि एक बड़ी धारा की अंग बने, बड़ी धारा की लाचारी है एक अनंत में मिले, अनंत की भी लाचारी है कि हर प्रकाश से तपे बिन्दु बिन्दु खिंचे, कभी भाप बने, भाप बन कर बादल बने, कभी बस पूर्णिमा के दिन धवल फेनों की झालरदार ज्वार-माला वन जाए। पानी होने का एक ही तो अर्थ है, दूसरे के लिए होना।

ऐसा पानी केवल द्रव नहीं है, वह दीप्ति भी है। हमारे देश के कविकुल गुरु कालिदास धूप को पानी के रूप में देखते हैं, साँझ होती है, झलमल रोशनी पेड़ों की चोटियों पर दिखती है, मोर उस रोशनी को बूँद-बूँद पीते हैं। अँधकार पूरब की ओर से गहराता हुआ आता है पर पश्चिम दिगंत में थोड़ी सी रोशनी झलमलाती रहती है, ऐसा लगता है आकाश एक बड़ा सरोवर है जो सूख रहा है, करीब करीब सूख ही गया है, बस थोड़ा सा जल पश्चिम की ओर शेष रह गया है, सिमटती हुई धूप की यह प्यास जिस देश के कवि को होती है, मुहाविरा ही कुछ दूसरा होता है, यहाँ आँख में पानी भर जाए तो आदमी समाज में निंदा का पात्र बन जाता है, अगर मोती का पानी उतर जाए तो उसकी कोई क़ीमत नहीं लगती, अगर चूने का पानी मर जाए तो चूना पान का रंग बिगाड़ दे, अगर तलवार में पानी न चढ़ाया जाए तो वह बस केवल एक पोशाक बनकर रह जाए, अगर आदमी अपने पानी की चिंता छोड़ दे तो उसको कोई भी पूछेगा तक नहीं।

इस देश के रंग में पूरी तरह रँग कर ही रहीम ने कहा

रहिमन पानी राखिए पानी बिन सब सून।
पानी गए न ऊबरैं, मोती मानुस चून।।

हर जतन से पानी राखिए, पानी चले जाने पर फिर उबरने की कोई आशा नहीं रहती। कष्ट सहिए पर पानी राखिए।

अभी दसेक दिन हुए जबलपुर गया था, जबलपुर से लगभग चालीस किलोमीटर दूर एक बांध बंध रहा है नर्मदा पर जिसकी डूब में लगभग एक सौ साठ गाँव

आएंगे और मंडला से लेकर वर्गी तक (वर्गी के पास ही बांध बन रहा है) एक विशाल सरोवर में नर्मदा का और मेकल तथा कैमूर की पर्वतश्रेणियों से निकलने वाली छोटी-छोटी वन्य धाराओं का जल भरा जाएगा, आदमी की ज़रूरत जितनी होगी, उतना जल नियमित रूप से निकाला जाएगा। बाँध के इंजीनियर मेरे बड़े स्नेहभाजन, स्वयं अच्छे कवि, उन्होंने बहुत विस्तार में पूरी योजना समझायी। मैं उनकी बात आधी समझ पाया, आधी नहीं, मैं बात के दौरान नर्मदा को देखता रहा, एक अनब्याही नदी के यौवन के आस्फाल की व्यर्थता की सार्थकता में रूपांतरित होने की कल्पना करता रहा, पूरी बात सुन नहीं पाया। देश के स्वाधीन होने पर हमने पानी रखने के कितने बड़े-बड़े उपक्रम किए और करते चले जा रहे हैं, कितने उजड़ रहे हैं कि पानी बेकार न जाए, कहीं रखा जाए और काम आए। मन में बड़ा उल्लास भरा, मेरे मित्र ने कहा कि इस डूब के क्षेत्र में एक पुराना मंदिर आता था, जिसमें नंदिकेश्वर प्रतिष्ठित थे, हम लोगों ने जनभावना का आदर करते हुए उन्हें सबसे ऊँची टेकड़ी पर लाकर पुनः प्रतिष्ठित किया है, जहाँ से पूरा परिवेश दिखायी पड़ता है। यकायक मेरे मन में एक प्रश्न कौंधा, क्या सचमुच पानी तुम रख पाये, इतने बांध बनाये, इतनी ऊर्जा उस पानी के शक्तिपात से पैदा की, क्या तुम इस देश का पानी रख पाए? और कहीं लगा चारों ओर से धिक्कार धिक्कार की आवाज़ आ रही है। गंगा, यमुना, शोण, नर्मदा, तापी, दूर वितस्ता (झेलम), विपाशा (व्यास), शतद्रु (सतलज) कौन नदी बची है जिसका जल हमने दूषित न किया हो। हमने कानून बनाए, उन्हें किताब में रखा, बराबर तोड़ते रहे। वृंदावन-मथुरा के पास यमुना ऐसी हैं कि उन्हें यम कहना अधिक उपयुक्त लगता है, काशी तल वाहिनी ओंकार के आकार वाली, शंकर की चंद्रकला के आकार वाली गंगा की दुर्दशा और शोचनीय है, उसमें हमने अपनी समस्त अशुचिता इतनी मात्रा में डाल दी है कि उसमें फूल पड़ते हैं, तो वे सड़ाँध बन जाते हैं, दीप जलाए जाते हैं, तो वे अँधकार बन जाते हैं, आज गंदे नलों को अपने प्रवाह में लेते-लेते नदी का रूप खो रही है, इस देश की पवित्रता का, इस देश की गतिशीलता का, इस देश के उत्सर्ग का ऐसा बड़ा पैमाना हमने छोटा कर दिया है। तापी और सोन को मैंने बीस वर्षों के अंतराल में इतना बदलते देखा कि जहाँ पैसा डालिए तह में जाने तक दिखता रहता था, वहाँ एक जाने किस रासायनिक कचरे की सुर्ख लाल चादर पड़ी हुई है।

हमारे संस्कार वही हैं, हम अब भी जल को तीर्थ मानते हैं, जल हमें तारता है, और उस तीर्थ को हम इस तरह बरबाद कर रहे हैं। हमीं थे, जिन्होंने विजन में, प्रकृति के एकांत में, ऊँचे पर्वतों में, दुर्गम घाटियों में निबिड़ वनों के बीच उद्दाम रूप से दहाड़ने वाले झरनों में तीर्थों की कल्पना की, टेकड़ियों पर देवी के, शिव के स्थान बनाए, उनकी यात्रा के श्रम को हमने जीवन का धर्म माना, हमने

नदियों के बलुहे तट को यज्ञस्थली बनाया और हमीं हैं जो अपने तीर्थों में ऊँची अट्टालिकाएँ बना रहे हैं, कचरा-कूड़ा से तीर्थ पाट रहे हैं, किसी विजन को विजन नहीं रहने दे रहे हैं, दूर हिमालय की उपत्यका में ध्वनिविस्तारक यंत्र का शोर गुँजा रहे हैं, कैसा पानी रखने का यह संकल्प है? कैसी आत्मघातिनी यह प्यास है?

मैं कारण की मीमांसा में नहीं जाना चाहता, पर इतना ज़रूर लगता है एक और पानी था, वह हमने खो दिया, वह पानी अलेग्ज़ेंडर जैसे विश्वविजेता की भेंट के प्रस्ताव की उपेक्षा कर सकता था—मुझे कुछ नहीं चाहिए, तुम मेरी रोशनी छेंके हुए हो, हट जाओ, वह पानी फतेहपुर सीकरी के निमंत्रण की उपेक्षा कर सकता था, वह पानी अभी हाल तक ऊँचे से ऊँचे सम्मान की उपेक्षा कर सकता था। मुझे सैकड़ों कहानियाँ याद हैं, बचपन में अपने बाबा से नाना से सुनी हैं। ऐसे तेजस्वी पंडितों की कहानियाँ जो घोर दरिद्रता में रहे पर कहीं हाथ पसारने नहीं गए। एक कहानी है उदयनाचार्य की, मिथिला के नैयायिक की, जिन्होंने किरणावली लिखी, ईश्वर सिद्धि लिखी और पुरी में जगन्नाथ जी के मंदिर पहुँचे, पर बंद थे, तमक कर बोले—

ऐश्वर्य मदमत्तोसि मामवज्ञाय तिष्ठसि
पुनर्बौद्धे समायात मदधीना तव स्थितिः।।

ईश्वरता के मद में मतवाले हो गए हो, मेरी अवज्ञा करते हो, फिर बौद्ध दर्शन के आचार्य आएँगे और मैं तुम्हें रखूँगा तो तुम रहोगे।।

किंतु, यह सब सपना है, ख़ामख़याली है। हम आज बुद्धि की रोटी खाते हैं, बुद्धि की साधना थोड़े ही करते हैं, हम एक विशिष्ट वर्ग के हैं, बुद्धिजीवी वर्ग के, हम समाज के स्तंभ हैं, हम राजनेता से विशिष्ट है साधारण अपढ़ जनता से विशिष्ट हैं, घनिष्ठ वर्ग से विशिष्ट हैं, यही क्या कम है कि हम सबका समय समय ख़याल रखते हैं, राजनीति के गुलगुलों से हमें परहेज़ नहीं है, साधारण जनता के दुःखदर्द की मीमांसा में ही तो हम रात दिन मग़ज मारते रहते हैं और धनिक वर्ग का आदर-सत्कार अपना अधिकार मान कर करते हैं। वैसे हम निर्लिप्त हैं, कमल-पत्र की तरह, न हमें राजनीति से मतलब, न धन से, न जन से। हम कमल-पत्र के ऊपर खिले हुए कमल के फूल के ऊपर बैठे हुए हैं, हमीं तो विधाता हैं। और यह सब दंभ की बात जवाब के रूप में सुनता है कि भीतर एक धमाका होता है, एक बम फूटता है और सबकी नकाब उतरवा देता हैं, सब भय से संत्रस्त हो जाते हैं—ऐं, हम सुरक्षित नहीं हैं। हाँ आपकी सुरक्षा साधारण जन की सुरक्षा से कोई अलग सुरक्षा नहीं है। आप झूठे हैं, आप विधाता नहीं है। आप नकलची हैं, और अच्छे नकलची भी नहीं, बार बार गर्दन मोड़ कर ताकते रहते हैं आप अगली पंक्ति पढ़ते हैं इतने में पिछली पंक्ति भूल जाते हैं।

ज्ञान पवित्र होता है, उसे कहीं से लिया जा सकता है, पर ज्ञान पवित्र होकर ही लिया जा सकता है। और यह पवित्रता बिना तप के, बिना एकाग्र साधना के, बिना ज्ञान को चरम मूल्य माने नहीं आती। आप अपने भीतर टटोलिए—आप में कितने हैं जिनके लिए ज्ञान चरम मूल्य है।

जमाने को पीछे लौटाने की बात मैं नहीं करता, पर ज़माने को आगे ले जाने के लिए तो संकल्प लेना है, वह संकल्प क्या बिना पानी के, बिना समूल और अक्षत कुश के, बिना कुश की नोक की तरह निरंतर तर्क की कसौटी पर तीक्ष्ण की गयी बुद्धि के लिया जा सकता है?

इस प्रश्न के उत्तर में चेहरे निर्विकार हो जाते हैं, न कहीं उजास दिखती हैं, न कहीं छाया, एकदम सपाट चेहरे दिखते हैं, गीली मिट्टी जैसे। बार-बार प्रश्न छोड़ता हूँ, आज इतना साहित्य लिखा रहा है और उसमें से कितना है जो आँखों में पानी भर सके, कितना है जो पूरी तरह भीतर से झकझोर कर रख दे, हर शिक्षा को झनझना दे और एक ही उत्तर मिलता है, वह ताप नहीं है जो द्रव की रचना करता है, वह तप नहीं है, जो पानी बनता है।

जो पूरे समाज की आर्थिक आवश्यकता की पूर्ति की बात करते हैं वे भी अपनी आवश्यकता काट कर नहीं। ऐसे हवा में टँगे हुए लोगों से गरीब रहीम क्या 'पानी राखिए' की बात करते हो, हमसे तो सही कहो, 'हवा बाँधे रहो', करो योगा का निर्यात, भौतिकी के चिंतन को उपनिषद् की पंक्ति से जोड़ो, 'पेड़ लगाओ' को वेद के उद्धरण से जोड़ो। पानी की बात आज बेमानी है क्योंकि धूप एकदम सिमट गयी है, हमारे क्षितिज का सरोवर पूरा का पूरा पंक हो गया है, एक ओस की बिंदु भी कहीं झलझला नहीं रही है, क्या करोगे मोती की बात क्या करोगे मानुस की बात, मानुस तो वही मानुष है जिसकी करुणा आँसू के मोती ढुरकाती है चुपचाप अनथम्हें, दुखाती रहती है, पूरी ज़मीन भीग जाती है, भीग कर दीपित हो उठती है। कहाँ है वह करुणा की अंतः सलिला जिसके न होने से सब सूख रहा है, सब गँदलाता जा रहा है, पूरे जीवन में तरने-तारने का भाव लुप्त हो रहा है, केवल एक प्यास बढ़ रही है, वह भी पानी की नहीं, और अधिक उत्ताप की, और अधिक ऐश्वर्य के विलास के मद की।

यह सब सोचता हूँ तो अपने को एक अभियुक्त के कटघरे में खड़ा पाता हूँ, मेरा प्रश्न मुझी को घूरता है और मैं चुप रहता हूँ मैं उससे-उबरने की बात करने लायक हूँ कहाँ? जीवन और जीवन की धार से कटा हुआ आदमी पानी की बात करे, इससे अधिक विडंबना की बात और होगी क्या?

गृहलक्ष्मी

क्वार-कातिक या बैशाख–जेठ के भोर का चित्र है एक विवाह के गीत में, यह गीत ही भोर का गीत कहा जाता है, भोजपुरी उद्धरण देते डर लगता है, छपाई के जीव विशेष जाने क्या का क्या कर दें, अर्थ दे रहा हूँ–भोर हुई, पहली चिड़िया बोल उठी, ठाकुर जी, ठाकुर जी, मृग अँगड़ाई लेके उठे वन में तृण चुगने चले, हलवाहा हल लेकर चला, घर की बहू जाँते "पीसने की चक्की" के पास चली, दूसरी बहू गाय दुहाने की तैयारी में लगी। इन सबके ऊपर सूरज की पहली किरन बरसेगी, इन्हें असीसेगी। इस जीवन में बड़ी रूमानी गैर बहू या गृहलक्ष्मी चित्रित हुई है। ऐसी बहू को गृहलक्ष्मी जो संस्कृति मानती है, वह कुछ अजीब ही लगती है दूसरों की आँखों में परंतु मेरे मन में तो यही गृहलक्ष्मी बसी हुई है।

एक बार गुजरात द्वारका यात्रा के निमित्त से गया, मोटरगाड़ी से रात में अहमदाबाद से रवाना हुआ, रास्ते में एक पूर्व राजपरिवार का आतिथ्य ग्रहण करना था, उस परिवार की दो बहुएँ बड़ी रात तक जाग रहीं थीं और मैं सपत्नीक था, पहुँचते ही उन्होंने नौकर-चाकर को अवसर नहीं दिया और विरोध करने पर भी जब तक पूरी व्यवस्था खाने-पीने-सोने की नहीं कर ली तब तक उन्होंने आराम का नाम न लिया। लौटती बार भी वहाँ रुकना था बस रात के कुछ घँटे, पर लौटती बार भी वही निर्व्याज सत्कार, वही शालीन मुद्रा, वही निरालस्य उत्साह, वही कृतार्थता कि ऐसे अतिथि आए। मन ऐसी स्थित में किसी दिव्य भूमि पर पहुँच जाता है। हमारा देश, सुदामा के चरण पखारने वाला हमारा देश परात्पर परब्रह्म से जूठी पत्तल बटोरने वाला देश राजसी वैभव में नहीं, सादगी और सहज सेवा भाव में अध्यात्म का दर्शन करता है।

मेरे मन के ऊपर गृहलक्ष्मियों की कुछ दूसरी भी छापें हैं, पर वे मन पर अंकित नहीं हो पायीं, पुँछ गयी हैं, सकारात्मक छापें ही रह गयी हैं। गृहलक्ष्मी की छाप घर, आँगन, रसोई सब पर पड़ती है। दक्षिण भारत में मित्रों के घर ठहरा हूँ बड़ी सबेरे घर की सफाई, धुलाई करके, घर के द्वार पर अल्पना करके गृहिणी रसोई

में प्रवेश करती है, उसके हाथों में स्पर्श से बरतन दमक उठते हैं, उनकी सांसों से अन्न महक उठता है। मध्यप्रदेश के गहन वनों के बीच आदिवासी घर में जाने का और रहने का अवसर मिला है, गृहलक्ष्मी की बतलायी विधि से आदिवासी भोजन पकाने का अवसर मिला है। जानता हूँ सुरुचि से धन का कोई ऐसा नियत संबंध नहीं है कि बिना धन के सुरुचि न आये, सुरुचि कभी-कभी धन के अतिरेक से कुरुचि हो जाती है, सुरुचि तो आती है अपने घर को पराए अपना घर मानें, इस आकांक्षा से और इस आकांक्षा से प्रेरित प्रयत्न से। दूसरे को दिखाने के लिए नहीं, दूसरे के भीतर से पराएपन के संकोच को दूर करने के लिए प्रयत्न किया जाता है तो सौष्ठव आ ही जाता है।

जहाँ यह भाव नहीं है वहाँ काम की थकान है, रोजमर्रा की जिंदगी ऊब है। अज्ञेय की कहानी 'रोज' की गृहलक्ष्मी मालती के लिए जिंदगी रिसने वाला घाव बन गयी है, वहाँ अपना ही अपना नहीं, पराया तो पराया, वह क्या अपना होगा, यह भाव घाव बनकर रिसता जाता है। पर मैंने अपनी सास को देखा है, ग्यारह संतानें चली गयीं, पति नहीं रहे, पर उन्होंने अपना मन ऐसा बना लिया कि इतने दुःख के बाद दूसरों को खिलाने पिलाने में जीवन भर अपने को बहलाती रहीं। खुलकर हँस सकती थीं और नाराज होकर बरस सकती थीं, विशेष कर इस बात पर कोई कह दे, भूख नहीं लगी है। उनके आमंत्रण को स्वीकार न करें, ऐसा हो ही नहीं सकता था। रसोईघर की हालत यह कि एक कण कहीं गिरा न मिलेगा, बर्तन में कहीं दाग नहीं दिखेगा, चारपाई पर बिछी चादर दपादप सफेद होगी। धोती लकूलक् सफेद होगी, सब हाथ से साफ की हुई।

उस आग-पानी का स्मरण करता हूँ तो अपनी गृहिणी उसकी छाया लगती हैं। गीतों में एक उपमा आती है क्वार की बदली से जेठी बहू की, छन भर बड़ी तपती, दूसरे छन बड़ी स्निग्ध, बड़ी उदार। रसोई बनाना मुझे भी आता है, पर यह पराक्रम दिखाने की आज तक अनुमति नहीं मिली। और सलाह देता हूँ, तो बस शास्त्रार्थ का निमंत्रण मिल जाता है। तो भी कभी न कभी छेड़ता ही हूँ, अंत में हार कर चुप हो जाता हूँ।

इंदिरा गाँधी राष्ट्रीय कला केंद्र में एक अंतर्राष्ट्रीय गोष्ठी हुई, उसमें एक सत्र की अध्यक्षता कर रहे थे आनंदकुमारस्वामी के पुत्र श्री रामकुमार स्वामी। चर्चा चल रही थी पूर्व-पश्चिम के बीच सेतु बनना चाहिए, इस पर चुटकी लेते हुए राम ने कहा, तीस वर्ष हो गए विवाह के, एक भी दिन नहीं बीता, जिस दिन हम दोनों में किसी न किसी बात पर असहमति न हुई हो, और भगवान न करें वह दिन आए, जब असहमति का यह आना रुक जाए, मेल होना चाहिए, इस पार से उस पार जाने की सुविधा होनी चाहिए, ठीक उस पार से इस पार लौटने की भी बात होनी चाहिए, परस्पर भिन्नताओं को पहचानते हुए ही एकता की बात होनी चाहिए,

राम की बात का समर्थन वहाँ बैठी हुई उनकी पत्नी ने हँसते हुए किया, इनके इस नटखटपने पर ही मैं नाराज होती हूँ। गृहस्थी में लड़ाई कभी बच्चों को लेकर होती है कभी इसी बात पर हो जाती है कि बिना बटन का कुर्त्ता पहन कर जा रहे हैं। मेरे घनिष्ठ मित्र थे स्व. भगवती शरण सिंह, उनकी पत्नी बराबर नाराज होती रहती थीं कि मैं कपड़े तह लगाकर रखती हूँ और ये अपने मन से जाने कौन कपड़ा पहन लेते हैं। और मैंने देखा भाभी गयीं कि भाई भगवतीशरण जी एकदम प्राणहीन से हो गए। भारत की गृहलक्ष्मी ज्वार नहीं है, वह धरती को भिंगोने वाली ओस का झरना हैं, झरते रहना है, ऐसे कि कुछ दिखता नहीं, बस महसूस होता है।

यों तो हमारे देश की आदर्श गृहिणी हैं जगदंबा पार्वती और सबसे समझदार गृही हैं शिव जी, शिव जी ने पतित्व की मर्यादा इसी में मानी है कि सब कुछ भवानी के हाथ सौंप यहाँ तक अपने शरीर का आधा हिस्सा तक सौंप कर निश्चिंत हो जाएँ और वे निश्चिंत गृहपति हों, घर में रार मचे, बच्चों में झगड़ा-टेटा हो, शोर हो, कुछ भी हो जून से भोजन पानी का प्रबंध हो, आने जाने वालों की सुख सुविधा की व्यवस्था हो, अपने को ध्यान लगाने की छुट्‌टी है।

पर सामान्यतः कोई भी पति शिव नहीं बनना चाहता, सजना-धजना चाहता है, रोब दाब रखना चाहता है और विष्णु की नकल करता है और विष्णु हैं कि लक्ष्मी जी उनके हृदय में बसती हुई भी नाराज होती रहती हैं, कभी इस बात पर नाराज हो जाती हैं कि कढ़ी पत्ता की छौंक नहीं दी और विष्णु भगवान् थाली पटककर चल दिए, पद्‌मावती ''वेंकटेश भगवान की लक्ष्मी का नाम है'' कई कोस दूर चली गयीं रूक्मिणी जी ''द्वारकेश की लक्ष्मी'' द्वारकाधीशँ को छोड़ कई कोस दूर समुद्र तट पर मंदिर बनाकर रहने लगी, पुरी में लक्ष्मी साथ नहीं रहती और हर साल जब रथयात्रा के बाद भगवान लौटते हैं, तो दरवाजा भेंड़ देती हैं, जाओ तुम बाहर रहो, बड़े अनुनय विनय से मानती हैं, जगन्नाथ जी मंदिर में दाखिल हो पाते हैं। हमारे गृहलक्ष्मियों पर कभी-कभी यह लक्ष्मियाँ सवार हो जाती हैं, पर अधिकतर ज्यों-ज्यों उम्र बढ़ती है हमारी गृहलक्ष्मियाँ जगदम्बा का रूप ही स्वीकारने लगती हैं। पर इन दोनों रूपों की अपनी अलग शोभा है। हाँ एक तीसरा रूप है काली का, वह किसी गृहलक्ष्मी को न मिले, नहीं तो घर श्मशान हो जाता है और श्मशान ही में घर बसाने का मन होने लगता है। ऐसे एक घर को कलह से और बेशहूरपन से मसान बनाने वाली गृहलक्ष्मी के बारे में लोककथा है। एक थे पंडित, उनकी पंडिताइन थीं कि बस घर में कलह मचा रहता था, पंडित चुपचाप सहते और भूखे रह जाते या खुद बनाकर खा लेते, गृहलक्ष्मी के लिए रख देते। पंडिताइन के स्वाभिमान को गवारा नहीं हुआ यह अधिकार क्षेत्र में हस्तक्षेप। उन्होंने घोषणा की कि आज मैं रसोई बनाऊँगी। पंडित जी ने कहा, बनाओ जो बन पड़े। पंडिताइन ने आटा

गूंथने का उपक्रम किया और कहा कि पूड़ी खीर बनाऊँगी, पंडित ने कहा, बनाओ जो बन पड़े। पंडिताइन ने पानी ज्यादा डाल दिया, बोंली, कहो तो पंडित गुलगुले बनाऊँ, पंडित ने फिर उत्तर दिया, बनाओ जो बन पड़े। पंडिताइन ने फिर चीनी, दूध और कुछ अन्य मेवा आदि द्रव्य मिला लिया और बिना कुछ सोचे समझे पानी भी मिला लिया और बोलीं–पंडित कहो तो लपसी बना दें, पंडित ने कहा–बनाओ जो बन पड़े। लपसी बनाने के लिए ढेर सारा समान चढ़ा दिया गया कढ़ाई में, खदखद उबलने लगा, छींटे ऊपर आए, पंडिताइन घबड़ा उठी, कढ़ाई चूल्हे से उतारने चलीं, सारी कढ़ाई उनके ऊपर आ रही, उन्होनें पंडित को कोसना शुरू किया और संकल्प किया कि अब मैं रसोई के पास नहीं फटकूँगी। पंडित कुछ बोले नहीं माथा ठोंक लिया।

सो ऐसी महालक्ष्मियाँ भी देखने में आती हैं, परंतु मैंने तो केवल इनकी चर्चा भर सुनी हैं, मेरे अनुभव में ये नहीं आयीं। भारत की गृहलक्ष्मी की सामान्य विशेषता सब जगह मैंने यही देखी कि उम्र बढ़ने के साथ अधिक वत्सल, अधिक उदार और अधिक अतिक्रामक रूप में पति के सुख–स्वास्थ्य पर काबिज होती जाती हैं और पति पालतू होता जाता है, पालतू होने में मौज लेता है। भवभूति ने राम के मुँह से परिपक्व अवस्था के प्यार का जो चित्र खींचा है, वह बड़ा मनोरम है, संस्कृत श्लोक न दूँगा, क्योंकि लोग अब संस्कृत से घबरानें लगे हैं, विशेष करके नई छाप के हिन्दी के लोग, जो अपनी जमीन ही नकार पर प्रतिष्ठित बनना चाहते हैं, अर्थ मात्र दूँगा–ऐसा प्यार जो बरसों के साहचर्य से दूरी छोड़कर एक हो गया हो, वह मनुष्य लोक में ही मिलता है और बस किसी किसी को मिलता है, वह सुख दुःख में एक सा रहता है, जैसी अवस्था हो, उसी के अनुसार अपने को ढालता है, हृदय को ऐसे प्यार से बड़ी राहत मिलती है, बड़ा आश्वासन रहता है, उम्र ढलने पर भी इसका रस तनिक भी कम नहीं होता, बल्कि धीरे-धीरे उम्र के साथ सब बीच के संकोच खिसक जाते हैं, स्नेह का बस सार बच रहता है।

ऐसे स्नेह सार की बात भारत में ही सोची जा सकती है। जहाँ विवाह कोई करार नहीं है, कुछ शर्तों पर किया गया अनुबंध नहीं है, यह वरण है एक ऐसे जीवन का जिसके प्रारंभ में ही संकल्प होता है, बबूल की छाह में पत्तों का मंडप छा लेंगे, उसी के नीचे विवाह वेदी रचेगी। अतः यहाँ महत्व के साहचर्य का और उसके कारण एक दूसरे के भीतर परस्पर स्वीकार भाव के मिलने का है। पर गृहलक्ष्मी का यह सौभाग्य जिस परस्पर स्वीकार और आदर भाव से आता है, वह आज के उपभोक्ता प्रधान संसार में बड़ा दुर्लभ हो रहा है, जब सब भावनाएँ जिन्स हो रही हैं यहाँ तक कि सांस सांस का साहचर्य भी सौदे के घेरे में पड़ गया है।

यह साहचर्य केवल मनुष्य-मनुष्य के बीच नहीं होता, एक साहचर्य में प्रकृति साथ देती है, वह गुहारती रहती है, साहचर्य का अवसर न गँवाओ। वह एक दूसरे

को कोहनाए (कुपित) जोड़ियों को मनाती रहती है, मान जाओ, मान-मनावन का व्यापार ऐसा न तानो कि उसका रंग ही चला जाए।

इस साहचर्य को बनाए रखने में सहायक होती है हमारी वाचिक परंपरा जो अब संग्रहालय की वस्तु होती जा रही है, जो सुधि दिलाती रहती है कि "सखि कहती हो मान मान के दिन तो बीते" मान का समय होता है, उस समय के बाद क्या मान, क्या मनौवल, जब समय होता है तो मान बस भौं चढ़ने में ही व्यक्त होकर रह जाता है और भावना बस हल्की सी मुस्कान से संपन्न हो जाती है। इस साहचर्य की यात्रा में बहुत बड़ा योग है परिवार का, घर के परिवार का, गाँव के परिवार का, प्रकृति के परिवार का, परिवार का हर एक सदस्य किसी दूसरे सदस्य को टूटने नहीं देता, क्योंकि एक का भी टूटना, पूरे परिवार का टूटना है, परिवार की समसरता का टूटना है। और ये सहयोग जा रहे हैं, इसलिए यह मानकर बैठ जांय तो जीवन की रसवत्ता चली जाएगी, भारत का घरबारीपन चला जाएगा। हमें पूरा यत्न करना चाहिए कि यह साहचर्य जगा रहे, यह साहचर्य भाव भारत का स्वभाव है, यह स्वभाव न रहेगा तो हमीं कहाँ रहेंगे।

हिन्दुस्तान एक दीवट

सुरुचिपूर्ण घर में आजकल हिंदुस्तान कई ढ़ँगों से सजावट के सामान के रूप से देखने को मिल जाता है, कभी नटराज की मूर्त्ति में, कभी उड़िया कृष्ण लीला के चित्र के रूप में, कभी पंजाबी फूलकारी के रूप में, कभी कश्मीरी अखरोट की लकड़ी में कमल की नक्काशी के रूप में और कभी पीतल के ऐसे दीवट के रूप में जिसमें एक साथ कई दीए रखे जाते हों, पर इस दीवट या अधिक परिनिष्ठत शब्द का प्रयोग करें तो दीपाधार में दीए नहीं जलाए जाते हैं, शायद इसलिए भी नहीं जलाए जाते कि कमरे में रोशनी वैसे ही खुशनुमा ट्यूबलाइट से या शेड लैंप से छनकर आ रही होती है। दीए की रोशनी वहाँ कुछ अप्रासंगिक लगती है। हाँ दीपाधार एक शानदार चीज जरूर लगता है।

हिंदुस्तान भी लगता है एक ऐसा ही दीपाधार बनकर रह गया है जो स्वयं प्रकाश का आधार नहीं हैं केवल दूसरे में प्रकाश का आधार बन सकता है, इसकी संभावना का संकेत देता रहता है। कुछेक महीने पहले मुझे एक गाँव में एक रात रहने का मौका मिला। रात अँधेरे पाख की थी, उस गाँव तक बिजली नहीं पहुँची थी। बेहद गर्मी थी, छत पर सोया। पहले नज़र आसमान पर गई। इतने अधिक तारे वर्षों बाद इतने साफ देखने को मिले। यकायक करवट बदली तो बगल में एक जाने किस चीज़ का पेड़ था, उस समय वह पेड़ लग भी नहीं रहा था, लग रहा था एक बहुत बड़ा दीपाधार है। उसके फुनगी फुनगी पर जुगनू जगमगा रहे थे। ऐसा लगता था कि पृथ्वी सारे आसमान के तारों की बराबरी अपने एक पेड़ के ज्योतिपुंज से करने का संकल्प ठाने हुए हो। जब सुबह हुई तो देखा वह पेड़ बेर का पेड़ है। उस बेर की कंटीली डालों में इतने असंख्य जुगनू क्यों झिलमिलाते रहे, कुछ बात बड़ी बेतुकी लगी। सुसंस्कृत और सुरुचिपूर्ण घर के दीपहीन दीपाध ाार से भी यह बेतुकी बात लगी। अंधकार से घिरे गाँव में इतने कांटों में छिदते हुए जो जी रहा है, वह कितना नादान है।

इसी समय मेरे दिमाग में इस बेतुकेपन की दूसरी तस्वीर भी आ जाती है।

अमरीका में था तो लोगों से सुनता था कि आनन्द कुमार स्वामी ने हिंदुस्तान के बारे में अमरीका में रहते हुए इतना कुछ लिखा, उस लिखने से न हिंदुस्तान प्रभावित हुआ न अमरीका। अमरीका के लोगों ने मध्ययुग के भूलभुलैया में भटका हुआ एक चंचल पागल समझा था। हिंदुस्तान या तो उन्हें जानता नहीं था या जानता भी था तो सिर्फ यह मानता था कि इस आदमी को खामख्वाह हिन्दुस्तान से इतना लगाव है और जिन हिन्दुस्तानी चीजों से लगाव हैं वे केवल अलंकरण की वस्तु है, सजावट की चीजें हैं। वे हिंदुस्तान की जिंदगी से कोई अपना मतलब नहीं रखती। मुझे तब भी लगा था कि आनंद कुमार स्वामी एक ऐसे ही दीपाधार हैं जिन्हें अमेरिका अपने संग्रहालय में रखना चाहता है पर उसमें दीये नहीं जलाना चाहता और हिंदुस्तान उस दीपाधार पर गर्व करना चाता है लेकिन वह भी उसमें दीए नहीं जलाना चाहता। आज भी आनंद कुमार स्वामी के चिंतन के बारे में जब समग्र रूप से उन्हें पढ़कर सोचता हूँ तो लगता है कि कवेल आनंद कुमार स्वामी ही संपूर्ण जीवन की और संपूर्ण विश्व की चिंता करने वाला हिंदुस्तान का विचारक, कलाकार, एक दीपहीन दीपाधार हैं।

अहं के विस्फोट के युग में जो यह कहे कि नया कुछ देने या करने का अभिमान तो मनुष्य के भीतर है, वह मनुष्य को खा जाने के लिए है। जो सचमुच नया देता है वह सबसे पहले इस अहंकार को तोड़ता है कि कुछ नया दिया जा सकता है। सबसे पहले वह पहचानता है कि इतना जो कुछ मुझे दिया गया है वह बराबर नया हो रहा है। यह आकाश, यह पृथ्वी इन दोनों के बीच में तरह-तरह के रूप रंग भरने वाले बादल उन रंगों के जाल में तड़प तड़प उठने वाली बिजली और इनके बीच रह रहकर के उठने वाली गरज—दो! दो! दो! (दाम्यत्, दत्त, दयध्वम्) अपने भोग पर नियंत्रण करो, अपनी भोगवृत्ति का विसर्जन करो, अपनी संग्रह वृत्ति लोकवृत्ति पर नियंत्रण कर विसर्जन करो, दूसरों को सताकर प्रबल बनने की प्यास का विसर्जन करो, वेदों के मंत्र, सिद्धों, महापुरुषों और संतो की वाणी है—आत्मदीप बनो। तमक उठे तो शिल्पियों की कलासृष्टि, कलावंतो की स्वरसृष्टि, कवियों की रससृष्टि, असंख्य असंख्य फूलों की मुस्कान, असंख्य असंख्य शिशुओं की किलकारी ये सब क्या निरंतर नए नहीं हो रहे हैं? और ये सब क्या हमें दिए नहीं गए हैं? ये ही नहीं, काली रात, बर्फीली आँधी, कालवैशाखी, महावट की झड़ी, युद्ध की विभीषिका, हिंसा, मनुष्य और मनुष्य के बीच, जीवन और जीवन के बीच एक गला काट होड़, सबल का अतिजीवन, दुर्बल का शोषण, सागर का पछाड़ खाकर लौटना, पेड़ का अरअराकर गिरना, कगार का टूटना, जंगल कट जाने से पहाड़ का खिसलना, पतझर और पुष्पहीन, हंसीहीन जिंदगी का फैलाव, ये सब भी तो रोज नया हो रहा है। इनके बार में चिन्ता करने वाली रचना भी हमें दी गई है। हम नया क्या देंगे? हमसे अधिक नया वे दे रहे हैं जो जानते ही नहीं कि हम

दे रहे हैं, जो मिट्टी के दीवट गढ़ रहे हैं, जो पीतल कांसे का काम कर रहे हैं, जो बाधनों का काम कर रहे हैं और रंगों का एक सपना पहले से ही देख रहे हैं। सपना साकार देख रहे हैं। साड़ी में रंग तो बाद में उतरेगा वे सभी यह मान करके चलते हैं कि उन्हें कुछ साँचे, कुछ नक्शे दिए हुए हैं। ये सांचे, ये नक्शे उन प्रथम सिद्धांतों पर आधारित हैं, जिनसे जीवन चलता है और सहज रूप में जीवन चलता है। कुमार स्वामी ने द्वितीय विश्व युद्ध के बाद पश्चिमी सभ्यता पर यह चोट की कि यह जो तुम्हारा अहंकार है कि तुम कल्याण कर सकते हो, अगर इसे छोड़कर अच्छे रह सको तो यह बहुत बड़ी बात है, तुम अच्छा कुछ कर सकते हो यह तुम्हारी संभावना चुक गयी है, और तुमसे अपेक्षा यह नहीं करते कि तुम क्षति न पहुँचाओ, उपेक्षा यह की जाती है कि तुम अच्छे बने रहो और कृपा करके अच्छा करने का कोई संकल्प न लो क्योंकि अच्छा करने का संकल्प तुम्हारा एक झूंठे दंभ से प्रेरित होता है, एक व्यक्तित्व के स्फीत अहंकार से प्रेरित होता है और जो तुम से अच्छा सीखेंगे वे बहुत पहले से अच्छे हैं और तुम्हारे बावजूद अभी तक अच्छे बने हुए हैं।

आज कुमार स्वामी की यह बात हमको जरूर अटपटी लगेगी और हम जरूर महसूस करेंगे कि यह एक हिंदुस्तान या पूरब के प्रति अंध मोह है पर जिस तेजी से गत तीस वर्षों में पश्चिम के चिंतन में प्रत्येक क्षेत्र में क्रांतिकारी परिवर्तन हुए हैं और तकनीकी विकास ने जिस तरह मनुष्य में नए सिरे से जीवन के विकास के खतरे का अहसास कराके संपूर्ण जीवन पहचानने के लिए लाचार किया है, उस परिप्रेक्ष्य में कुमारस्वामी की बात बहुत अर्थ रखती है। कुमारस्वामी फ़ासिल (शिलीकृत अवशेष नहीं हैं) वे मध्ययुगीन योरोप की संस्कृति संपन्नता के बहुत अच्छे व्याख्याता थे। वे मध्ययुगीन सारे संतों की साधना को भारतीय साधना की कड़ी से जोड़ने वाले अर्थवेत्ता थे, वे न भारत में प्राचीन आधुनिक का भेद करते थे, न पश्चिम में। वे एक सनातन प्रवाह के अन्वेषी थे जिसमें कोई भी चीज पुरानी नहीं होती पर कोई भी चीज नयी नहीं होती। उन्होंने यह पहचाना था कि पश्चिम और पूरब में अंतर सिर्फ इतना है कि पश्चिम में तथाकथित पुनर्जागरण काल में सनातन जीवन दृष्टि को छोड़कर एक यांत्रिक दृष्टि, एक बुद्धि के अहंकार से ग्रस्त दृष्टि अपनाई और इसका परिणाम जो हुआ वह सामने है। पश्चिम में शक्ति की एक प्यास जगी, उसने ईसामसीह के सलीब का प्रतीक गले में लटकाकर उपनिवेश बनाए, पृथ्वी से अनेक मानव प्रजातियों का लोप एक दंभपूर्ण करुणा की छाया में हुआ और यहीं तक बात सीमित नहीं रही, उद्योगीकरण के चक्कर में मनुष्य ने अपने स्वार्थों को राष्ट्र की संज्ञा दी। एक राष्ट्र दूसरे राष्ट्र से राष्ट्रीयता के नाम पर जूझा, रक्त की शुद्धता और श्वेतता के नाम पर रक्तपात हुआ। मनुष्य ने प्रकृति के ऊपर विजय के नाम पर अपने जीवन के पोषण का नाश किया और मनुष्य

ने अपनी स्वायत्तता खो दी। अपने ही बनाए यंत्रजाल का वह दास हो गया। कुमार स्वामी ने आज से चालीस वर्ष पूर्व इन खतरों को पहचानना शुरू किया था तब एक उन्माद में नहीं समझा गया। आज कम से कम पश्चिम का व्यक्ति समझना चाहता है, मनुष्य ने स्वायत्तता क्यों खोई। इसलिए वहाँ के अनेक विंचारक चाहे वे भौतिकी के क्षेत्र के हों चाहे जीव विज्ञान के क्षेत्र के हों, चाहे दर्शन या मनोविज्ञान के क्षेत्र के हों आज जिन दो तीन बातों पर बल दे रहे हैं, वे एक ऐसी बड़ी साझेदारी की बातें हैं जिनके विषय में एक ओर मध्ययुग के एक्विनस एकार्ट या उससे पूर्व के प्लोतिनस जैसे विचारक और दूसरी ओर चीन के ताओ रहस्यवादी या जैन साधक या वैदिक या मध्ययुग के संत सभी एक मत हैं। यह ऐकमत्य किसी परस्पर प्रभाव के कारण नहीं है न सांस्कृतिक आदान-प्रदान के कारण। यह ऐकमत्य सहज और स्वतःस्फूर्त जीवन के साक्षात्कार के कारण है। वह साक्षात्कार निरंतर होता रहता है। उसकी प्रक्रिया नयी होती है किंतु वह साक्षात्कार सनातन है और साक्षात्कार सघन एकाग्रता से ही संभव होता है, इसीलिए बिना किसी आयास के हो जाता है। यह उनको भी हो जाता है जिनके पास ज्ञान के साधन नहीं हैं, जो निरक्षर हैं। कुमारस्वामी इनेगिने विचारकों में हैं, जिन्होंने निरक्षर लोगों की प्रतिभा की निर्मलता में प्रतिबिंबित अनगढ़ जीवन सत्य की झाँकी देखी थी और यह प्रतिपादित किया था कि जो इन्हें सिखाना चाहता है, पहले वह अपने सिखाने वाले भाव को ताक पर रखे क्योंकि इनके पास बहुत कुछ है जो इनसे सीखा जा सकता है, उन्हें सिखाने का दंभ लेकर कोई जाएगा तो दोतरफा नुकसान होगा। उनकी शिक्षा का एक सहज संस्कार नष्ट होगा और जो शिक्षा उन्हें दी जाएगी वह उनके जीवन के उपयोग की नहीं होगी। दूसरी ओर जो व्यक्ति सिखाने जाएगा वह स्वयं अशिक्षित होकर लौटेगा क्योंकि वह जीवन के पास जाकर भी जीवन का स्पर्श नहीं कर पाएगा, उलटे अपने अधूरेपन को ही पूर्णतर मानने का मोह पालने लगेगा।

यह प्रसंग उल्लेखनीय है कि कुमारस्वामी के भारत चिंतन का प्रारंभ पुस्तकों से नहीं हुआ। हुआ भारत के गाँव-गाँव में बिखरे हुए हस्तशिल्प के कारीगरों, लोकनायकों और प्राचीन भारत की कला सृष्टियों में प्रवहमान सनातन जीवन धर्म की पहचान से। वे भूगर्भ विद्या में पारंगत होकर भूगर्भ सर्वेक्षण के लिए निकले और उन्होंने सचमुच का भूगर्भ सर्वेक्षण किया क्योंकि उन्होंने पार्थिव जीवन के गर्भ में जो एक अंतःसलिला का प्रवाह है जो आस्वाद का न चुकने वाला स्रोत है उसका सर्वेक्षण किया। सबसे पहले उन्होंने भारत और श्रीलंका के हस्तशिल्पों पर पुस्तक लिखी और बाद में उन्होंने लोक विश्वास के देवता यक्ष पर लिखी और इसके बाद तो एक के बाद दूसरे सोपान चढ़ते गए और उनका अंतिम जीवन वैदिक वाङ्मय के प्रतीक और अभिप्राय में निहित तत्वदर्शन के अनुशीलन में बीता है। इस प्रकार वे सहज से अंतस्स्फूर्त तक पहुँचे और यही पहुँचने की प्रक्रिया वास्तव में भारत

की अपनी प्रक्रिया है। भारत की कला दृष्टि निरपेक्ष सौन्दर्य की बात नहीं सोचती, वह यह देखती है कि संपूर्ण जीवन में एक सामंजस्य है, वही सौंदर्य है। जीवन से निरपेक्ष जो होता है, वह शव होता है शिव नहीं होता। इसीलिए कला की साधना की पुकार होती है कि जो शव बना हुआ है, जड़ बना हुआ है उसमें शक्ति की हुंकार लगाओ, लेकिन यह स्मरण रखो कि शक्ति का अर्थ जय तो है, उत्कर्ष तो है पर किसी का पराभव नहीं है, किसी का अपकर्ष नहीं है। इसका अर्थ सर्व मंगल मांगल्य है। इसका अर्थ सबके अर्थ की साधिका होना है। जो इस प्रकार की शक्ति का आवाहन करता है वही सर्व की बात करता है, वही सर्व जीवन की बात करता है और जो नहीं करता है वह कला को अलग देखता है जीवन को अलग देखता है, दीप को अलग देखता है, दीपाधार को अलग देखता है। वह दीया जलाने को संपन्नता का चिह्न मानता है। वह भूल जाता है कि किस आधार पर दीया जलाना है। हिंदुस्तान में जो सबसे बड़ी करुणांत गाथा है वह यह नहीं है कि आर्थिक दृष्टि से दरिद्र है, इस दरिद्रता पर उसने कुछ काबू भी पा लिया है। वह इस माने में दरिद्र है कि जिसको वास्तव में दरिद्रता मानता है, वह उसकी दरिद्रता नहीं है। उसकी दरिद्रता तो यह है कि एक आधारहीन संपन्नाता की लालसा का शिकार हो गया है। वह अपनी उस संपन्नता को नहीं पहचान रहा है जो उसके भीतर है, जो उसके गर्भ में है, जो उसके अँधेरे में घिरे हुए काँटेदार वनस्पति से छिद-छिद कर आज भी दीप्तिमान् है। वह संपन्नता और कुछ नहीं उसके साधारण जन का आत्मविश्वास है कि आदमी का सही रास्ता वह है जिसे वह बनाता है। दूसरे का बना वह रास्ता कभी भी किसी के लिए भी सही नहीं हुआ। ऐसा रास्ता उसके लिए भटकाव ही बना या मृग तृष्णा की मृत्यु बना। उस संपन्नता को खोकर जो भी प्रगति होगी, उससे हिंदुस्तान संपन्न नहीं होगा, और दरिद्र होगा और अपनी स्वाधीनता खोता जाएगा। हिंदुस्तान के पास वह पहचान आए, वह दीपालोकित दीपाधार लौटे तो हिंदुस्तान केवल अपने लिए जीवन की संपन्नता की ही बात नहीं सबके जीवन की संपन्नता की बात सोचेगा इस उद्देश्य से नहीं कि अपना गुरुत्व स्थापित करें। किसी को कुछ भी बनाना, एक ऐसे भाव से आता है जो यह मानता नहीं कि मनुष्य आत्मदीप होता है, अपना दीया खुद होता है। हिंदुस्तान यदि प्रासंगिकता रखता है तो इसलिए कि वह सबको स्व की मुक्ति अपने तरीके से करने में विश्वास नहीं करता। पश्चिम की मुक्ति पश्चिम के उपायों से होगी, पूर्व की मुक्ति पूर्व के उपायों से होगी। ये उपाय परिवेश से पैदा होते हैं, परंपरा से पैदा होते हैं, जीवन के भूगोल और इतिहास से पैदा होते हैं। हिंदुस्तान तकनीक या तकनीकी विकास को गलत नहीं मानता पर उधार ली हुई तकनीक और उस तकनीक के आधार पर किए गए विकास को न केवल गलत मानता है उसे विकास ही नहीं मानता क्योंकि ऐसा विकास आधारहीन होता है।

हिंदुस्तान की जो बात आज के विश्व के लिए महत्त्व रखती है वह उसका ज्ञान नहीं है। ज्ञान का अधिगम नहीं है, बल्कि उसकी वह अनुभव प्रक्रिया है जो यह संकेत देती रहती है कि तुम जितना अनुभव अर्जित करते हो, उतना ही तुम हो। जो तुम स्वयं अर्जित नहीं करते, दूसरे से लेकर रखते हो, वह तुम नहीं हो। जो तुम स्वयं खट कर अनुभव में पक कर, गल कर विलीन होकर प्राप्त करते हो, वही तुम हो। पश्चिम के ज्ञान को इस प्रक्रिया के साक्षात्कार की आवश्यकता है। वह अधिगत करना तो जान गया है पर होना भूल गया है। कुमारस्वामी की बात यहाँ याद आती है कि पश्चिम के ज्ञान और पूर्व के अनुभव को एक सेतु पर मिलना है, जब तक ये नहीं मिलेंगे तब तक एक संपूर्ण मानव और एक संपूर्ण जीवन की अवधारणा नहीं होगी। दूसरे शब्दों में कहा जा सकता है कि पूर्व के ठंडे तर्कशुद्ध ज्ञान को एक आँच चाहिए, वह आँच पूर्व के तप से आएगी।

प्रश्न यह है कि उस तप के लिए हम तैयार हैं भी या नहीं। हमें मोमबत्ती सस्ती पड़ती है उसे खरीद लेते हैं। तेल महँगा हो गया है, दीए में तेल नहीं भरते पर क्या हम स्वयं को मोमबत्ती बनाकर पिघला सकते हैं, स्वयं को पेरकर ऐसा स्नेह बूंद-बूंद भर सकते हैं जिससे असंख्य-असंख्य दीप जल उठें और हमारा दीपाधार कोरा दीपाधार न रह जाए, वह दीपालोकित दीपाधार बन जाए। वह कांटों से छिदे पंखों से असंख्य-असंख्य जुगनुओं से दीपित एक महान ज्योति तरु बन जाए।

स्वाधीनता का अर्थ

जो पीढ़ी स्वाधीनता प्राप्ति के बाद तैयार हुई, उसके मन में स्वाधीन होने का अर्थ दूसरा है, लेकिन जिस पीढ़ी ने 1947 से पहले पराधीनता का दर्द झेला था और जगह-जगह उद्यानों में लगी हुई पट्टियाँ झेली थीं—'कुत्तों और हिंदुस्तानियों का प्रवेश निषिद्ध', उनके लिए स्वाधीन होने का पहला अर्थ यही है कि 'पराधीन सपनेहुं सुख नाहीं' की अँधेरी रात से मुक्ति मिली। उस पीढ़ी के जिन लोगों ने स्वाधीनता आंदोलन में हिस्सा लिया था, उनके लिए स्वाधीन होने का अर्थ है—आंदोलन में समय-समय पर पाले गए सपनों का पूरा होना। वे सपने अधिकांश, जाने कहाँ खो गए। अब तो सपने भी कहीं नहीं मिलते और वैसे सपने पालने की कोई बीमारी देखने में नहीं आती। उस समय हम लोगों ने स्वाधीन होने का अर्थ समझा था अपने देश में अपना राज होगा, अपने तरीके से कामकाज होगा, अपनी भाषा होगी, अपनी कमाई का सुख होगा, क्योंकि उस कमाई का कोई दूर का हाकिम हिस्सेदार नहीं होगा। हमारा श्रम बेगार नहीं होगा। हम दासानुदास नहीं होंगे। हमारे शासक हम लोगों के बीच के होंगे और हमारी आकांक्षाओं के अनुरूप हमारे लिए कुछ करेंगे। वह सब तो नहीं हुआ, पर हम कुछ अधिक संपन्न हो गए। हमारी औसत उम्र बढ़ी, साक्षरों की संख्या भी बढ़ी और शिक्षा संस्थाओं का विकास हुआ। शिक्षा संस्थाएँ बढ़ी और शिक्षित भी बढ़े, पर शिक्षा कहीं पीछे छूट गयी। उसका सबसे बड़ा हिस्सा वाचिक शिक्षा का था, वह एकदम पीछे छूट गया। अब तो उसे पुकार कर बुलाना चाहें तो भी शायद ही आए। उसे विश्वास भी नहीं होगा कि उसकी किसी को तलब है। वाचिक शिक्षा की धरोहरें कोने में डाल दी गयीं। वह एक पुराने खंडहर या घर के नालायक बच्चे के समान हो गयी। होनहार बच्चे शहर चले गए या फिर शहर नहीं गए, तो बरामदे में उनकी खाट डाल दी गयी। एक तरह से घर के बाहर कर दिया गया।

माना आगे बढ़ने के लिए यह सब जरूरी है। अपने देश में बनी चीज का आग्रह भी दुराग्रह है। अपने देश में बढ़ा और सदियों से निरंतर बढ़ते हुए हमारे

पास आया ज्ञान भी मूल्यवान नहीं रहा। माना हमारी समझदारी अपनी पिछली पीढ़ी के लोगों से कुछ ज्यादा बढ़ गयी है और जहाँ तक सूचना का प्रश्न है हमारे पास सूचनाएँ कुछ ज्यादा ही इकट्ठी हो गयी हैं। पर स्वाधीन होने का अर्थ क्या यहीं तक सीमित है? क्या उसके भीतर यह सन्निहित नहीं है कि हमें चुनने का अधिकार है? हमारा अपना रास्ता, अपना भोजन, अपनी वेशभूषा, अपना मनोरंजन, अपने रहन-सहन का तरीका चुनने का अधिकार है। हम देखते हैं कि एक ऐसा इंद्रजाल फैला हुआ है कि हमको लगता है कि हम चुन रहे हैं जबकि वास्तविकता यह है कि हमारे सामने विकल्प अत्यधिक सीमित कर दिए गए है और अनंत विकल्प हमारी आँखों से तिरोहित कर दिए गए हैं। हमें ऊपर से तो लगता है कि हम स्वयं चुन रहे हैं, लेकिन असल में हमसे चुनवा दिया जाता है कि हम यही पानी पीएँगे, यही हवा अपनी साँसों में भरेंगे, ऐसे ही घरों में रहेंगे, यही सुनेंगे, यही देखेंगे, यही चाहेंगे। कभी-कभी ऐसा लगता है कि जैसे हम सबकी इंद्रियाँ विज्ञापनदाताओं के हाथ गिरवी रख दी गयी हैं और वे उनके भोग के लिए जो भी तैयार करते हैं, उसे स्वीकार करना पड़ता है। यही नहीं, सोचने के दायरे भी हमारे प्रकोष्ठों में बाँध दिए गए हैं, साँचों में ढाल दिए गए हैं। पद्धतियों से बाहर अगर हम सोचते हैं तो हमारा सोचना खारिज हो जाता है। जिन्होंने शिक्षा और संस्कृति के स्तर पर पराधीन होते हुए पराधीनता नहीं स्वीकार की, उन्हीं के उत्तराधिकारियों ने शिक्षा और संस्कृति के क्षेत्र में स्व की पहचान ही खो दी, फिर स्वाधीनता की बात क्या सोचना।

स्वाधीनता दिवस के दिन ये सब ख्याल आते हैं और मन न चाहते हुए भी विषाद से भर जाता है। उन लोगों के प्रति कृतज्ञता का भाव तो अवश्य है, जिन्होंने इस दिन को लाने की साधना की, लेकिन कहीं न कहीं कसक है कि कैसे अधूरी साधना थी उनकी कि स्वाधीन देश का आकार ही नहीं खड़ा हुआ। जिस मनोबल को ब्रिटिश शासन का दमन नहीं तोड़ सका, उसे अर्थ के नियंत्रण ने तोड़ दिया, भोगवाद के नागपाश ने तोड़ दिया। गीता, धम्मपद, कर्मयोग, शास्त्र अनासक्ति योग—इन सबका अर्थ धूमिल हो गया। अनावश्यक वस्तुओं के उपभोग की भूख सबसे बड़ी भूख हो गयी और कोला कोला की कभी न बुझने वाली प्यास जीवन की सबसे बड़ी प्यास हो गयी। इन सबके बावजूद इतना भी सुख कम नहीं है कि हम अब इस पर आक्रोश व्यक्त कर सकते हैं, अरण्य में से ही हाथ उठाकर रो सकते हैं। स्वाधीनता के धर्म से इतने विमुख नहीं है। कर्णधारों! यह यह धरती तुम्हें धारण करती है, इसका तुमने दूध पिया है, इस दूध का कोई दाम नहीं लगा सकता और तुम इससे अलग रहकर के खड़े भी नहीं हो सकते। देश पराधीन रहते हुए भी कहीं न कहीं स्वाधीनता का अलाव जगाता रहा है, उस अलाव को बुझाने का तुमको कोई भी अधिकार नहीं और वह लौ आज राख से ढक गयी है, पर उसमें चिनगारियाँ शेष हैं।

अँधेरे से प्रकाश की ओर

दीपावली के दिन अँधेरे से बात शुरू करना कुछ अटपटा लगता है, परंतु दीपावली आती ही है अँधियारे पाख की सबसे अँधेरी रात में। प्रकाश की आवश्यकता ही सबसे अधिक महसूस होती है, जब अँधेरा घना हो जाता है, इतना घना हो जाता है, जब अपने से ही वह घबराने लगता है। मोहनिद्रा कभी कभी इतनी भयावनी हो जाती है कि अपने को सह्य नहीं होती, जम्हाई लेने को लाचार हो जाती है। प्रकाश का आवाहन दुर्निवार हो जाता है। सृष्टि में यह क्रम चलता रहता है। जीवन सृष्टि का ही लीला विलास है, उसमें भी यही क्रम चलता रहता है।

आज के दीपावली के दिन विचार करने बैठा हूँ तो लगता है एक ओर बड़ी निराशा है, बड़ा अविश्वास है, बड़ा सम्मोहन है उपभोक्ता अपसंस्कृति का और बड़ा दुर्वह बोझ है मूढ़ता का कि सब चीजे अलग-अलग हैं, सब एक-दूसरे से टकरा रही हैं, कहीं कुछ न होगा और दूसरी ओर एक अदम्य मानवीय चेतना है कि नहीं, ऐसा ही नहीं रहेगा, जीवन छलावों पर नहीं चल सकता, जब साँस चल रही हो तो साँस के साथ मिलने को लाचार होगी ही होगी, मस्तिष्क काम कर रहा है तो प्रकाश की तलाश होगी ही होगी। यही सही पुनर्जागरण की तलब है। वाद पर वाद झुठलाए जा रहे हैं, सिद्धांत नए से नए अनजिए चलाए जा रहे हैं। उनका कार्य रूप में दर्शन नहीं होता तो आदमी सोचता है कि दोष कहाँ है, क्या मानव नियति की ही यह विडंबना है कि ऐसे संशय के दौरे आते ही आते हैं। यह सही है कि मानव नियति कुछ प्रभावों के कारण जो होते ही रहते हैं, त्रासदियों का शिकार होती है। उदाहरण के लिए सबको बराबर खुशहाली देने का दम भरने वाली साम्यवादी व्यवस्था कुछ लोगों को जो नियामक हैं, कुछ अधिक बराबर बना देती है और बराबरी को अविश्वसनीय बना देती है और फिर ढह जाती है। प्रमाद होता है संयम में, आत्मनिग्रह में जिसके बिना ऐसा संकल्प लिया नहीं जा सकता। आचार्य नरेन्द्रदेव ने इस ओर बरसों पहले संकेत किया था कि जीवन की भीतरी पहचान अर्थात् आध्यात्मिक भाव में समाजवादी व्यवस्था सफल नहीं हो सकती।

दूसरे यह भी सही है कि विश्व की परिस्थितियाँ भी कभी-कभी कारण बन जाती हैं, जीवन के रस और प्रकाश की कमी की। आज यह स्थिति भयंकर रूप से है, उत्पादकता आवश्यकता से नहीं बंधी है, आवश्यकता उत्पादकता के जाल में फँसी हुई है, उपभोग अपनी आवश्यकता से नहीं होता, उपभोग अपने ऊपर तंत्र कौशल से भूत की तरह चढ़ाए गए भाव से होता है, हमें यह चाहिए वह चाहिए, क्योंकि इसके बिना आस-पड़ोस में प्रतिष्ठा नहीं है। इससे जो अनावश्यक वस्तुओं के उपयोग की जो भूख बढ़ती है, वह सब संतुलन बिगाड़ देती है, हवा-पानी-रोशनी जैसे जीवन के लिए अपरिहार्य पदार्थों को दूषित कर देती हैं।

आज यह कुछ ज्यादा हो रहा है और इतना ज्यादा हो रहा है कि खतरे का अहसास भी होने लगा है, परंतु आदमी पैशाचिक उपभोक्ता भाव को छोड़ नहीं रहा है। दीपावली के नाम पर नकली रोशनी का कितना भौंड़ा प्रदर्शन होता है, प्रकाश की ज्योति छिटकाने के नाम पर कितनी भयंकर फुलझड़ियों की आतिशबाजी होती है कि कान फटने लगते हैं, प्रकाश का आना बड़े स्निग्ध भाव से होता है, सुबह की पहली किरण दुलारती हुई आती है, चीरती हुई या शोर करती हुई नहीं आती। छोटे दियों का स्थान स्नेह भरे दियों का स्थान जीवन में इसलिए था कि उसमें मनुष्य का हस्त कौशल था, श्रम था, एक दूसरे से जुड़ने का भाव था, एक दूसरे के ऊपर अवलंबित होने का भाव था। लोगों को चकाचौंध में डालने का भाव नहीं था। वह दिया कोने-कोने को आलोकित करता था, घूरे को भी आलोकित करता था, केवल भवन के छज्जे को नहीं। वह प्रकाश क्या जो भीतर तक न पहुँचे।

आइए, सोंचे प्रकाश भीतर का कैसे आए। वह प्रकाश हमारे राष्ट्रीय संस्कारों में अभी भी मौजूद है, हमें उन संस्कारों को जगाना चाहिए जो समूची सृष्टि से संवाद की बात करते हैं, जो दीपावली को अमावस्या की तारों खचित आकाश से बात करने के लिए धरती की भाषा के रूप में देखते हैं और जो लिपे पुते घरों को शरद के निर्मल आकाश के संवादी के रूप में देखते हैं। वह प्रकाश हमारे जातीय चिंतन में, जो सत्य को दीपाधार मानता है, सत्य को सबके सामने रखता है, किसी एक या किसी अनेक एकों के समूह को नहीं। वह चिंतन तप को महत्त्व देता है, बिना तप के प्रकाश अधिक देर तक नहीं ठहरता, तप है अपने भोग पर संयम ताकि सबको उतना ही भोग सुलभ हो। वह दया की बाती पूरना है, दुःख को सहलाने में ही प्रकाश फूटता है। इन सब बातों पर विचार करते हुए इस पर ध्यान दें कि क्यों लक्ष्मी और गणेश एक साथ पूजे जाते हैं। एक कथा है एक बार गणेश जी शिव पार्वती के निवास का पहरा दे रहे थे, एक ऋषि जबर्दस्ती प्रवेश करना चाहते थे, गणेश ने सूँड़ से रोका। ऋषि ने सूँड़ काट दिया पार्वती जी बड़ी नाराज हुई, मनाने लक्ष्मी को लेकर विष्णु पधारे और लक्ष्मी ने गणेश का सूँड़ फिर से जोड़ दिया और अपना पुत्र बना लिया। पर एक कारण और है कि वास्तविक लक्ष्मी

गणदेवता, समूह के देवता के आराधन के बिना प्रसन्न नहीं होती, गण के मंगल में ही शोभा है ।

दीपावली की रात गण देवता की और शोभा की देवता की आराधना की रात है, जीवन के सर्वभाव की और जीवन के सामंजस्य को धारण करने की रात है, इसी रूप में यह रात विभावरी है, और दीपावली प्रकाश-पर्व है।

खण्ड-2 : चिड़िया रैन बसेरा

वे किताबें वह कैशौर्य

मैंने लिखना हाई स्कूल में पढ़ते समय ही शुरू किया था। कविता, कहानी, निबंध और संस्कृत के अच्छे अध्ययन के कारण मैं हिंदी में बाणभट्ट का अनुकरण करता था। संस्कृत में भी उसी प्रकार की शैली में लिखता था। अध्यापकों से प्रोत्साहन मिला ही। उस समय 'शंकर' नाम का एक साप्ताहिक छपता था, एकमात्र मासिक पत्रिका सरयूपारीण—इन दोनों में मेरे लेख बड़े प्रेम से छपे। मैं विशेष रूप से शंकर के संपादक पं. सूर्यबली पांडेय और सरयूपारीण के संपादक पं. हरिश्चन्द्र पति त्रिपाठी का कृतज्ञतापूर्वक स्मरण करता हूँ। पं. सूर्यबली पांडेय ने ही हिंदी में छपीं जब्त किताबें, पढ़ने को दी थीं। 'स्वदेश' और 'चांद' के फांसी अंक भारत में अंगरेजी राज कामापथ के दावेदार लाल पंजा जैसी किताबें उन्हीं से चोरी-चोरी लेकर पढ़ी थीं। शिक्षाकाल के इन छह वर्षों में मैंने ढेर सारी पुस्तकें पढ़ डाली थीं। बंकिम चंद्र, शरदचंद्र, द्विजेंद्रलाल राय और रवींद्रनाथ की जितनी रचनाएं हिंदी में मिली थीं—सब पढ़ डालीं। इंटरमीडिएट में मैं बहुत छोटा था, वहाँ पर पिताजी के सहपाठी थे—केदार नाथ लहरी, उनके यहाँ पुत्रजन्मोत्सव हुआ, उन्होंने दो किताबें अंग्रेजी में दी थीं। दोनों ही भारत की लोककथाओं से संबंधित किताबें थीं। उस समय हाई स्कूल में रहते हुए मैंने लाल बिहारी डे की फोक टेल्स पढ़ी थी और हरिनारायण आप्टे और झबेर चंद मेघानी की रचनाओं के अनुवाद पढ़े थे।

इंटरमीडिएट में जो दो किताबें पढ़ाई जाती थीं, उनमें एक थी—'काव्य कुसुमाकर' जिसका संपादन पं. रामबहोरी शुक्ल ने किया था। दूसरी थी—सद्गुण अवस्थी का तैयार किया हुआ गद्य संकलन। काव्य कुसुमाकर में उस समय तक अप्रकाशित कामायनी का प्रथम-सर्ग और पुस्तक रूप में अप्रकाशित रामचंद्र शुक्ल की 'हृदय का मधुर भाव' शीर्षक लंबी कविता पाठ्यक्रम में निर्धारित थी। खंडकाव्य के रूप में 'पंचवटी' और नाटक के रूप में 'स्कन्द गुप्त'।

इंटरमीडिएट में पढ़ते समय ही विशाल भारत में किस्तवार छपते ही 'बाणभट्ट की आत्मकथा' उपन्यास की कड़ियां पढ़ी थीं। बालसुलभ चपलता से प्रेरित होकर

लच्छेदार भाषा में पं. हजारी प्रसाद द्विवेदी को मैंने पत्र भी लिखा था। उन्होंने मुझे कोई पुराने किस्म का पंडित समझा और बड़ी शालीनता के साथ भाई करके पत्र लिखा। मैं उस पत्र को पढ़कर पानी-पानी हो गया। उसके बाद उनसे जो स्नेह संबंध जुड़ा, वह अंत तक रहा। उम्र का अंतर होते हुए भी वे बराबर भाई मानते रहे।

उस अवधि में दो ऐसी घटनाएं हुई थीं जिनकी प्रतिक्रिया बड़ी तीव्र हुई थी। वह प्रतिक्रिया जीवन का अंग बन गई। पहली घटना है जार्ज पंचम की मृत्यु के शोक में। स्कूली बच्चों का गर्मी में नंगे पाँव गोरखनाथ मंदिर तक मार्च और उनकी प्रार्थना सभा में मौन रहने की बेबसी। मन में यह हुआ था कि कौन-सा अभिशाप है कि जिससे कोई नेह-नाता नहीं, उस सम्राट के मृत्यु पर हमें शोक मनाने के लिए लाचार किया जा रहा है, क्योंकि हम सरकारी स्कूल के विद्यार्थी हैं। दूसरी घटना थी—सेंट एंड्रूज कॉलेज में अनिवार्य रूप में बाइबिल पढ़ाई जाती थी, उसकी परीक्षा भी होती थी।

जाहिर है ऐसी जबरन पढ़ाई का उलटा ही असर पड़ता और यद्यपि हमारे यहाँ अंग्रेजी के अध्यापक बाइबिल की अंग्रेजी को कसौटी के रूप में हमारे सामने रखते पर मन पढ़ाने के ढंग के कारण और हाजिरी की बंदिश के कारण रुचि लेने के बजाए वितृष्णा ही रखता था। एक दिन एक नए अध्यापक आए थे, नाम नहीं लूँगा। उन्होंने बाइबिल पढ़ाते समय हिंदू बहुदेववाद पर टिप्पणी की, उसके कारण बहुत ही मन उद्विग्न हुआ। मेरे बाल मन ने इस व्यवस्था को पराधीनता से तत्काल जोड़ा और यह प्रभाव डाला कि ईसाइयत का प्रचार अंग्रेजी शासन की छाया के कारण हो रहा है। 'पथ के दावेदार' उपन्यास में सव्यसाची के एक बड़े वक्तव्य का मन पर पहले से ही प्रभाव था।

इंटरमीडिएट में मैं अच्छे नंबरों से पास हुआ। नए प्रिंसीपल आए तो मेरा मन तत्काल इलाहाबाद यूनीवर्सिटी में बी.ए. करने का हुआ। तत्कालीन प्रिंसीपल सी डी चटर्जी ने तरह-तरह के प्रलोभन दिए, मुझे बीस रुपए की छात्रवृत्ति मिली थी उसमें बीस रुपए और जोड़ने की बात कही और मुझे आईसीएस की तैयारी में सहायता की बात की। पर बाइबिल शिक्षा में दिए गए हिंदू-विरोधी वक्तव्य की भाप इतनी चुटीली थी कि मैं उन प्रलोभनों में नहीं फँसा।

उस समय छब्बीस जनवरी के दिन स्वाधीनता का जुलूस निकलने लगा था और इंकलाब जिंदाबाद का नारा बुलंद होने लगा था। उस समय इंकलाब बोलते समय ऐसा लगता था कि स्वाधीनता बस हमारी पकड़ में आ गई है। थोड़े से लड़के थे जो यह कहते थे कि भारत स्वतन्त्र होने योग्य नहीं, भारत में एकता नहीं है और 'अंगरेज राज सुखसाज' का राग अलापते रहते थे, पर अध्यापकों में कई स्वाधीनचेता भी थे और विद्यार्थियों को उनसे प्रेरणा मिलती थी।

घर में रिश्तेदारों का आना-जाना लगा रहता था भीड़ जुड़ी रहती थी और गाँव के लोग आते जाते रहते थे। इस वातावरण में मैं गाँव की जिन समस्याओं से परिचित हुआ, वे थीं--कर्ज से बोझिल होने की, जमीन के बंधक होने की और मंदी के कारण रुपए के महत्त्व की। बड़े-बड़े जमींदारों के मुकदमे आते थे और उस समय ऋणग्रस्त लोगों के उद्धार का कोई कानून बना था, उस कानून के तहत बहुत बड़े-बड़े मुकदमे मेरे पिताजी के पास थे।

कुछ समय के लिए पिताजी को वकालत से विरक्ति हुई थी पर परिवार के दायित्व ने वकालत की ओर मोड़ा। यह अलग बात है कि वह विरक्ति गई नहीं और उन्होंने वकालत से एकदम विराम ले लिया। उस समय उनके पास तीन-तीन मुकदमें थे। वे पंक्तिपावन सभा के प्रधानमंत्री थे, वे प्रति रविवार को रानी के गोला नामक मोहल्ला स्थित छात्रावास में मुझे भी ले जाते और आचार की शिक्षा देते। पिताजी आचार के नियमों के बड़े कठोर थे। उनके साथ ही साथ मानवीय उदारता से ऐसे परिपूर्ण थे कि अपनी आमदनी का बहुत बड़ा हिस्सा बालकों की शिक्षा के लिए रखते और हर जाति के लोगों को सहायता देते रहते थे। घर में वे सबसे बड़े थे इसलिए सभी भाई उनकी आज्ञा का पालन करते थे। सभी के बच्चे उनको बपई कहते थे। सभी के लिए वे एकभाव रखते थे। अत्यंत व्यस्त वकील रहते हुए भी मुझे पढ़ाने के लिए वे समय निकाल लेते। उर्दू के लिए एक बार पाँच-छह महीने के लिए शिक्षक रखे गए पर उसके बाद मैंने कभी ट्यूशन नहीं पढ़ा। पढ़ते समय मैं अपने से कम उम्र के लोगों को शौक से पढ़ाता था--यह संस्कार मुझे पिताजी से मिला। उनकी लिखावट बहुत अच्छी थी। हाईस्कूल तक मेरी लिखावट बहुत खराब थी फिर प्रयास कर उन्होंने मेरी लिखावट ठीक कराई।

सरस विनोद से भरे दिन

मैंने रीवां वहाँ जाते ही दो खुराफातें की थीं—विंध्य हिंदी साहित्य सम्मेलन और विंध्य संस्कृत सम्मेलन का गठन। संस्कृत सम्मेलन का उद्‌घाटन श्री कस्तूरी संतानम ने किया और यह व्यावहारिक सुझाव दिया कि हिंदी प्रदेश हिंदी के साथ संस्कृत का भी विकास करें और अहिंदीभाषी प्रदेश अपनी भाषा के साथ हिंदी को भी शिक्षा में स्थान दें। रीवां से चलने का समय आया, उसके पहले ही उनका कार्यकाल पूरा हुआ और वे चले गए।

उस समय वहाँ पाँच मंत्री थे। मुख्यमंत्री पं. शंभुनाथ शुक्ल, सधे हुए राजनेता। रीवां में दो खंड थे—बघेलखंड, बुंदेलखंड। बघेलखंड के दूसरे मंत्री थे दान बहादुर सिंह और गोपालशरण सिंह। बुंदेलखंड के दो थे—लाला राम वाजपेयी और महेन्द्र कुमार मानव। लाला राम वाजपेयी दर्जा दो पास थे, पर जिसे गाँव की चतुराई कहते हैं वह उनके पास भरपूर थी। बुंदेली पुट से ही हिंदी बोलते थे पर बड़ी सलोनी हिंदी बोलते थे। उनकी पत्नी बी.ए. पास थीं। महेंद्र कुमार मानव एम.ए. में मेरे सहपाठी रह चुके थे, जरूरत से ज्यादा मिलनसार, मंत्री पद का जरा भी गरूर नहीं और एक से एक योजनाओं के स्वप्न देखने वाले। मेरा विभाग उन्हीं के अधीन था। वे बिना किसी संकोच के मेरे घर आ जाते। साहित्य-चर्चा करते, भोजन करते, चले जाते। एक दिन वाजपेयी जी ने कहा-क्यों भाई, मिश्राइन मानव जी के यहाँ आती हैं, मेरे यहाँ नहीं आतीं। मैंने उत्तर दिया—वे मानव जी के यहाँ आती हैं क्योंकि उनकी पत्नी मेरे यहाँ आती हैं, शुक्ल जी की बहू मेरे यहाँ आती हैं पर सावित्री भाभी तो मेरे यहाँ कभी नहीं आतीं। उन्होंने अपनी पत्नी को बुला कर तत्काल कहा, 'तुमने जवाब सुन लिया, ये मिसिर पानीदार अफसर हैं।'

दूसरे मंत्रियों से मेरा व्यवहार बड़ा सीमित था। दान बहादुर सिंह तो इतने सीधे थे कि मेरे मित्र वासुदेव गोस्वामी ने हँसी-हँसी में एक कागज भेजा। सिंह जी उद्योग मंत्री थे, उनकी पत्नी लीलावती मुंशी की तर्ज में अन्नपूर्णा चलाती थीं। गोस्वामी जी ने अर्जी भेजी कि हम साहित्यपूर्णा नाम की सहकारी संस्था चलाते

हैं। इसमें अवसर-अवसर के लिए कविता सप्लाई करते हैं। हमारा रेट बड़ा वाजिब है। मात्रिक छंद में हर मात्रा के लिए एक आना, वर्णिक छंद में हर वर्ण के लिए एक आना , मुक्त छंद के लिए 25 प्रतिशत रिबेट है, गर्मियों में हमारा रेट कुछ सस्ता होता है क्योंकि उस समय हमारे पास लेबर फोर्स कुछ अधिक होता है। शर्त सिर्फ यह है कि हमें बता दिया जाए कि किस शब्दकोश से शब्द लिए जाएँ क्योंकि कविता में अर्थ तो गौण पक्ष है, अक्षर ही कामधेनु है। हम लोगों ने साँझ वाली गोष्ठी में इस अर्जी का मसौदा तैयार किया और सिंह जी के यहाँ भेज दिया कि वे मजाक समझ जाएँगे। लेकिन उन्होंने अपने विवेकाधीन कोटे से दो हजार रुपए भिजवा दिए। बुद्धिमानी यह की कि इसके साथ ही वह अर्जी मुख्यमंत्री के पास भिजवा दी।

मुख्यमंत्री जी व्यवहार-कुशल होने के साथ बड़े विनोदी थे। उन्होंने मुझे फोन किया और बघेली में कहा "का हो, इहे मिला...।" मैंने कहा कि मेरा इससे कोई संबंध नहीं साहित्यपूर्णा के मंत्री से पूछिए। लेकिन उन्होंने कहा कि हमें सब पता है...। फिर हम लोग सिंह जी के यहाँ गए, बड़ी हँसी हुई और यह हुआ कि जब किसी साहित्यकार को विंध्य घुमाना हुआ, हमें सिंह जी की गाड़ी मिल गई। साहित्यपूर्णा तो वहीं दफना दी गई पर चर्चा बहुत दिनों तक रही।

विधानसभा के अध्यक्ष थे शिवानंदजी। लगभग हमउम्र ही थे। शुक्लजी को छोड़कर शेष मंत्री भी अभी युवा ही थे। शिवानंद जी भी हमारी गोष्ठियों में आते लेकिन गंभीर बने रहने की कोशिश करते। एक बार होली-गोष्ठी में आए। उस होली-गोष्ठी में हमने घोषणा कर दी कि यह गोष्ठी अखिल ब्रह्मांड मूर्ख महासम्मेलन के प्रथम अधिवेशन में रूपांतरित हो गई है, आप इसकी गंभीरता समझें। इस सम्मेलन के संविधान का पहला नियम था कि प्रत्येक व्यक्ति मनुष्य होने के नाते जन्म से इसका सदस्य है, सदस्यता के लिए आवेदन की आवश्यकता नहीं है लेकिन यदि कोई अपने को सयाना समझता है, चाहता है कि सदस्य न रहे तो ग्यारह रुपया देकर मुक्तिपत्र पा ले, उसे सम्मेलन की तरफ से विद्वान की उपाधि से विभूषित किया जाएगा। शिवानंदजी घबराए कि कहीं अखबार में मेरा नाम न जाए क्योंकि मेरा पद बहुत गंभीर है। संयोग से उस गोष्ठी में वात्स्यायन जी भी पधारे थे। वे बस मुस्कुराते रहे। एक विद्वान ऐसे निकले जिन्होंने कहा कि गोस्वामी जी ग्यारह रुपया लीजिए और मूर्खता से मुक्तिपत्र दे दीजिए। रुपए लेकर उन्हें रसीद दे दी गई, विद्वत्ता का प्रमाण-पत्र भी भेज दिया गया। पाकर बहुत घबराए कि यह तो दुहरी मूर्खता हो गई।

ऐसे सरस विनोद के अवसर हम लोग होली के मौके पर ढूँढ़ा करते और सुखद आश्चर्य कि वहाँ के राजनेता, प्रतिपक्ष के भी, बड़े उल्लास से शरीक होते। हमारी बैठक कभी-कभी वेंकट पुस्तकालय में होती। वहाँ एक बड़े आकार के सांड़

की तस्वीर टंगी थी। गोस्वामी के दिमाग में आया कि इस होली में यही गोस्वामी जी विषय बनें। गोस्वामी जी के चित्र के अनावरण का कार्यक्रम रख दिया गया। अनावरण के लिए विधान सभा के उपाध्यक्ष श्यामसुंदर जी चुने गये। अच्छे-खासे मोटे-ताजे आदमी। रेशमी आवरण से ढंके चित्र से वे अपरिचित थे। गोस्वामीजी का गुणगान हुआ कि किस प्रकार वे हिंदू धर्म के रक्षक हैं, किस प्रकार भारतीय समाज उनका ऋणी है। यह श्लेषपूर्ण भाषण दोनों ओर ठीक बैठता था। फिर चित्र का अनावरण हुआ और अनावरण के बाद प्रस्तुत गोस्वामी-सांड का चित्र देखकर श्यामसुंदर जी से जलपान कराने को कहा गया, भरपूर जलपान हुआ, उन्होंने सबके उल्लास में अपना उल्लास मिलाया।

हम लोगों के यहाँ बराबर आने-जाने वाले सामान्य प्रशासन के उपसचिव थे शर्मा जी। सचिवालय का एक दरवाजा पीछे था, उसे ईंटों से चिन दिया गया था। लेकिन 'यह आम रास्ता नहीं है' की तख्ती उस पर टंगी रह गई थी। इस तख्ती को देखकर गोस्वामीजी ने एक पत्र का मजमून बनाया कि सामान्य प्रशासन विभाग को इस बात के लिए धन्यवाद देना चाहिए कि अब तक तो लोग 'फूल प्रूफ' तरीके ऐसे (तरीके जिनमें कोई भूल न हो) अपनाते थे, अब सामान्य प्रशासन ने 'विद्वान प्रूफ' तरीका अपनाया है। जो मूर्ख है वह तो दरवाजे को चिना हुआ देखकर ही रुक जाए, न जाए। विद्वान शायद उसके बाद भी जाए इसलिए तख्ती लगा दी गई है 'यह आम रास्ता नहीं है'। यह पत्र अखबार में भी छप गया। शर्माजी दौड़े-दौड़े आए, ऐसी क्या गलती हुई, चुपके से कह देते, हटवा देता...। दरअसल अखबार में छपते ही सभी एक बार उस तख्ती तक पहुँचे, मंत्रियों ने भी चक्कर लगाया।

इसी तरह हम दिन के ताप को, संजीदगी की गर्मी को ठंडा किया करते थे। ऐसे दिन भूल भी जाएँ, ऐसी शामें कैसे भूलेंगी। ये दिन भी इन्हीं रातों के सहारे यादों में अटके रहते हैं। विंध्य प्रदेश की एक विचित्र खूबी थी, जो खूबी जान गार्ल्सवर्दी के 'दी मैन आफ प्रॉपर्टी' में हमने पाई थी। बाहर से कोई आदमी आता-अफसर, साहित्यकार, पत्रकार--तो सब उसे पहले शंका की दृष्टि से देखते कि यह कब्जा करने आया है, बेदखल करने आया है; फिर उसे घेरते। फिर ऐसे हिल-मिल जाते कि उसे भी अपने झुंड में शामिल करने के लिए उतावले हो जाते। किसी को तटस्थ नहीं रहने देते। जिन्होंने मेरे ऊपर आक्रमण किया वे भी मेरे सहज मित्र हो गए। मैं रीवां गया तो बिलकुल अजनबी था, एकाध पुराने सहपाठी जरूर मिले, परिवेश भी मिला जिसने रिश्तेदारी में बांधने का भरपूर प्रयत्न किया। पाण्डे टोला का एक पूरा ब्रजमंडल था जिसमें एक बिट्टो को छोड़कर सभी मेरी पत्नी की बहन हो गईं। वहाँ से दूसरी जगह बसने जाते ही ये सारे रिश्ते पानी की लकीर बन गए। पर संयोग जुड़ते-जुड़ते लोग आत्मीय बने। इन आत्मीयों की

सूची बड़ी लंबी है।

जिस कारण मेरी शिकायत हुई, कि यह राज-काज नहीं करता, साहित्य-संस्कृति में लगा रहता है, विंध्य प्रदेश की सांस्कृतिक अस्मिता की बात करता रहता है—संयोग से प्रायः मुझे ऐसे ही काम मिलते रहे, संयोग से सूचना विभाग से जिनका संबंध कम ही रहता था। पर्यटन विभाग के काम, पुरातत्व के, लोक संस्कृति के, राष्ट्रीय पर्वों के देव-पुरस्कार को पुनः शुरू करने का काम। इन सबके कारण मेरा परिचय-क्षेत्र विस्तृत हुआ और मुझसे अकारण ईर्ष्या-द्वेष करने वालों की संख्या भी बढ़ी, पर जो आत्मीय हुए उनकी आत्मीयता ने शक्ति दी कि मैं हंसकर सब झेलता रहा। एकाध वर्षों में ही पांडे टोला से उपरहटी गया, जहाँ मेरे ऊपर के कमरे में गलीचे बिछे मसनदें पड़ीं और छोटी-मोटी गोष्ठी रोज जमने लगी, चाय-पान की अजस्र धारा चल पड़ी। तहमद पहनकर राममित्र चतुर्वेदी आ जाते, लेखा-नियंत्रक कार्यालय से छुट्टी पाते ही वासुदेव गोस्वामी आ जाते, हम लोगों के अत्यंत प्रिय, कार्यसाधक बलदेव अवस्थी (बुल्लू) आ जाते और विचारों की पंतगबाजी शुरू हो जाती। कभी-कभी ताश के पत्ते बिछते। तब गोस्वामी जी तटस्थ हो जाते, कहते कि अब शिव का यह वाहन सोता है।

वहीं बैठे-बैठे हमने तमाम उत्सव आयोजनों की रचना कर डाली। 'विंध्य प्रदेश के कवि' पुस्तक की तैयारी वहीं हुई। उसमें केवल परिचय और एकाध रचनाएँ छपनी थीं। संग्रह बढ़ता देख हमने मजाक भी किया कि यहाँ अगर ढेला फेंको तो तीन में से एक किसी कवि को ही लगेगा। किसी भी व्यवसाय में हों, किसी भी पद पर हों, कविता सबका मूल अधिकार है।

हमने विचार-गोष्ठियाँ भी चलाईं और उनमें उस समय के विशिष्ट साहित्यकारों को बुलाया। हजारी प्रसाद द्विवेदी, अज्ञेय, नामवर सिंह, धर्मवीर भारती, शिवमंगल सिंह सुमन, कृष्णचंद शर्मा भिक्खु जैसे लोग व्यक्तिगत स्नेहवश आए और रीवां के मुक्त वातावरण से प्रसन्न होकर गए। पुरस्कार के ही ब्याज से सही पं. परशुराम चतुर्वेदी आए, बहुत भींगकर गए। चंद्रबली पांडेय आए, उदयनारायण तिवारी आए और आकर बड़े प्रसन्न हुए। वहाँ के कुछ पुराने कवि आए, ठसके वाले ब्रजेश, जिन्होंने काव्य-सिद्धांत पर ग्रंथ लिखा था और उदाहरण अपने ही दिए थे। बड़े ठसक के साथ एक छंद सुनाते थे फिर चुप हो जाते थे, फिर अनुरोध पर ही दूसरा छंद सुनाते थे। हमेशा दरबारी लिबास में ही रहते थे, जरीदार शेरवानी और जरीदार साफा, दाढ़ी सजी हुई, बीच से कायदे से विभक्त। दिन में एक ही बार पानी पीते थे, एक लोटा, एक ही बार चाय एक लोटा, एक ही बार भोजन करते थे। दूसरे अपने ढंग के निराले कवि थे बिजावर के बिहारी। उनके 'साहित्य सागर' पर विंध्य प्रदेश पुरस्कार मिला था। हमेशा गेरुए में रहते थे, आठों याम भांग छनी रहती थी। उनके लिए संसार में आनंद के सिवा कुछ भी नहीं था।

एक बार खड़े-खड़े 'मैं मुरली मुरलीधर की लई' पर दो घंटे बोलते रहे फिर बुंदेली में बोले, ''अब इतै पै बस करो, लंबो किस्सो है।'' मुझे याद है छतरपुर विंध्य प्रदेश हिंदी साहित्य सम्मेलन के अधिवेशन के अंतिम दिन प्रस्ताव पर भाषण हुए और निखालिस, सतर्क, कसी भाषा को सुनकर उनकी प्रतिक्रिया थी 'कि हमें तो बड़ो लोनो लगो'', मैंने सोचा कि यदि यह गद्य इतना लोना है तो इस परमहंस के लिए अलोना तो कुछ होगा ही नहीं। एक कोकिलकंठी कवि थे, अब भी हैं, बुंदेली के, भैयालाल व्यास। बुंदेली में जब खींच के साथ हरदौल की कहानी पर अपनी कविता पढ़ते थे तो लोग हिल जाते थे। बुंदेलखंड के ही दूसरे कवि थे चतुरेश, अनेक कथानकों के नायक। एक कथानक कि वे गर्मी में निखरी चारपाई पर नंगे बदन लेटे, महसूस हुआ कहीं चींटी काट रही है। उठे तो पता चला कि उस भारी भरकम शरीर से नागिन पिच गई थी, उन पर कोई असर नहीं, शरीर में शायद भांग भींग गई थी। एक बार भांग के नाम पर नीम की पत्ती पीसकर, सुगंधि के लिए कुछ गुलाब पंखुड़ियों को भी पीसकर, केवड़ा जल का बास देकर उन्हें दिया गया। उसे गटक गए, बोले अच्छा नशा हुआ। गोस्वामी जी के वे बड़े अच्छे मित्र थे। दोनों एक-दूसरे को बुंदेली में पेटभर सुनाते थे। वह बुंदेली बड़ी बाँकी होती थी।

जीविका से जीवन रस तक

उस समय तक दूसरों के छंद चाव से सुनाने वाले लोग रीवां में काफी थे। चाहे वे छंद पुराने कवियों के हों या नए कवियों के। हम लोग जब अपने उस कमरे में बैठते थे तो पहली प्रतिक्रिया यह होती थी कि कागज-फाइल में आग लगे, यानी सरकारी काम से कोई मतलब नहीं। दो-चार फोन आ जाते थे कभी, मंत्री को दौरे पर जाना होता, दौरा फोटोग्राफर के बिना पूरा नहीं होता। कभी-कभी कई-कई मंत्री एक साथ फोटोग्राफरों की मांग कर देते, फोटाग्राकर दो ही थे, जोड़ बैठाना मुश्किल हो जाता था। लेकिन मैं अधिक देर तक गोष्ठी का रसभंग नहीं होने देता था, कोई-न-कोई जुगाड़ निकाल कर फोन वार्ता का पटाक्षेप कर देता था।

सूचना-तंत्र में मैं लगभग सात साल रहा, दो साल इलाहाबाद रेडियो में, चार से कुछ अधिक रीवां में, एक से कुछ अधिक लखनऊ में। मैंने पाया, सर्वत्र, कि अपनी तस्वीर अपने से अधिक प्यारी होती है। यहाँ तक कि अपना कार्टून भी आदमी के लिए रोचक होता है, इसलिए कि तस्वीर के जरिए वह लोगों के पास पहुँचता है। जो अत्यंत विरक्त होते हैं, उन्हें भी कम तस्वीराइटिस नहीं होती।

एक बार लालाराम वाजपेयी ने हमें चढ़ा दिया कि हमारे ओरछे में हिंदी साहित्य सम्मेलन करो, राजा साहब भी पधारेंगे, शाही व्यवस्था होगी। हम फँस गए। उन्होंने बस अपनी गाड़ी दे दी। जहाँ गए तो 17वीं शताब्दी का एक महल था 'जहाँगीर महल', जहाँ जहाँगीर एक दिन के लिए भी नहीं रहा था। महल बड़ा विशाल था लेकिन उसमें कभी कोई रहा नहीं था, एकदम खुला महल। विकट सीढ़ियाँ। पास ही बेतवा बहती है, उसीमें नहाना, वहीं से पानी लाना। ओरछा नरेश का कोई सहयोग नहीं मिला हमें। 13 मील दूर झाँसी से सब कुछ लाद कर लाना पड़ा। दरी बिछानी पड़ी, खातिर का सारा सरंजाम करना पड़ा। सम्मेलन हुआ, वृंदावनलाल वर्मा आए, मैथिलीशरण गुप्त आए, बालकृष्ण शर्मा नवीन आए। इन सभी बुंदेलखंडियों को लगा कि बुंदेलखंड बड़ो लोनो है पर तीन दिनों की यह लुनाई हमें बड़ी भारी पड़ी। थक कर चूर हो गए। सम्मेलन समाप्त हुआ, सभी अपने-अपने ढंग से विदा हुए,

बस की व्यवस्था थी। उन्हें विदा कर हम शानदार गाड़ी पर चढ़कर चले, उसमें जगह और भी थी लेकिन राममित्र ने कहा, 'तीन दिन हमने चाकरी की है, अब राजा हैं, राजा की तरह चलेंगे।'

ऐसे हास-परिहास में वह सारा श्रम भूल जाता था जो हम लोग साहित्य-गोष्ठियों के लिए करते थे। उस समय कोई खास पैसा नहीं मिलता था, सब अपनी साख पर करना होता था, लेकिन कोई कुछ माँगता भी नहीं था, सत्कार से ही संतुष्ट रहते थे लोग। इतना तो था ही तब कि जुटने का चाव था। जुटकर लड़ाई भी लड़ें, एक-दूसरे की टाँग भी खींचें, पर जुटने का चाव था।

आज भी रीवां की उन सरस विनोद भरी साँझों की याद करता हूँ और अपने बचकाने साहित्य-उपक्रमों की याद करता हूँ तो उन सब सेमिनारों पर पानी फिर जाता है जिनमें शरीक होने के लिए आज मुझे सादर बुलाया जाता है।

उस समय का जीवन रियासती राजधानी का रूपांतर मात्र था। उसके केंद्र में किसी-न-किसी प्रकार का राजतंत्र या सामंत तंत्र था। उसमें विनयशीलता एक सहज स्वभाव बन जाती थी। 'हुकुम' और 'मर्जी' के बिना कोई एक वाक्य नहीं बोलता था। मुझे शुरू में बड़ा अटपटा लगा पर मैं बीच-बीच में मर्जी और हुकुम कहने लगा तो मेरे मित्रों को अस्वाभाविक लगा। उन्हें मेरी बात में काकु का अहसास होता। मैं वह मर्जी हुकुम वाला स्वभाव अपना नहीं सका। इसके बावजूद मुझे लोगों से आत्मीयता मिली। मुझे लगा कि साहित्य-संस्कृति के लिए वहाँ भूख है। एक लालकृष्णवश सिंह जी थे जो पच्चीस-पच्चीस मील पैदल चलकर गोष्ठी सुनने आते थे। रीवां की दो पहचानें थीं—एक तो बिछिया और बीहर के संगम पर यह बना था। कहीं-न-कहीं इसमें बघेलों की पुरानी राजधानी बाँधवगढ़ और उससे कुछ ही आगे बहने वाली रेवा अर्थात् नर्मदा की स्मृति थी। बीहर नदी ही पैंतीस मील रीवां से आगे चचाई जलप्रपात बन कर उतरती थी और आगे टोंस में मिल जाती थी जो इलाहाबाद जिले में सिरसा के पास मिलती थी। यह टोंस ही प्राचीनकाल की तमसा है। इसके और गंगा के संगम पर ही वाल्मीकि का आश्रम था। उसी आश्रम में सीता निर्वासित हुई थीं। रीवां की दूसरी पहचान थी वेंकट रोड पर गुरगी (कल्चुरियों की प्राचीन राजधानी) से लाई गई विशाल और अखंडित हरगौरी मूर्ति तथा मेरे निवास के पास कल्चुरीकाल का ही पत्थर का दरवाजा जिसे पुतरिहा दरवाजा कहते थे, क्योंकि उस पर विद्याधर निर्मित थे। तीसरी पहचान थी यहाँ तश्तरी या पत्ते में रखा गया पान का बीड़ा, जिसे देते समय लोग कहते थे—'अपना एके समानी'—अर्थात् आप इसे सम्मानित कीजिए। अपने हाथ से कोई पान हाथ में नहीं देता था। इसे लोग बुरा मानते थे क्योंकि ऐसा करना एक प्रकार की चुनौती होता था। उस सम्मानित पान के साथ महीन कतरी हुई सुपारी इतनी मिलती थी कि उसके सहारे पान मुँह में घंटों रह सकता था। विंध्य प्रदेश राज्य बघेलखंड और बुंदेलखंड दोनों रियासतों के योग से बना था। बघेलखंड

की मुख्य रियासत थी रीवां बुंदेलखंड की बहुत छोटी-छोटी रियासतें थीं दतिया, पन्ना, अजयगढ़ आदि। कुछ रियासतें तो दो-चार गाँवों की चौहद्दी तक सीमित थीं। इन सबके अधिकारी सभी सेवाओं के विलयन के बाद कुछ तो ऊँचे पद पर पहुँच गए, कुछ नीचे आ गए। मेरे मित्र वासुदेव गोस्वामी दतिया राज्य के एकाउंटेंट जनरल थे, पहला विलयन हुआ तो वे असिस्टेंट एकाउंटेंट ऑफिसर हुए। हर पद-ह्रास के बाद उनकी तनखाह बढ़ी क्योंकि जिन इकाइयों में विलयन हुआ उनमें वेतनमान ऊँचे थे। फिर विंध्य का मध्यप्रदेश में विलयन हुआ तो वे कार्यालय अधीक्षक बन गए, वेतन और बढ़ गया। दूसरी ओर जो मामूली-सी तनखाह पर किसी ऊँचे पद पर बैठा दिए गए थे वे विलयन में जोड़-जुगत से कलक्टर बन गए। इन विडंबनाओं के कारण दफ्तर का माहौल अभी भी सामंती बना हुआ था। जिन-जिन रियासतों से लोग आए थे उनके लिए अतिरिक्त ममत्व अभी शेष था। इसीलिए बुंदेल और बघेलखंड का विभाजन मानसिक धरातल पर बना हुआ था। संयोग से मेरे मित्र दोनों जगह थे और मुझे दोनों खंडों के लोगों से आत्मीयता मिली हुई थी इसलिए मुझे न बुंदेली से जुड़ने में आयास होता न बघेली से। बघेली में आदरवाचक शब्दों का प्रयोग अधिक था, बुंदेली में कम। बघेली तो एक तरह से अवधी का ही थोड़ा-सा बदलता हुआ रूप है जबकि बुंदेली ब्रज से मिलती हुई भी ब्रज से बहुत दूर है। दोनों बोलियों का स्पष्ट प्रभाव दोनों क्षेत्रों की साहित्यिक ब्रजभाषा पर पड़ा था और बहुत दूर तक आधुनिक हिंदी गद्य पर भी पड़ा था। यह प्रभाव सलोनेपन के रूप में था।

बघेलखंड के जंगल अधिक सघन थे, बुंदेलखंड के कम। पर फागुन चैत में दहकने वाले पलाश दोनों जगह थे। बघेलखंड में आदिवासी बड़ी संख्या में थे इसीलिए उनकी जीवन शैली, उनकी सहजता की भी छाप पड़ी थी। मुझे वे आदिवासी बहुत संपन्न लगे। बिना साबुन लगाए उनके वस्त्र बगुलपंख जैसे उजले थे। जब आदिवासी नाचते थे मजाल नहीं थी किसी पुरुष का कोई भी अंग किसी स्त्री से छू जाए। मुँह स्त्रियों का कम दिखता था, पर पिंडिलियाँ जैसे शिल्पी के द्वारा गढ़ी गई हों, स्पष्ट दिखती थीं।

श्यामल पिंडलियों पर गिलट के चमकाए गए गहने झनकारते थे तो नृत्य मंदिर हो जाता था। मंदिर होने पर भी भीतर-बाहर दोनों तरफ से तरुणियों का झुंड-का-झुंड पुरुषों के झुंड के पास तेजी से करीब आता और उतनी ही तेजी से अलग हो जाता। आभास मात्र होता कि मिल रहे हैं, छू रहे हैं पर लेशमात्र भी स्पर्श नहीं होता। उनके गरबा नृत्य जब से सरकारी हुए तब से उनका सहज लालित्य कम हो गया और व्यावसायिकता आने लगी। परंतु मैं जिस समय था उस समय यह व्यावसायिकता नहीं थी इसलिए मैंने कर्त्तव्य के रूप में नृत्य मंडली दिल्ली गणतंत्र दिवस के लिए चुनी थी, उन्हें पुरस्कार भी मिला पर बाद में वह सहज लालित्य घटने लगा।

रीवां जाने का एक बड़ा लाभ हुआ कि मैं जंगल की यात्रा से परिचित हुआ और मकानो के जंगल में रहते-रहते भी उस जंगल का पर-पर, सर-सर और रह-रहकर स्तब्ध रूप आज भी याद आता है तो लगता है हमारे शुचिता और सहजता में नहाकर अपने को ताजा कर लिया।

रीवां ने ही मेरे पैरों में पंख दिए और वे पंख अभी भी उतर नहीं रहे। मेरे पेशे से तो यह उम्मीद की जाती थी कि मैं सरकार के गुणों का बखान करूँ, कुछ ज्यादा ही, पर मुझे लगता था कि ज्यादा बखान हितकर नहीं होता, अविश्वसनीय हो जाता है। इसलिए मैंने बखान पर कुछ कम ध्यान दिया। मंत्री लोग कुढ़ते भी थे, पर मैंने संस्कृति की पहचान पर अधिक बल दिया। इसी का परिणाम था कि वहाँ से आया तो लोगों को लगा कि विंध्य प्रदेश के संस्कृति के नक्शे पर लाना भी सूचना-प्रसार का काम है। मध्य प्रदेश के अहलकारों ने भी वह परिपाटी आगे बढ़ाई। यह अलग बात है कि कुछ रूढ़ि के रूप में बेमन से बढ़ाई।

इन सब के साथ रीवां मेरे मन में है पर सबसे अधिक सुखद स्मृति उपरहटी की है, उसके बदरीबन के पास के एक छोटे से मकान में दस-ग्यारह बजे रात तक जमने वाली तिकड़ी के पतंगउड़ान की है। हम तीनों—वासुदेव गोस्वामी, राममित्र और मैं—सरकारी नौकर थे पर तीनों नौकरी को ताक पर रखकर वहाँ योजना बनाते, कुछ उन खामखयालियों में से गंभीर योजनाएँ भी बन जातीं। वासुदेव जी का योगदान यह था कि उनको जाने कहाँ-कहाँ से चीजें सूझती थीं। उन्होंने जब जयंतियों में बार-बार दुहराई जाने वाली हर कवि के बारे में वही बातें सुनीं तो उन्होंने अखिल जयंती उपयोगी भाषण लिख दिया, और अपने लड़के प्रभु को रटा दिया। वह खड़ा होकर नाम बदलकर वही भाषण धारा-प्रवाह सुना देता। लोग दो-एक बार चमत्कृत हुए, बाद में समझ पाए कि चोट कहाँ पर है। उस तिकड़ी में शामिल होने वाले लोग थे मेरे सहपाठी मरहूम राजीवलोचन अग्निहोत्री, शुकदेव दूबे, दीपचंद जैन, और अंबा प्रसाद श्रीवास्ताव जो मेरी पत्नी के भाई बन गए थे, इसलिए उनको लेकर हास-परिहास चलता था। एकाध बार चुपके से हमारे मंत्री महेंद्र कुमार मानव भी सम्मिलित हो जाते, पर अधिक तो अपनी पद-गरिमा के कारण आ नहीं सकते थे।

रीवां में लोगों को इस तिकड़ी से बड़ा रश्क था। कुछ-कुछ डाह भी। पर हम जिस उम्र में थे उसमें डाह की चिंता नहीं होती थी। उस छोटे-से झरोखे में बैठकर हम सबका मुजरा लेते रहते थे। आज उन जुड़ने वाले लोगों में से थोड़े-से ही बचे हैं, तो भी वे शामें अभी भी तह-की-तह फिल्म रोल की तरह दिमाग में चाहे-अचाहे घूम जाती हैं।

रीवां में गया था जीविका के लिए पर लौटा जीवन का रस लेकर। यही कारण है कि सरकारी नौकरी में वहाँ से लौटने के बाद भी एक साल रहा, अफसरी के

तनाव से मुक्त रहा, बिना कार्य-कुशलता में कमी किए, अफसरी दंभ से पीड़ित नहीं रहा। इसीलिए अफसर के रूप में क्या हुआ क्या नहीं हुआ—इस पर हँस भले लूँ इसकी जुगाली नहीं करता। जानता हूँ बीते दिन नहीं लौटते पर कुछ दिन ऐसे होते हैं जो बीतते भी नहीं क्योंकि उन दिनों के साथ जाने कितनी रंगतें, कितनी स्फूर्ति, कितनी प्रकार की सिहरनें मन में बसी होती हैं।

दारागंज के दिग्गज

उस समय विश्वविद्यालय के हिंदी विभाग में डॉ धीरेंद्र वर्मा ने अनुशासन के साथ-साथ परस्पर विरोधी तत्त्वों को बहुत समंजस करके रखा था। उस परिवार में वे पापाजी कहे जाते थे। पं. देवीप्रसाद शुक्ल बी.ए. जो भगवान नाम से प्रसिद्ध थे, ताऊजी कहे जाते थे, रसाल जी चाचा थे, माताप्रसादजी माताजी थे और डॉ. रामकुमार वर्मा बहूजी थे। धीरेंद्रजी शोध की नई दिशाओं के उन्मीलक थे और उनके समय में साहित्य के प्रश्नों पर अच्छी गोष्ठियाँ होती थीं।

कभी-कभी मैं भी जाता था। बाहर के विद्वान भी सम्मिलित होते थे। नंददुलारे वाजपेयी, हजारीप्रसाद द्विवेदी, दीनदयाल गुप्त विशेष रूप से आते थे। एम.ए. की मौखिक परीक्षा लेते थे मिश्रबंधु। मिश्रबंधुओं में से राव राजा श्यामबिहारी मिश्र अंक देने में बहुत उदार थे। मौखिकी देकर निकलते थे तो कहते थे 80-85 में सबको घुमा दिया। एक लड़की कुछ भी नहीं बोल सकी। धीरेंद्रजी परेशान, लगता है फेल ही होगी। राव राजा ने कहा—इतनी शीलवती है कुछ बोलती नहीं, कम से कम 80 देना चाहिए। भाषा-विभागों के बाहर कुछ और अध्यापक थे जो उस समय के आख्यानक थे। ईश्वरी प्रसाद, रामप्रसाद त्रिपाठी और मेरे समय से भी कुछ पूर्व में रहे थे बेनीप्रसाद। तीनों दिग्गज और तीनों के आकार-प्रकार अलग। दर्शन विभाग में संतहृदय आर.डी. रानाडे थे जो कला संकाय के जाने कितने सालों से अध्यक्ष थे। वे अस्वस्थ रहते तब भी संस्कृत विभाग के आचार्य, कला संकाय के अध्यक्ष होते। वे इतने दयालु थे कि कोई विद्यार्थी रोता हुआ चला जाए तो द्रवित हो जाते। कई बार जिस दिन तनख्वाह पाते उसी दिन विद्यार्थियों में लुट जाती। बाद में कुलपति झा साहब ने उनकी पत्नी के पास तनख्वाह भिजवाना शुरू किया। इलाहाबाद में रहते हुए मैंने आकाशवाणी में सेवा की थी तो प्रभाकर माचवे और मेरे जिम्में सौंपा गया कि रानाडे ने लगभग बुदबुदाते हुए जो एक पूरी पुस्तक को टेप कर अंकित करा दिया था—''पाथ वे टू रियलाइजेशन ऑफ गॉड'—उसे ठीक तरह से लिख डालना है। बड़ा कठिन काम था क्योंकि रानाडे ने समाधि जैसी

अवस्था में कबीर, मीरा और तुलसी के अनुभूतिपरक चिंतन पर अपनी व्याख्या लिखवाई थी। कई बार उनके चरणों में बैठने के बाद किताब पूरी हुई। उनके पास बैठना ही अपने आप में अपनी अनुभूति का पटल खोलना था।

इलाहाबाद विश्वविद्यालय में बीए में था तभी हम लोगों ने बाल चापल्यवश एक विचारक परिषद शुरू की थी जो चली नहीं। उसके बाद परिमल का सूत्रपात हुआ और उसके बाद सन् 1947 में 'जिज्ञासा' का सूत्रपात हुआ जिसके संयोजक थे हरिवंशराय बच्चन, श्री कृष्ण दास, प्रभाकर माचवे और मैं। उसमें हिंदुस्तानी अकादमी के सचिव रामंचद्र टंडन और प्रख्यात न्यायवेत्ता कन्हैयालाल मिश्र का विशेष योगदान था। वह भी 1950-41 तक चलती रही और उसी समय के आसपास कमलेश्वर, दुष्यंत और मार्कंडेय अश्कजी से कुछ अनखना कर अलग हुए और उन्होंने 'विहान' नामक पत्रिका शुरू की। वह अपने ढंग का अलग उत्साह था। भारती ने 'निकष' के कई अंक निकाले, जवाब में तो नहीं लेकिन एक तरह की स्वस्थ स्पर्धा में अश्कजी ने 'संकेत' नाम से एक मोटा संकलन निकाला। उसी समय प्रयाग में द्वैमासिक 'प्रतीक' का नया रूप सामने आया। उसी सिलसिले में माचवे ने मेरी भेंट भाई (वात्स्यायन) से हेस्टिंग्स रोड में आशामुकुल दास के आवास पर कराई। माचवे अतिरंजना से परिचय देना और बड़े-से-बड़े व्यक्ति का उपहास निर्व्याज भाव से करते थे। मैं शरद भाभी की स्नेहभागिता के कारण पहले ही से घर का सदस्य बन गया। मैंने उनके दोनों बच्चों का नाम दिया था—असंग और चेतना। असंग का जन्म नागपुर में हुआ था, चेतना का इलाहाबाद। असंग का जिस दिन जन्म हुआ था उसी दिन टंडनजी का पत्र लेकर रविशंकर शुक्ल, मुख्यमंत्री मध्य प्रदेश के पास गया था और माचवे के ही एक रिश्तेदार के यहाँ ठहरा था।

इलाहाबाद में माचवे ने मेरा कुछ ऐसा परिचय दे दिया था कि ये संस्कृत के पंडित हैं, खान-पान में बड़े कट्टर। वात्स्यायनजी ने आतिथेयी बऊ दी से कहा, उन्होंने फूल के कटोरे में छेने की मिठाई, रबड़ी, बढ़िया दही रख दिया। उन्हें आवश्यकता थी संस्कृत कविता से हिंदी में अनुवाद करने वाले व्यक्ति की। संस्कृत साहित्य से मेरी बातचीत शुरू हुई। भाई ने रघुवंश से ही संस्कृत साहित्य का अध्ययन किया था। पहली चर्चा में ही वे जीवन भर के लिए अभिन्न बंधु हो गए। संस्कृत में जिसे चक्षुराग कहते हैं, मैं उसी को वार्ताराग कहूँगा, वार्ता या संलाप राग कहूँगा—उसी ने जोड़ दिया। उस समय के वातावरण का सुखद अनुभव मुझे यह है कि अलग-अलग वादों की चर्चा हो रही थी पर मेरे मित्र हर खेमे में थे और अच्छे मित्र थे। अज्ञेय के अलावा अमृत राय, उनकी पत्नी सुधा, दास बाबू, रघुवंश, कामिल बुल्के, श्रीपत राय, अश्कजी, गोविंदचंद्र पांडेय, लक्ष्मीकांत दीक्षित, इलाचंद्र जोशी उम्र में मुझसे बड़े, पढ़ने में भी मेरे ज्येष्ठ मित्र थे। युवतर मित्रों में थे भारती, जगदीश गुप्त, मार्कंडेय, ओंकार, कमलेश्वर, दुष्यंत कुमार। सुमित्रानंदन पंत उस समय रेडियो में

सलाहकार थे और वहीं स्टाफ आर्टिस्ट के रूप में लक्ष्मीनारायण मिश्र भी थे। इन लोगों से मेरा घनिष्ठ परिचय नहीं था पर इनसे और गोपेश, केशवचंद्र वर्मा से औपचारिक बातचीत के अलावा कभी-कभी साहित्य चर्चा भी होती थी। इलाहाबाद में कुछ समय बाद भारतभूषण जी आए और उनसे परिचय नेमिचंद जैन के माध्यम से हुआ जो सिविल लाइंस में किताबों की एक दुकान चलाते थे।

उस समय साहित्यिक चर्चाओं में नोकझोंक तो थी, कुछ साहित्य परिसंवाद भी चले थे, पर परस्पर संबंधों में कहीं भी विरसता नहीं दिखती थी। रेडियो के संसार और विश्वविद्यालय के संसार से अलग संसार था, दारागंज का जिसके अधिष्ठाता थे भैया साहब (श्रीनारायण चतुर्वेदी)। वहाँ पर एक ओर इलाहाबाद के सम्मेलनी दिग्गजों का जमघट लगता था—पं. रामबहोरी शुक्ल, उदय नारायण तिवारी, बलभद्र प्रसाद मिश्र, ज्योति प्रसाद मिश्र निर्मल, युवतर लोगों में प्रभात शास्त्री, राय रामचरण, व्यथित हृदय, तो बाहर से आने वालों में थे कानपुर के पं. अयोध्याराम शर्मा, प्रेम नारायण शुक्ल, दीनबंधु त्रिवेदी, छैलबिहारी दीक्षित कंटक, जयदेव गुप्त, ओकार शंकर विद्यार्थी, बनारस से कृष्णदेव प्रसाद गौड़, करुणापति त्रिपाठी, सुधाकर पांडेय। वहाँ कवियों का आना-जाना भी बराबर रहता था। निरालाजी भैया साहब की बगिया में दिनभर में एक बार जरूर आ जाते थे। जिस गली में निराला जी रहते थे उसी में भैया साहब की बगिया भी थी। निरालाजी उस गली में घूमते रहते थे—हम लोग कहते थे—वे लुप्त सरस्वती की खोज कर रहे हैं। निरालाजी तहमद लपेटे, सिर पर कभी मुरेठा बाँधे, कुछ बड़बड़ाते चलते थे, अधिकतर अंग्रेजी में। भैया साहब के सामने आने पर वे अत्यंत विनीत हो जाते थे। उनका सर्वाधिक मार्मिक प्रसंग भैया साहब ने सुनाया था। जिस साल निरालाजी गए उसी साल की बात है। होली का दिन था, भैया साहब अपनी बगिया में नहीं थे, अपने मकान की दूसरी मंजिल पर विराजमान थे, निरालाजी को जलोदर था, कष्ट था चलने में, पर वे सीढ़ियों पर रेंगते हुए लगभग भैया साहब के पास पहुँचे। भैया साहब ने कहा—यह आपने क्या किया, मैं ही आता। निरालाजी ने भरे गले से कहा—भैया साहब, आज के दिन मुझे ही आना था। भैया साहब बहुत विह्वल हुए। उसके कुछ ही दिन बाद उन्होंने अपनी अंतिम कविता—'पत्रोत्कंठित जीवन का विष बुझा हुआ है'—अपने हाथ से लिखकर भैया साहब को दी थी। आज वह भैया साहब के पुत्र श्री शैलनाथ चतुर्वेदी के पास है।

भैया साहब के दरबार में शिक्षा विभाग के अधिकारी आते, साहित्यकार आते, राजनेता आते, संस्कृत के पंडित आते—किसी का प्रवेश वर्जित नहीं था। उनसे मेरे परिचय का सूत्रपात तब हुआ जब मैं एम.ए. कर रहा था। उसी समय एक दुखद प्रसंग उनके जीवन में आया था। उनके एक कनिष्ठतर अधिकारी ने एक साजिश रची और दारागंज के किसी साधारण लेखक के द्वारा उनके विरुद्ध एक

पैंप्लेट छपवाया। तत्कालीन मुख्यमंत्री ने कहा कि आप अवमानना का मुकदमा दायर करके अपने को बेदाग प्रमाणित कर दीजिए। उस मुकदमे के लिए भैया साहब ने मुझसे कन्हैयालाल को वकील करने को कहा। भैया साहब उस व्यक्ति पर दया करते थे इसलिए उन्होंने दीवानी मुकदमा नहीं किया था, फौजदारी मुकदमे में उसे सजा हुई पर उस व्यक्ति के पीछे जो व्यक्ति था वह शिक्षा विभाग का निदेशक बना और पेंशन लेने के बाद वह पाकिस्तान चला गया। भैया साहब का मुकदमा करना केवल उनका सिर ऊँचा रखने में सहायक हुआ, पर जो चाल चली गई वह सफल हुई, वे उत्तर प्रदेश के शिक्षा निदेशक नहीं हुए। इसी समय उनकी बड़ी, लाड़ली बेटी का देहांत हो गया। वह शोक ऐसा गहरा था कि उसके बाद भैया साहब ने पान खाना छोड़ दिया। मगर ऐसी स्थिति में भी जिस धैर्य और दृढ़ता का आदर्श उन्होंने रखा वह मेरे लिए बहुत बड़ी सीख था।

परदेश में भदेस

पहले बर्कले में मिले जानदार चेहरों की बात करूँगा और इस सिलसिले में अपने एक प्रयोग की बात करूँगा। मुझे एक पाठ्यक्रम पढ़ाने को दिया गया—तुलनात्मक साहित्य। वहाँ के अध्यापक को स्वतंत्रता होती है कि वह पाठ्यक्रम निर्धारित करे; सामग्री, सहायक का निर्देश तैयार करे, पढ़ाई शुरू हो इसके पहले वह छात्रों को मिल जाए। मैंने एक दुस्साहस किया। आधुनिक हिंदी कविता पढ़ाने का संकल्प लिया। उस समय बर्कले के पुस्तकालय की हालत यह थी कि पीएल 480 के तहत खेप की खेप भेजी जाने वाली पुस्तकें कहीं बेखबर पड़ी थीं। देवनागरी से अधूरा परिचय होने के कारण वे कहीं पाट दी गई थीं। ऊपर बहुत कम किताबें आधुनिक हिंदी साहित्य की थीं। मैंने कुछ मित्रों को पत्र लिखे। अधिकतर ने अपनी कविताएँ भेजीं। कुछ ने अपनी और औरों की भी भेजीं। मेरे पास पंत जी के सम्मान में छपी रूपंबरा थी, जिसमें प्रकृति से संबंधित कविताएँ भाई ने संकलित की थीं। कुछ कविश्री की प्रतियाँ थीं। यही साग-पात लेकर मैंने आधुनिक हिंदी साहित्य का पाठ्यक्रम तैयार किया, सरल अंग्रेजी में उसका तर्जुमा किया, सामग्री विद्यार्थियों बाँट दी गयी, पढ़ाई शुरू हुई। कुतूहलवश उस पाठ्यक्रम को सुनने अंग्रेजी की दो प्रोफेसर महिलाएँ आईं। एक थीं जोसिफिन माइल्स जो अपंगपन को नकारने वाली सजग महिला थीं, प्रतिष्ठित कवि, आलोचक। दूसरी थीं दोरोथी फिंकनस्टाइन। पाठ्यक्रम पूरा होते-होते दोनों महिलाओं ने अपना परिचय कराया और सुझाव प्रस्तुत किया कि इन कविताओं का अंग्रेजी काव्यांतर किया जाए। उन्होंने ही चौकड़ी जमाई, प्रति शुक्रवार हम बैठते, मैं मूल कविता पढ़ता, अंग्रेजी गद्य रूपांतर प्रस्तुत करता। इस चौकड़ी में थे जोसिफिन, लेनर्ड नेथन, जेम्स माख, मार्टिन हेल्पन और यदाकदा आने वाले लंबे तगड़े एच.एम. गई। एच.एम. गई उस समय के नए विद्रोही कवियों में से थे। मेरे पास संस्कृत पढ़ने आए थे और फिर वे कहाँ खो गए मुझे पता नहीं चला। औरों का आता-पता तो कुछ दिनों तक मिलता रहा। दूसरे शुक्रवार को अपनी रुचि की कविता का काव्यांतर कर एक कवि लाते। दोनों काव्यरूपों

का टेप पुनः सुना जाता, कुछ मैं कुछ दूसरे मित्र संशोधन सुनाते। अद्भुत बात यह हुई कि यह प्रयोग हम लोगों पर नशे की तरह छा गया। पाठ्यक्रम में थोड़ी-सी कविताएँ थीं, माँग होने लगी और कविताओं की। मेरे पास चुनाव के लिए अवकाश ही नहीं था। अपेक्षित पुस्तकें भी नहीं थीं। पर नशा था, छह महीने के पूरे सत्र में एक संग्रह तैयार हो गया। संग्रह में कइयों की रुचि हुई। अंततः एशिया सोसाइटी की प्रेरणा से इसे इंडियाना यूनिवर्सिटी प्रेस ने छापा। इसकी भूमिका मिस माइल्स ने लिखी, दूसरी भूमिका अज्ञेय ने लिखी। भाई आए तब तक काम पूरा हो चुका था। मैं वहाँ और टिक जाता तो शायद यह काम और बढ़ता। 1967-68 में अकेले लेनर्ड नेथन और भाई के अंतिम संशोधन के साथ यह काम आगे बढ़ा। लेकिन इस बार प्राचीन कविता से बात शुरू हुई, हमारा इरादा आधुनिक भारतीय कविता तक क्रमशः पहुँचने का था। पर बात संस्कृत, पालि, प्राकृत, अपभ्रंश से आगे न बढ़ी। सिएटल में रहते हुए ही इसे अंतिम रूप देने के लिए बर्कले में लेनर्ड नेथन के साथ रहा। वह काव्य-चयन वात्स्यायन और मेरी भूमिका के साथ 'इंडियन पोएटिक ट्रेडिशन' नाम से बाद में छपा।

ये संग्रह कैसे थे, कैसे पसंद आए इसकी चर्चा अप्रासंगिक है। मैं बात अपनी नहीं कर रहा, न कृतित्व की। मेरे सामने लोग हैं और उन लोगों से अनुप्राणित जगहें। इन कवियों की अलग-अलग रुझानें थीं। कुछ तुकांत रचना करते थे, कुछ मुक्तछंद में, कुछ गीतकार थे, कुछ बौद्धिक सूक्ष्मता की कविता करते थे। पर इन सभी को हिंदी कविता के क्षितिज से स्पृहा थी। उनके दिमाग में हिंदी कविता अलंकारों के सीकड़ों में बंधी कविता थी या मोहासक्ति की कविता थी, उसमें इतना खुलापन होगा और इतना संयम इसका उन्हें अंदाज नहीं था। मुझे भी अमेरिकी कविता के मिजाज़ का अंदाज नहीं था। इसलिए कुछ कविताएँ मैंने चुनीं, उन्हें अनुवाद लायक नहीं लगीं, कुछ उन्होंने अनुवाद किए मुझे बिराने लगे। लेकिन बड़ा अंश दोनों भावभूमियों को छूता था। शायद संस्कृति मात्र में यह घटित होता है। पूरी संस्कृति नहीं समझी जा सकती पर कुछ अंश सार्वभौम होता है। वह अंश मनुष्य से संबंध बनाने की चाहत है। वह संबंधी आदमी से हो, प्रकृति से हो, कला से हो—वह चाहे संबंधहीनता के पछतावे के रूप में हो पर संबंध ही ऐसा है जो सार्वभौम है। मुझे इस प्रयोग की संपन्नता का छोटा-मोटा समारोह करना था। मैंने कई मित्रों को घर बुलाया। मिस माइल्स ने उसके पहले ही अपने घर एक समारोह कर लिया था। मेरे घर तो वे नहीं आ सकीं क्योंकि वे घूमने वाली कुर्सी पर बिठाकर ही कहीं ले जाई जाती थीं। शेष मित्र एकत्र हुए चाय पानी मिठाई-पकौड़ी का आयोजन था। कुछ पकौड़ियाँ मिर्च की थीं। हंगेरियन मिर्च की, जो मिर्च नहीं माहुर होती है। देखने में बड़ी खूबसूरत पर ऐसी कातिल कि सारे सात्विक भाव, मुँह में उस मिर्च को रखते ही, एक साथ प्रकट हो जाते हैं—रोमांच,

अश्रु-प्रवाह, कंपन...। मैंने आगाह किया कि भाई, यह काफी तीखी है, अंग्रेजी में हॉट है, इसे न लें। मार्टिन के साथ उनकी बीवी थीं, नई ही आई थीं। उन्होंने अपने पति से कहा कि मैं बेट करती हूँ (बाजी लगाती हूँ) कि आप से यह पकौड़ी नहीं खाई जा सकेगी। अमेरिकी स्वभाव है कि बीवी चढ़ा दे तो पति कुएँ में कूदने के लिए तैयार। मार्टिन को ताव आ गया, पकौड़ी मुँह में डाली और डालते ही ऊपर से नीचे तक लंकाकांड हो गया। मार्टिन ने पंत की कविता 'मन जलता है तन जलता है' का अनुवाद किया था, उन्हें पंक्तियाँ याद थीं, उन्होंने पंक्तियाँ पढ़ीं और कहा कि मुझ पर फ्रिज का पानी डालो। इस आयोजन में मेरे दो सहयोगी थे, अमर बहादुर सिंह और रामाश्रय। एक ठंडा पानी लाया, दूसरा फ्रीज में रखी ठंडी खीर। पानी पीकर खीर खाकर वे जमीन पर लौटे। पर एकाध मित्र जो मैक्सिको के गरम तीखे भोजन के अभ्यस्त थे पकौड़ी रस लेकर खा गए, हालांकि खीर उन्होंने भी माँगी।

मैं बर्कले 1960 के दिसंबर में पहुँचा। मुझे लेने विभाग की एक सचिव मार्जरी आई थीं। सर्वांग सुंदर, पर नाक कुछ दबी हुई। दबी नाक वहाँ सुंदरता का एक उपादान बन जाती है। स्वागत में उन्होंने बड़ी गर्मजोशी दिखाई, लेकिन वहाँ से लेकर एक ऐसे मकान में पटका जिसे मुझे एक महीने बाद ही छोड़ना पड़ा, सुविधाजनक नहीं था। दूसरे मकान को भी छोड़ा, अंत में मैं चैनिंग पर आया, वहीं पूरी अवधि रहा। वहाँ से मेरा कार्यालय मुश्किल से दस मिनट पैदल का रास्ता था। बर्कले शुद्ध रूप से विश्वविद्यालय नगर है—पचास हजार विद्यार्थी, चार हजार अध्यापक, दुकानदार। बड़े प्रेम से आबादी दो लाख की हो गई थी। मैं सबेरे कुछ नाश्ता करके जाता, साँझ को ही एक बार भोजन बनाता। शुरू-शुरू में पशुओं के पूरे के पूरे शरीर को टंगा देखा तो मैं लगभग एक महीने तक बिना भोजन के रहा। बाद में कुछ ऐसी दुकानें भी मिलीं जहाँ सब कुछ शाकाहारी और बहुत कुछ प्राकृतिक मिलता था। बिना पाश्चराइज किया दूध मिल जाता था, चक्की का पिसा आटा और हाथ का कुटा हुआ चावल भी। साग-सब्जियाँ भी, ताजा फल भी। कुछ महँगा पड़ता था पर वहीं से मैं सामान लाता था। चाय अच्छी नहीं मिलती थी।

इस चाय की बात से एक बात याद आई। मरहूम जाकिर हुसैन के एक भाई पाकिस्तान में इतिहास के प्रोफेसर होकर चले गए थे। वे कुछ समय के लिए बर्कले आए। फुल ब्राइट वृत्ति पर। वहाँ उनका एक पुराना विद्यार्थी मिला-अजीम। अजीम मेरे ही विभाग में उर्दू पढ़ाने के लिए सहायक थे। साँझ को मैं घर पहुँचा ही था कि अजीम का फोन आया कि पंडित जी मैं चाय पर आना चाहता हूँ। अजीम ठेठ गाँव का आदमी था, निश्छल, ठेठ गँवार। मैंने कहा, 'तुमने कभी इजाजत तो ली नहीं, आज क्या बात है?' कहा—मेरे साथ एक बुजुर्गवार भी है। मैंने कहा—'उन्हें भी लाओ, मेरा घर तो ओपेन हाउस है।' बोला—'बुजुर्गवार कहते हैं कि अच्छी चाय

पिलाओ, यहाँ कागज की थैली में जो चाय मिलती है जाने कितनी बार छानकर निकाली गई वह देखने में जैसी लगती है उसका वर्णन कोई साईस ही कर सकता है।' मैं भाई के कुसंग के कारण अच्छी चाय और अच्छी कॉफी का आदी हो गया था। मैं सेनफ्रेंसिस्को से चाय और कॉफी लाता था, वहाँ हिन्दुस्तान की चाय-कॉफी मिल जाती थी। किस्सा कोताह कि बुजुर्गवार आए, उन्हें चाय दी, पकौड़े दिए, अचार और घर में बनाई खोए की मिठाई दी। वे चाय पीते जाते थे और अमेरिका को सौ-सौ गालियाँ दिए जाते थे, कंबख्तों को खाने-पीने का शऊर नहीं। यह है चाय, क्या चाय बनी है, क्या लजीज पकौड़े, क्या खुशबू इस भरवां अंचार में। अंत में बोले—'बरखुरदार, ये बूढ़ा बड़ा बेहया है, मैं आज खाना खाकर ही जाऊँगा। सैंडविच खाते-खाते मेरी जीभ लोढ़ा हो गई है।' मैंने कहा—'जहे किस्मत, आप रहें यहीं पर, खाएँ जो भी रूखा-सूखा हो। वे बड़े प्रेम से सादा भोजन करके गए, कहा दाल तो यहाँ नसीब ही नहीं हुई थी। मैंने पूछा भी कि आप तो निरामिष नहीं हैं, आपको यहाँ क्या दिक्कत है! कहने लगे—'बरखुरदार, खाना तो यही होता है, मैं इटावे का हूँ, आपने जो बनाया वही खाना है, बाकी तो बेकार है।' तब मुझे लगा कि आदमी जिस स्वाद को पीढ़ियों से अपनी जीभ में पाता है वह नहीं मिंलता तो कष्ट होता है। स्वाद से ज्यादा स्वाद की ललक होती है जो रस के रूप में बनी रहती है। भाई भी चार महीने यूरोप घूमकर बड़ी रात बर्कले पहुँचे। मैंने कहा—'घर पर कुछ है चले चलिए।' कपिला जी ने मना किया लेकिन भाई होटल से नहा-धोकर आए, खाने बैठे। पूरियाँ अपनी गिनती भूल गईं। कपिला जी ने कहा रुकिए, भाई ने कहा महीनों बाद तो भोजन मिला है...। आदमी अपने को किसी भी स्वाद के लिए मना लेता है लेकिन उसका एक छिपा मन होता है जो अपने परिचित स्वाद को जुगाए रखता है। यह बात शायद और—और चीजों के साथ भी लागू है। हर आदमी की एक अपनी लय होती है, एक अपना छंद जिसे वह ढूँढ़ता है।

मैंने देखा है, हिंदुस्तान-पाकिस्तान के बीच कोई भी दुश्मनी हो, पर दोनों के लोग जब भी मिलते हैं, कुछ विचित्र साझेदारियों को याद करने लगते हैं। ये साझेदारियाँ अपरिभाषित होती हैं। विदेश में रहना मुझे कभी अच्छा तो नहीं लगा पर उसका एक छोटा-सा सुखद पक्ष है और उसे अनदेखा नहीं किया जा सकता क्योंकि वह पक्ष ही व्यक्ति के रचाव में घटक कारण बन जाता है। मेरी समझ में वह पक्ष यह है कि आदमी विजातीय रंगों, गंधों और स्वादों के बीच अपने रंग, अपनी गंध, अपने स्वाद कुछ अधिक लगाव के साथ याद करता है। इसी तरह वह अपनी संस्कृति की आलोचना सुनता है और कुछ तर्कहीन आलोचना सुनता है तो बिना किसी तैयारी के भी वह संस्कृति का पक्षधर बन जाता है। संस्कृति शत्रु नहीं बनती संवादी बन जाती है।

मेरा वास्ता विद्वानों, कलाकारों, लेखकों से ही रहा, सड़क के आदमी से उतना नहीं रहा। हाँ, एक बार सड़क का आदमी भी ऐसा मिला जिसने चकरा दिया। बड़े प्यारे दोस्त थे नईम, रायबरेली के एक कस्बे में जन्मे थे और ठेठ अवधी-उर्दू बोलते थे। एक बार हम दोनों पोस्टऑफिस गए, कतार में खड़े हुए। नईम अमेरिका को लगातार और एक-से-एक देसी गालियाँ दे रहे थे। जब हम काउंटर पर पहुँचे तो डाक अधिकारी ने कहा–'भाई, ऐसी उम्दा गालियाँ बरसों बाद सुनने को नसीब हुई।' नईम तो एकदम से हतप्रभ। पूछा–'भाई, तुम रहे कहाँ हो इतनी ठेठ उर्दू बोल रहे हो।'

उस पार का यह पार

अमेरिका में रहते हुए ही मैंने दो चीजें सीखीं, सीख सका, क्योंकि हर संस्कृति में कुछ ऊर्जा होती है जो उसे धारण करती है। शायद यही उसका धर्म होता है। मैंने देखा कि अमेरिका में, और जापान में भी, काम करने की, श्रम की संस्कृति है। अपने परिश्रम से बच्चे 15 वर्ष के बाद ही अपना जीवन-निर्वाह शुरू कर देते हैं। यह भी देखा कि लड़का किसी लड़की को चाह रहा है, उसे मंगेतर बना चुका है तो उसे पढ़ाने के लिए काम करेगा, लड़की अपने मंगेतर को पढ़ाने के लिए काम करेगी, काम चाहे जूठे बर्तन मांजने का हो, फूल तोड़ने का या सहायक का। दूसरी बात मैंने देखी कि जितनी संस्कृति खुली दिखती है उतनी ही भयावह भी है। लड़कियाँ भयंकर आशंकाओं से घिरी रहती हैं और वे त्रासद अनुभवों से गुजरती हैं, लेकिन उसी समय वे अपने को नियंत्रित करना भी सीखती हैं। उनका मन तनाव से घिरता होगा पर वे अपने कर्म के द्वारा उस तनाव को कम करना जानती हैं। एक दूसरी चीज मैंने सीखी। बैंक में मैं जब तनख्वाह का चेक जमा करने जाता तो उसका एक हिस्सा हिंदुस्तान भेजने के लिए बैंक से ट्रांसफर कराता, कुछ बचत खाते में, कुछ चालू खाते में जमा कराता और थोड़ा-सा नगद के रूप में लेता। पहली ही बार जब मैंने नगद गिनना शुरू किया तो काउंटर पर बैठी लड़की बिगड़ गई, आप मेरा विश्वास नहीं करते। आप परसों भी आते, कहते कि कम मिला है तो मैं आपको दे देती। इस घटना के बाद से कभी नगद पाकर मैंने गिना नहीं। गिनना मनुष्य के विश्वास के साथ छल करना है। भले ही छल का शिकार हो जाएँ, पर विश्वास करने से ही मन प्रसन्न रहता है। कई बार किताब खरीदने गया, कोई बिताब छूट गई, वह रखी मिलती, दुकानदार सौंप देता। यह नहीं कहता कि बेईमानी नहीं होती, पर साधारण जीवन में विश्वास है, अध्यापक के प्रति विशेष। मैं हिंदुस्तान लौटने के पहले 'आयकर बाकी नहीं है' इसका प्रमाणपत्र लेने गया। अधिकारी ने तुरंत बुलाया, कहा कोई कागजी सबूत देने की जरूरत नहीं, बता दीजिए कितना किन मदों में खर्च हुआ, कितना परिवार को भेजने में, मैं हिसाब

लगाता हूँ। उसने हिसाब लगाकर कुछ वापस किया, पाँच मिनट में चेक मिल गया। वहाँ एक व्यवसायी चेक देगा तो बैंक से फोन करके पूछा जाएगा, अध्यापक देगा तो नहीं पूछा जाएगा। जो विदेशी चरित्र पर आक्षेप करते हैं वे इन गुणों को भूल जाते हैं।

बर्कले उस समय कई आंदोलनों का केंद्र था। वियतनाम युद्ध के खिलाफ, युद्ध में भर्ती के खिलाफ, अमेरिकी सभ्यता के पाखंड के खिलाफ; तरह-तरह के आंदोलन चल रहे थे। इसी संदर्भ में बीटी पीढ़ी, हिप्पी पीढ़ी फिर फूलों वाली पीढ़ी आई। कोई भी स्थायी नहीं हुई पर इनका गहरा प्रभाव पड़ा। पाखंड कहीं भी हो जल्दी नहीं टूटता, टूटता है तो प्रायः एक नए पाखंड को जन्म देता है, लेकिन संकल्पित युवक हों तो एक बार हिल तो जाता ही है, जड़ से।

मैं देश में भी पुस्तक-संस्कृति का प्रेमी था, वहाँ जाकर तो मुझे पुस्तकें ही एकमात्र सहारा लगीं। कारण यह था कि मैं अकेला था, परिवार नहीं था, पहली बार देश से बाहर निकला था, एक विचित्र प्रकार का निरीह भाव था जो मन से निकल नहीं पाता था। किताबों में खोने पर ऐसा लगता था कि किताबें अच्छी हों तो उनसे अधिक सगा कोई नहीं होता। मनोरंजन के नाम पर कुछ कला-प्रेमी मित्रों के सहयोग से कला फिल्म या क्लासिक फिल्म देखने-दिखाने वाले क्लब का मेंबर बना और वह सप्ताह में एक दिन विश्व के प्रसिद्ध निर्देशकों की फिल्मों का प्रदर्शन और उस पर चर्चा आयोजित करता था। उन्हें देखने के बाद मुंबइया फिल्म कभी देखने का चित्त नहीं हुआ। अधिकतर वे फिल्में जापान, इतालवी, फ्रांसीसी या स्वीडी थीं। बल्कि वहीं मैंने सत्यजीत राय की तिकड़ी देखी—'अपूर संसार', 'पाथेर पांचाली', 'सोनार किल्ला'। इन फिल्मों पर जो चर्चाएँ होती थीं उनमें फोटोग्राफी में भी संवेदनशीलता हो सकती है—इन संभावनाओं से साक्षात् परिचय हुआ। हालीवुड की फिल्म मैंने शायद ही कभी देखी हो। हाँ, मूक फिल्मों के दौर की चार्ली चैप्लिन की फिल्में जरूर देखी थीं। अब तक स्मृति में जिनकी गहरी छाप है वे फिल्में हैं—'राशोमन', 'सैंडड्यूंस', 'नाते द कवेरिया'। मेरे काठ कोठे के ठीक नीचे नाट्यकला के प्रोफेसर ऑलिवर रहते थे। वे इस्पहानी मूल के थे और बड़ी ही रंगवाली तबीयत उन्होंने पाई थी। वे विद्यार्थियों को जो प्रशिक्षण देते थे उसके नमूने दिखाने मुझे ले जाते थे। इस पर बल देते थे कि भावाभिनय को आंगिक व्यापार में उतारना जरूरी है पर जरूरी है अपने को अलग रख सकना, न रख सके तो नाट्यकला की हार है। प्रेमी के अभिनय का अर्थ प्रेमी के साथ तादात्म्य नहीं है। उन्होंने एकबार रंगमंच पर पूरे भावावेश की अभिव्यक्ति करते हुए भी ऐंद्रिय अनुभव से अलग रखकर कैसे चुंबन किया जाता है, दिखाया और एक चुंबन की घटना को साधने में उन्होंने लगभग डेढ़ घंटे तक अभ्यास कराया और ऐसा लगता था जैसे उन्होंने अभिनेता-अभिनेत्री के बीच, यदि आकर्षण रहा भी हो तो, उसे मथ कर

निकाल दिया। ऑलिवर भरत के रंगमंच के बारे में बार-बार मुझसे पूछते और बार-बार वे पश्चिम के तीन सौ वर्षों से चल रहे रंगमंच की भरपूर आलोचना करते। उन्हीं की प्रेरणा से मैं क्लासिकल ग्रीक थिएटर भी देखने गया। उसमें रंगमंच खुला था और कोई सेट नहीं था। प्रवेश सामने से होना था, बाजुओं से नहीं। कोरस की उस रंगमंच में बड़ी अभिभूत करने वाली भूमिका थी।

सिएटल में दो अमेरिकी मित्र मिले जो मेरे ही नहीं भारत के भी मित्र थे, भारतीय भोजन पर जान देते थे। शायद ही कोई सप्ताह होता जिसमें एक बार वे मेरे यहाँ भोजन नहीं करते। वे थे एडवर्ड हार्पर और बिल कोर्टिस। एडवर्ड तो बहुत दिन हुए नहीं रहे, कोर्टिस से संबंध आज भी बना है। शायद किसी दूसरे अमेरिकी से इतने लंबे अंतराल तक संबंध नहीं रहा। वे अपने भीतर संघर्ष करके हिंदू हुए, इसलिए अपनी संस्कृति के भीतर रहते हुए भी उसे लाँघने में उन्हें कोई आयास नहीं हुआ। ये दोनों भारत के प्रेमी थे, पर अमेरिका की परिस्थिति में उपजी हुई कला और संस्कृति की गुणवत्ता भी जानते थे। इसलिए उनका साथ आत्मदर्प का कारण नहीं बना, अपनी और उनकी भीतरी पहचान का कारण बना। जिन कमरों में रहा वे कमरे अपने आप में आकर्षक नहीं थे। सिएटल वाले कमरे से परिदृश्य अच्छा दिखता था पर उन दोनों कमरों को मैंने थोड़े-से परिवर्तन के साथ भारतीय बना लिया था और वहाँ फर्श पर भी उत्सव मनाने की गुंजाइश बना ली थी। कहीं भी जाएँ तो सिगरेट और शराब की गंध से छुट्टी नहीं मिलती थी। हमारे कमरों में अच्छी भारतीय सुगंधि रहती थी। अकेली गंध से धरती की पहचान अलग हो जाती है, अकेली गंध से अजनबी आकाश में अपनी धरती मंजिलों पर टंग गई थी। उन दो प्रवासों की बात समेटते समेटते याद आ रहा है कि पहली बार मेरे दोस्त प्रोफेंसर मिनों ने कहा कि आपने यदि यहाँ का ग्रेट-गेम फुटबाल नहीं देखा तो आपको अमेरिका में रहने का प्रमाण-पत्र पाने का अधिकार नहीं है। फुटबाल का एक बड़ा मैच था—जिसमें एक ओर कैलिफोर्निया राज्य की टीम थी, जिसका नाम था भालू, एक दूसरी टीम थी जिसका नाम था भेड़िया। उस खेल में खेल से अधिक खेल को प्रोत्साहन देने वाली किशोर वय की फुटबॉल प्रेमियों का सामूहिक चमत्कार ही लोगों की नजर में आता था। खेल के बीच तो मारकाट के जितने भी शब्द हो सकते हैं सब सुनाई पड़ते थे। कुचल दो, मार डालो, गेंद का अपहरण करो—और खेल था भी बहुत हिंसक। उससे बिना चोट खाए कोई निकल आए ऐसा बिरला ही सौभाग्यशाली होता। मैंने खेल देखा और अमेरिका में रहने का प्रमाणपत्र पाया। लेकिन सिएटल में जो बर्फ हॉकी देखने को मिली वह अद्वितीय अनुभव था। ऐसा जादुई खेल, ऐसी क्षिप्र गति, बर्फ पर ऐसे सधे पाँव और गेंद लेकर ऐसे दूर तक संयत भाव से छलकना...बस ऐसा लगता था जैसे करमा नृत्य सम पर आ न रहा हो और नृत्य रात के चढ़ने के साथ सीढ़ी-दर-सीढ़ी

चढ़ता चला जा रहा हो। बर्फ पर खेलने वालों की छायाएँ नाचती रहतीं और आँखें उस बर्फ पर ठहरतीं नहीं साथ ही उस बर्फ से हटतीं नहीं। उसे देखकर एकबारगी लगा कि सिएटल आना सार्थक हुआ। यहाँ बोइंग जहाज बनते हैं, वह कारखाना तो नहीं देखा लेकिन यहाँ खेल की गति ढाली जाती है और यह अनुभव अपने ढंग का अनोखा था।

इन दो लंबे प्रवासों के बीच एक बार दसेक दिनों के लिए जुडवां शहर कैंब्रिज मेसाचुसेट जाना हुआ जहाँ प्रसिद्ध हार्वर्ड और एमआइटी विश्वविद्यालय हैं। एक पुराना, एक नया। दोनों विद्या-स्थानों के वैदुषिक वातावरण में भी अंतर दिखा। हार्वर्ड को अमेरिकी ब्राह्मणों का घर कहा जाता है, एमआईटी को आधुनिक तकनीक का मायका। वहाँ जाने का ब्याज था विश्व भाषाविद् सम्मेलन। उस सम्मेलन में आधुनिक विश्व भाषा विज्ञान के परदादा रोमन याकोबसन से भेंट हुई, बातचीत हुई और उसके नए पुरोधा नोएम चोम्स्की से गहरी बातचीत हुई। उन्होंने ही मेरी पाणिनि पर लिखी नई पुस्तक के प्रकाशन की संस्तुति हालैंड के प्रकाशक से की। वहाँ मैं एक मित्र के साथ उस ऐतिहासिक मकान में ठहरा जिसमें कभी नेपोलियन ठहरा था। अमेरिका की दृष्टि में वह मकान पुरातत्व था। उसमें हर कमरे से दूसरे कमरे में जाने के लिए सीढ़ियाँ थीं। मैंने उस मकान का नाम ही दिया था सीढ़ियों वाला मकान। नेपोलियन ने जनतंत्र के नाम पर सीढ़ियाँ ही तो बनाईं और वही सीढ़ियाँ तमाम देशों की नौकरशाहियों को फेर में डाले हुए हैं। वही काफ्का के नाटक 'मुकदमा' (ट्रायल) का स्रोत बनी हुई हैं।

दो तीन प्रवासों में मैंने बहुत कुछ सीखा, बहुत कुछ पाया और सबसे अधिक यह पाया कि सब कुछ सोना होते हुए भी माटी के मन का यहाँ मेल नहीं है। विदेश के और भी कमरे मेरी स्मृति में हैं पर वे कमरे ऐसे है जहाँ प्रवासी भारतीय हैं और उन्होंने मुझे ऐसे स्नेह से अपनाया है कि उनके यहाँ जब रहने को मिलता है तो मेरी सब चीजें पहली की रखी हुई जैसीकी तैसी मिलती हैं—बर्तन, बिस्तर, चौका, पूजाघर—सब कुछ व्यवस्थित। पर उनकी बात अभी नहीं, उनमें तो मौसम मौसम में जाना होता है और अब तो जाने की हुमस भी नहीं होती। उन बंधुओं से कहता हूँ—जो कुछ मुझे पापा कहते हैं, कुछ बाबूजी, कुछ भाई साहब—कि यहीं आकर मिलें, लंबी उड़ानों की पैरों की जकड़न क्यों देते हो। उनके कारण इधर पंद्रह एक वर्षों से, जब-जब अमेरिका जाना होता है तो ऐसा नहीं लगता कि परदेश जा रहा हूँ। ऐसा ही लगता है कि मैं दूर यात्रा करके अपने घर की देहरी पर आ रहा हूँ। उनकी चर्चा कुछ अंतराल देकर आगे करेंगे। इसलिए और भी कि उनकी चर्चा करने का अर्थ विदेश जाने के अनुभव की चर्चा नहीं है, विदेश में भी स्वदेश के ममत्व के द्वीप में कुछ समय आराम करने की चर्चा है। आज का विश्व विचित्र है। एक ओर अपनों को बेगाना बना रहा है, दूसरी ओर बेगानों को भी अपना

बना रहा है। दोनों में एक बात तो समान है—सेतु की तलाश, पर एक में सेतु पर इकतरफा यातायात है, उस पार जाया जा सकता है, उस पार को जाना जा सकता है, उस पार से इस पार आने पर उस पार की थोड़ी-सी जानकारी पुस्तकों के रूप में लौटती है, थोड़े से संगीत के तवे आते हैं, चित्रों की अनुकृतियाँ आती हैं, लोग नहीं आते। आते भी हैं तो एकदम विरल और अपनी अलग पहचान खोकर।

दूसरे प्रकार की विदेश यात्रा में सेतु पर दोतरका यातायात है, जाना भी है, आना भी है और लौटते समय अश्रु-भर की थकान वहाँ पहुँचने पर एयरपोर्ट पर ही दूर हो जाएगी।

गाँव–घर की याद

सोचा था कि गाँव की बात सबसे बाद में करेंगे क्योंकि गाँव की बात करना लोग समझते हैं भावुकता की बात करना, और भावुकता वैश्विक भारत में, अर्थात् ग्लोबल इंडिया में प्रतिषिद्ध है। परंतु कुछ विवशता ऐसी हुई कि अभी हाल ही मुझे नारायणी नदी के तट पर नए बने मंदिर में अपनी एक 'बउराह' लड़की के आग्रह पर जाना पड़ा और रास्ता, कहने के लिए पक्की सड़क था, पर अनेक गाँवों से गुजरने के कारण आधे से ज्यादा गोष्ठ के रूप में रूपांतरित था, सड़क का बहुत बड़ा हिस्सा गाय-भैंसों के लिए छिंका रखा था। लौटते समय ईख के लहलहाते खेतों के बीच से ही रास्ता मिला और अधिकांशतः घर छप्पर के मिले। सड़कों पर जरूर पक्के दरबे बने थे, दुकानदारों के। एक और यात्रा मुझे इसी बीच एक अपने पुराने सहयोगी की चारों धर्म यात्रा की पूर्णाहुति में जाने से हो गई। वातावरण तो पूरा बदला हुआ था, दर्शकों और श्रोताओं के लिए कुर्सी लगी हुई थी और जेनरेटर से बिजली आँखों पर लाइट मार रही थी, पर गाँव तो गाँव, स्वभाव बहुत कुछ नहीं बदला था। इन यात्राओं से अपना गाँव याद आना स्वाभाविक है, जहाँ इस साल जाना अभी नहीं हुआ, पिछले साल गया था तो दरवाजे के सामने किनारे खड़ा नीम का पेड़ को कट गया था, एक नया पेड़ अब बड़ा हो गया था। बेहद तपिश थीं, उसी पेड़े के नीचे गाँव के लोगों से मिलता रहा। मेरे आने के समाचार से बहुत-से पुराने लोग आए, बहुत-से नए आए, अधिकतर को मैंने या तो उनके बाप के नाम से पहचाना या कहीं पुरानी पहचान की छाया दिखी या फिर यदि चेहरे पुराने थे तो उनके नाम से पुकारा। इसके पहले जाता रहा तो मैं परिवार के किसी कार्य से जाता रहा, लोगों से भेंट का मौका नहीं मिलता था। पंद्रह-सोलह वर्ष पहले गया जा रहा था तो गाँव गया था। तब गाँव भर के बल्कि जवार भर के लोग अक्षत लेकर आए कि हमारे पितरों की सुधि भी गया में ले लीजिएगा। ढेर-सा अक्षत इकट्ठा हो गया था। उस समय अनुभव हुआ कि परिवर्तन तो बहुत हुए, जहाँ चाय का नामो-निशान नहीं था वहाँ गाँवों में चाय की दुकानें हैं, कई घरों में

'कटिया-फंसान' बिजली भी है, दो-तीन घरों में फोन भी हैं और गाँव के पास तक बस जाने लगी है। मेरे बचपन में सड़क आज की भाषा में दस किलोमीटर, उस समय की भाषा में तीन कोस थी। बबूल या झाउर के अलावा नदी के कछार में और किसी पेड़ की छाया नहीं, बस गाँव आने पर छाया मिलती थी। कहीं एकाध पेड़ ढूँढ़ने से मिलते भी थे तो दूर से ही भूत की तरह दिखते थे क्योंकि उनकी डालें कटी हुई थीं, कुछ इनी-गिनी बेशर्म पत्तियाँ जरूर वहाँ थीं, पर छाया नहीं थी। सवारी का जरिया उस समय बैलगाड़ी या घोड़ा, या बहुत बड़े जमींदारों के पास, जो अंगुलियों पर गिने जा सकते थे—हाथी। साधारण जनता के लिए अपने पैरों का बल। स्त्रियों के लिए पालकी, रोगियों के लिए खटोला। जाड़े में रास्ता आदमी के कद से ड्योढ़ी ऊँची अरहर के खेतों से जाता था। हाथी तो शायद नहीं छिपता लेकिन घोड़े पर सवार आदमी छिप जाता था।

सुबह यात्रा करने वाला ओस से भीग जाता था। बैशाख-जेठ में सब सपाट, खेतों में बीच से जाने वाली संकरी-सी राह, जरा-सा राह से इधर-उधर हुए कि अरहर की तराशी हुई, एक-एक हाथ की खूंटी, जिसे पालकी वाले कहार अपनी भाषा में 'कलम तराश' कहते थे, कुछ और परिहास-प्रिय हुए तो ऐसे खेतों को 'कैथे का ननिअउरा' कहते थे—अर्थात् कलमनवीस कायस्थों का ननिहाल कहते थे। वर्षा में पैदल ही चलना पड़ता था क्योंकि एक साल अंतर देकर बाढ़ आती थी और सड़क से गाँव तक जल ही जल हो जाता था। तेज हवा की लहरों से नाचती नाव पर केवल पाल के बल पर हम सड़क से घर पहुँचते थे। हमारा गाँव आसपास के दस-पाँच गाँवों से कुछ ऊँचा पड़ता था, फिर भी हमारे पूरब वाले बगीचे में बाढ़ का पानी कुछ-न-कुछ रेंग जाता था। बाढ़ उतरने पर सबसे ज्यादा क्लेश यह था कि जगह-जगह नदी का छोड़न जहाँ होता था, वहाँ गहरा पानी भी मिल जाता था, कहीं-कहीं खेतों में नदी बालू पाट देती थी, दोनों ही दशाओं में बड़ी सावधानी से चलना पड़ता था।

एक बात मुझे याद है कि मैं दोपहर चढ़े दिन से घर चला। मेरी माँ उस समय गोरखपुर में थी। उसने सुनार से कुछ गहने बनवाए थे। ऐसी वर्षा में पड़ा कि ज्योंही नाला पार हुआ, इच्छा हुई कि लौट चलूँ, पर नाला इस बीच उफन गया था। नदी तक पहुँचा, साँझ हो गई थी और नदी का नाव वाला घाट से केवल चार मीटर पर था। पार गया तब तक रात हो गई थी, जगह-जगह पानी, कहाँ कितना, कोई अंदाज नहीं। धीरे-धीरे पानी में एक-एक पग नापते हुए मैं चला। पहली बार मैंने उसी यात्रा में रोशनी का भ्रम देखा। जहाँ कहीं दलदल होता है, वहाँ रात में ऐसा लगता है कि बड़ी लालटेन जल रही है। उससे भटककर आदमी दलदल में फंस जाता है। गाँव में उसके बारे में कहा जाता है कि चुड़ैल के मुँह से आग निकल रही है। मैं उस समय नवें या दसवें दर्जे में था, इसलिए भूत का

भय तो नहीं हुआ पर सिहरन-सी हुई कि रास्ता न भटक जाऊँ। किसी तरह ननिहाल का गाँव आया, वहाँ जमीन ऊँची थी। रात चढ़ जाने पर जब मैं मामा के घर पहुँचा तो नाना-नानी सब घबरा गए। खैर, उस ननिहाल में संपन्नता नहीं थी, पर मैं जब-जब देर–सबेर कभी भी गया हूँ, मुझे टटके सजाव दही के साथ भोजन मिला है। भोजन में गाँव में उस समय सब्जियाँ मुश्किल से मिलती थीं। नानी के आँगन में एक मरुसा का पौधा था जो कि पेड़ बन गया था। मैं तो उसे कल्पवृक्ष ही कहता था। उसमें हर समय भजिया के पत्ते हाजिर रहते थे। अकेले मेरा ही अनुभव नहीं था, मेरे मित्र श्रीलाल शुक्ल अपनी सेवा के प्रारंभिक दिनों में उस क्षेत्र के परगना हाकिम हुए, वे उसी भग्नप्राय घर में एक बार पहुँचे थे और उन्हें जो भोजन मिला उसके बारे में उन्हीं का कहना है कि ऐसे स्वाद का भोजन फिर कभी मिला नहीं। था क्या, कि मेरे नाना, मामा दोनों बड़े अतिथि-परायण थे इसलिए गाँव के लोग कभी-कभी उनकी परीक्षा के लिए समय-असमय किसी भी संभ्रांत अतिथि को भेज देते थे। नाना को दमा था और गठिया भी। पर उन्होंने अपने घर के आसपास तमाम औषधियाँ लगा रखी थीं और भग्नप्राय बरामदे में डंडा लेकर बैठे रहते थे, मजाल है कि कोई पत्ती या फूल तोड़ पाए। सामने ही एक पक्का कुआँ था–लगभग ढाई-तीन सौ साल पुराना। जगत घड़ों के निशान से घिस गया था, पर कहीं से कोई दरार नहीं आई थी।

कुएँ के पानी में ऐसा भारीपन था कि दाल गलाने के लिए नदी से पानी आता था। सात टोलों का गाँव, जिसमें लगभग इक्कीस सौ घर थे नाना एकमात्र वैद्य थे और वे चिकित्सा अपने बाड़ में उपजी औषधियों से करते थे। उनके सहायक थे अर्जुन कहार जो उनकी सोहबत में बाद में वैद्य हो गए।

रास्ते की बात करते-करते ऐसा क्षेपक आ गया कि मैं अपने को रोक नहीं सका, ननिहाल वाले गाँव की बात आगे करनी है। उस गाँव सोहगौरा में सबसे प्राचीन, लगभग ढाई हजार साल पुराना ताम्रपत्र मिला है। बाद में खुदाई हुई तो प्रागैतिहासिक काल तक के अवशेष उसमें मिले। बड़ा पुराना डीह है। मेरा अपना गाँव पकड़डीहा भी, जैसा कि डीह नाम से भी स्पष्ट है, पुरानी बस्ती के ऊपर बसा है, इसीलिए कुछ ऊँचा है। कभी किनारे नदी बहती थी, अभी भी उसका छोड़न मरगा नाम का नाला है, जिसमें बाढ़ में इतना पानी आ जाता था कि साल भर कुछ-न-कुछ पानी बना रहता था। बाजूवाले गाँवों से मछलियों के लिए कुछ झगड़े भी कभी-कभार हो जाते थे। उस गाँव में पैदा होने का अर्थ ही यही था कि हम अपने आप प्राचीन युग में प्रवेश कर जावें। प्राचीन युग का अर्थ 1857 की लड़ाई और अंग्रेजों के हिसाब से गदर या और कठोर शब्द बदअमली के जीवंत कथानकों में मेरा जन्म हुआ था। मेरे बाबा बड़े चाव से मेरे जनपद के बागियों के बारे में बताते थे। गगहा के बाबुओं के बारे में, बिसुनपुरा के बाबुओं के बारे में, सतासी

(रुद्रपुर) के राजा के बारे में। वे अपने पिता-पितामह से सुनी हुई कहानियाँ सुनाते थे। चौरीचौरा कांड के कारण गाँधी जी ने सत्याग्रह स्थगित किया था, उसकी हकीकत बताते थे। यह कांड राजनैतिक नहीं था, सामाजिक था। मनचले दारोगा के द्वारा किसी स्त्री को बंद करने के कारण यह कांड घटा था और हजारों की भीड़ ने थाने में आग लगा दी थी। उस कांड में शरीक एक-दो ऐसे भी थे जो वर्षों तक फरार रहे, एकाध जेल तोड़कर बाहर आ गए। वे सभी हमारे इलाके के थे और उनमें से एक मेरे समय में भी जीवित थे—गुरुशरण पासी। चेचक से खुदा उनका चेहरा, लंबा कुरता, हाथ में मोटी-सी लाठी-तेल पिए हुए, और बात में बड़ी मिठास। मेरे बचपन में ही उस इलाके में गउचोरी बहुत प्रचलित हो गई थी। उसका जिक्र मैंने उसी समय के आसपास लिखे 'गउचोरी' नामक निबंध में किया भी है। यह चोरी कातिक-आसाढ़ में होती थी, जब बैल के न रहने से खेती का अकाज होता था। ये पशु रातोंरात किसी ऊँची घास के भीतर छिपाकर पहुँचा दिए जाते थे और बिचौलियों के द्वारा पनहा (फिरौत) की राशि तंय होती थी। इसे रोकने में मैंने गुरुशरण पासी की सहायता ली थी।

काफी हद तक इसमें कमी भी आई थी। पर आज जैसे पता चलता है कि तमाम जंगल पार्टियों के पीछे कोई बड़ा आश्रय होता है, वैसे ही तब भी था, हाँ आदमी नहीं अगवा होते थे, फिरौती (पनहा) की रकम कम होती थी, पर किसान को वह भी बहुत भारी पड़ती थी। इस किस्से को कहने का एक ही मतलब है कि यह इलाका बड़ा आजाद मिजाज रहा है। इस इलाके में उस समय दूध शादी-ब्याह के अवसर पर कोई खरीदता नहीं था, न कोई बेचता था। दूध अपने आप जुट जाता था और छाछ तो गाँव में बँटता ही रहता था। उपलों पर खौलाए हुए दूध से जो दही जमता था उस पर लाल-लाल मोटी छाल्ही पड़ती थी, और जिस बर्तन में जमता था उसे कहतरी कहते थे। उस कहतरी को हम लोग बहुत सगुन मानते थे। बाहर से कोई बारात आती तो हम लोगों के दरवाजे पर पहले आती, उसके दूल्हे को हमारी ओर से एक रुपया दिया जाता और दूल्हे का बाप एक ढोली पान या एक कहतरी दही लाता और बाबा को भेंट करता।

जीवंत रिश्तों का गाँव

बाबा गाँव के मुखिया थे और गाँव में जो भी पंचायत होती थी, जातीय पंचायतों को छोड़कर, उसका अंतिम फैसला सुनाते थे जबकि फैसले में राय देने वाले हर जाति के बड़े लोग होते थे। मामले भी कैसे-कैसे होते थे। किसी ने अपने घर का भूत दूसरे घर पर डाल दिया, किसी औरत ने किसी लड़के पर टोना कर दिया, किसी की नजर किसी गाय-भैंस को लग गई, उसने दूध देना बंद कर दिया। बाबा बड़ी शांति से सुनते थे और सबको संतोष मिले, ऐसा फैसला सुना देते थे। उपन्यासों में जैसी चर्चा होती है, खासकर प्रेमचंद के उपन्यासों में, ऐसा कुछ नहीं होता था। अक्सर समझावन-बुझावन जैसा फैसला होता था। कभी-कभी सुनने बैठता तो बड़ा अटपटा लगता था कि कैसे भूत चलाया जाता है, टोना क्या होता है, नजर क्या होती है, बाबा उस गाँव के यों ही सर्वमान्य नहीं थे, गाँव की चप्पा-चप्पा जमीन का नक्शा, उसका कुर्सीनामा, हर आदमी के सात पुश्त तक का कुर्सीनामा, आसपास के गाँवों के गण्यमान्य लोगों का कुर्सीनामा, आसपास के बगीचे किसने लगाए, कब लगाए इसका हिसाब-किताब—सब उन्हें मुँहजबानी था। पत्र आदि कुछ लिखते मैंने उन्हें बहुत कम देखा था। घर के बारे में पत्र वे सिर्फ मेरे पिताजी को लिखते, वह भी कैथी लिपि में, जिसे पढ़ने वाले हम सिर्फ दो थे—पिताजी और मैं। पटवारी भी पहले तो कैथी में लिखते थे अब देवनागरी में ही लिखते थे। खेती, घुड़सवारी, गो-पालन, बागवानी, नक्षत्रों की अवस्थिति से समय का ज्ञान, रस्सी बटना—ये सब बाबा को अभ्यस्त था। उन्हीं के साथ सुबह—शाम कभी लग जाता था तो मुझे भी खेती की जानकारी कुछ हो चली थी। मेरे बाद के भाइयों को वह जानकारी नसीब नहीं हुई क्योंकि बाबा को देहांत 1948 में ही हो गया। तब तक हमारे भाई बहुत छोटे थे। बाबा घर के सबसे बूढ़े आदमी थे इसलिए घर के कर्ता वही थे। उन्होंने दुख बहुत सहा था, एक ही साल में उनके कई भाई किसी महामारी में चल बसे थे, उनकी पत्नी भी तीन बच्चों को जन्म देने के बाद बहुत जल्दी चली गई थीं। घर के अंदर दादी थीं जो उनके छोटे भाई की बहू थीं इसलिए घर

से उनका भोजन के सिवा कोई मतलब नहीं था और भोजन वे बारह—साढ़े बारह बजे दिन में करते और एक क्षण की देर बर्दाश्त नहीं करते। उनके भोजन में दाल बहुत गाढ़ी होती, आध पाव घी से ढीली की जाती, गोजई (गेहूँ-जौ मिली) की रोटियाँ होतीं, बहुत झन्नाटे की चटनी होती, आलू-बैगन का भर्ता होता और फूल के कटोरे में मलाईदार दही। इनमें से किसी भी एक मद में कमी नहीं हो सकती थी, अगर हो गई तो वे निर्णय लेते कि हम घर के बाहर अपनी रसोई खुद बनाएंगे। तब मेरी बड़ी बहन और मैं दोनों उनकी सहायता में लगते, वहीं हम भी प्रसाद पाते। वे घर से कोई सामान नहीं मँगाते, सब अपने खास-खास असामियों के यहाँ से मँगाते। दो-तीन दिनों तक यह हिसाब चलता, उसके बाद हम लोग ही पूरे घर की तरफ से मनाते। यह घर में तहलका लाने वाला व्यापार स्थगित हो जाता। गाँव से बाहर जाने के मार्ग ऊपर बता चुका हूँ, अब गाँव में प्रवेश का मार्ग बताऊँगा। पूरब से आम, महुआ और जामुन के बाग से होकर गाँव की सदर राह आती थी। सबसे पहले एक पुराना शिवाला पड़ता था। उसके सामने ही एक पक्का कुआँ था, पर उसका इस्तेमाल केवल मंदिर जाने वाले करते। उस बाग के उत्तर और पूरब मरगा नाला था। गाँव में प्रवेश करने के पहले एक छोटा-सा तालाब था जिसे हीरा सागर कहते थे। उसमें पानी बाढ़ में आता था, गर्मियों में बहुत कम हो जाता था। उस बाग में एक बहुत पुराना पीपल का पेड़ था, जिसमें गाँव में कोई मृत्यु होती थी तो घंट बाँधा जाता था और श्राद्ध अक्सर वहीं होता था। गाँव के पूरब एक बहुत झंखाड़ इमली का पेड़ था और एक जीर्ण-शीर्ण, लगभग समाप्त प्राय बरगद का पेड़ था। वह बरगद का पेड़ जेठ के महीने में बरसात के दिन गाँव भर की स्त्रियों की पूजा का केंद्र था, उसके चारों ओर लाल सूत्र बँधा हुआ था। वहीं पर एक जमींदार की छावनी थी। दूसरे हिस्सेदार की छावनी भी थोड़ी दूर पर थी। ये छावनियाँ धीरे-धीरे धराशायी होती गईं और जमींदारी खत्म होने पर धीरे-धीरे गाँव के जमींदार अपनी जमीन निकालने लगे। उसके बाद दूसरा कुआँ पड़ता था, आधा कच्चा-आधा पक्का, वही इस्तेमाल में आता था। उस कुएँ के एक ओर बनियों के घर थे, एक और मालियों के। बनियों के घर पार करके अहीरों के घर आते थे, उसके बाद मेरा घर। मेरे घर के दक्षिण दो बढ़इयों के घर थे और पश्चिम ओर तीन कुम्हारों के। उत्तर-पश्चिम ओर चार मल्लाहों के एक साथ जुटे हुए घर थे। उत्तर-पँश्चिम के कोने पर एक विशाल पीपल वृक्ष था, जिसके नीचे गाँव के बरम बाबा का थान था। उत्तर-पूरब के कोने पर नीम के पेड़ के नीचे डीह बाबा का स्थान था।

एक मनोरंजक संस्मरण है। टहल बहू मलाहिन और विश्राम बहू अहिरिन प्रतिदिन महाभारत का पाठ करतीं। उनमें महाभारत छिड़ जाती थी तो दोनों के मुँह में दतुअन दो बजे दिन तक पड़ी रहती और वे सही अर्थों में बिना पानी पिए

एक-दूसरे की कई पीढ़ियों को लगातार तारती रहतीं। मेरे बड़े दादा पूजा पर बैठे होते और टहल बहू और विश्राम बहू के बीच जब वाग्युद्ध शुरू होता, दादा कहते अब शास्त्रार्थ शुरू हो गया। इस महाभारत की विशेषता यह थी कि दोनों शूरवीर महिलाएँ एकदम पास आ जाती थीं पर दोनों अपने-अपने घर की लक्ष्मण-रेखा नहीं लाँघती थीं, इसलिए लड़ाई मुक्का-मुक्की या झोंटा-झोंटी पर कभी नहीं उतरतीं। दोनों के पति जिंदा थे पर लड़ाई शुरू होती तो दोनों परमहंस बन जाते। चुपचाप यही कहते रहते कि आज रोटी नसीब नहीं होने वाली। मेरे घर के बाहर के बैठकखाने के ठीक उत्तर बिरजू अहीर का घर था। बिरजू अहीर की पत्नी को हम लोग दिलराज की माँ कहते थे। दिलराज ने कुछ दिनों तक हमारे घर काम भी किया था। लालटेन मद्धिम करनी होती थी तो वह मुँह से फूँकता था। बाद में वह बर्मा गया और उसका कुछ पता नहीं चला। फिर उन्हें हमने लखराज की माँ कहना शुरू किया। वे हमारी माँ की अभिन्न सहेली थीं। फिर लखराज भी चला गया तो हम उन्हें बाबूराज की आजी कहते थे। वे जब तक जीवित रहीं मेरे लिए खास तरह से जमाया दही रोज लाती थीं। गाँव में दही जमाने में वे माहिर मानी जाती थीं। बिरजू तो बाहर ही बाहर रहते थे, उन्हें और भी महारत हासिल थी।

गाँव के उत्तर अहीरों और मल्लाहों की मिली-जुली बस्ती थी। सबसे उत्तर मरगा के किनारे चार भाई थे, चारों भाई बड़े मुतफन्नी। बीच का रामचंद्र मेरे साथ पढ़ता भी था, पुलिस में भर्ती हो गया। गाँव के हर मामले में वे बहुत सक्रिय भाग लेने वाले थे। गाँव में केवल दो लाला लोगों के घर थे। एक पटवारी थे, दूसरे अच्छे काश्तकार। बाद में दूसरे लाल के घर नेवासा आ गए थे रामलाल, और रामलाल मेरे जमाने में बस गए थे। उनसे और उनके ठीक दक्खिन बसे हुए दो घर ब्राह्मण थे—उनसे कुछ-कुछ तकरार होती रहती थी। किसी जमाने में मेरे पुरखे उसी के इर्द-गिर्द एक बड़े मकान में रहते थे, वह अब ढह चुका था। गाँव में तीन घर तेली थे, जिनमें ठाकुर का घर सेठ का घर था, फागू की हालत खस्ता थी पर फागू सबसे अधिक खर-खर बोलने वाले थे, अपनी दरिद्रता की उन्हें लेशमात्र चिंता न थी। लाला के घर के पास एक बड़ी बरजोर तेलिन रहती थी, उसके चारों ओर हजारों कहानियाँ थीं। गाँव में चार घर लुहारों के थे। मेरे समकालीन थे गौरी लुहार जो मेरे साथ पढ़ते भी थे। बाद में संत हो गए। दूसरे थे धनराज लुहार, काम में बड़े होशियार पर बड़े बातूनी। सबसे अधिक बहस करने वाले थे रूपनारायण लुहार। पर लुहारी में महारत हासिल था गुरुशरण को। उनके घर के पीछे गाँव के चौबे पुरोहित का मकान था जिनकी जीभ लड़खड़ाती थी और जिनका क्रोध अपरंपार था। वे (राजा चौबे) नाराज होते तो पीपल पर चढ़कर हमारे घर के पीछे बरम बाबा के थान पर जोरों से पुकार लगाते और गाँव भर को पता चल जाता कि राजा चौबे गाँव भर को सराप रहे हैं। हमारे घर के भी वे पुरोहित थे पर एक तो लिख लोढ़ा

पढ़ पत्थर, दूसरे अधिकतर उल्टा-पुल्टा ही कर्मकांड करने वाले थे, सो दूसरे गाँव से हमने पुरोहित रखा, हालांकि सीधा उनके यहाँ पहुँचाते रहते। उनके कई लड़के थे, चौबाइन जरूर बड़ी भली थीं। उनकी गहरी दोस्ती थी लाला की बहन से जो विधवा हो गई थीं, मायके में ही रहती थीं। दोनों ने एक बार चुनौती दी कि हमारी दोस्ती नहीं टूटेगी। गाँव में एक जबर्दस्त चुगला था पिल्ला अहीर। उसने ऐसी चुगली की कि दोनों महाभारत के लिए निकल पड़ीं। दोनों घरों के बीच बहुतेरे घर थे। वह युद्ध लोगों की स्मृति में बहुत दिनों तक चढ़ा रहा क्योंकि दो दोस्तों में ऐसे झोंटा-झोंटउअल का नजारा अद्‌भुत ही था।

गाँव में चार घर नाई थे। हमारे घर के अपने नाई जगरोपन बहुत सीधे थे और लोग बहुत तेजतर्रार। गाँव के पश्चिम कोने पर कमरू कमच्छा और बंगाला में तिजारती नांवों पर माझी का काम करने वाले खुलहट थे, जिन्हें लोग मुंड़ेरी कहते थे पर वे मुंड़ेरी नाम से बहुत चिढ़ते थे। वहाँ पुरुष एक-दो महीने के लिए ही घर आते नहीं तो प्रायः देशांतर में ही रहते। घर की औरतें चक्की पीसतीं या और मजदूरी करतीं। केवट केवल एक घर था—बलदेव केवट का घर। वह जल्दी मर गया था, उसका लड़का सुंदर मुझसे थोड़ा-सा छोटा रहा होगा। चमड़ा सिझाने वाला और बच्चा जनाने वाला घर एक था, उसी में दो हो गया था। हमारे यहाँ हलवाहे का काम उसी घर के लड़के बहुत दिनों तक करते रहे। गाँव की बस्ती से अलग दो-तीन घर थे उन्हीं में से एक सुखई का घर था जो हमारे घर सिरवाह थे, हलवाहों के मुखिया थे और बड़े रोबदार थे। उनका लड़का भागीरथी मेरे साथ प्राइमरी स्कूल में पढ़ता था। बढ़िया ढोलक बजाता था। बाद में सुना वह भी संत हो गया था। उसकी औरत उससे महज ढाई फुट ऊँची थी। उनके घर के पास हमारे कुछ खेत थे। उधर जाता तो भागीरथी बहू गाँव के रिश्ते से बहुत परिहास करती थीं। दूसरे घर के थे सरन, जो साईसी करते थे।

गाँव में दो प्रकार के लोग थे। जजमानी करने वाले—नाई, बामन, कुम्हार, बढ़ई, माली, लुहार और बच्चा जनने के समय सेवा करने वाली औरतें। इन लोगों को खलिहान में हिस्सा मिलता था जिसे खलिहानी कहा जाता था। गाँव में कोई धोबी नहीं था, दर्जी नहीं था, पास के गाँव से आते थे। उन्हें भी खलिहानी मिलती थी। दूसरे प्रकार के लोग वे थे जो दिशावर में कमाने जाते थे। मल्लाह आराकशी करने पाल की तराई के जंगलों में जाते थे, उसे हम मोरंग कहते थे। भोजपुरी गीतों में मोरंग दूरी का पर्याय है। बेटी को मोरंग ब्याहने का अर्थ था कि इस जनम में उसे नैहर लौटने का सुख नहीं मिलने वाला। थोड़े से लोग थे जो कलकत्ता, रंगून, जिसे रैमून कहते थे, कमाने चले जाते थे। बनिए चार थे क्योंकि वे सामान बेचते थे। अहीरों का पेशा था दही-घी बेचना या फिर मौका पड़ने पर लाठी चलाना। खेत पर कब्जा करने के लिए दूर से लाठी चलाने वाले बुलाए जाते थे। गाँव में

यों तो अमन-चमन था और बाबा कहते थे हमारे गाँव से कोई मामला थाने नहीं जाता, पर दो-तीन मसलों पर अशांति हो जाती थी। एक तो कि नाली किधर जाए, परनाले का पानी किधर गिरे। घर का कूड़ा घूरे पर रखा जाता था, इस घूरे की चौहद्दी के बारे में भी अशांति हो जाती थी। रात में कभी-कभी किसी का खेत चर जाता था तो इल्जाम लगाने पर अशांति स्वाभाविक ही थी। इन छोटी-मोटी घटनाओं के बावजूद होली जैसे मौके पर गाँव एक हो जाता था और हास-परिहास होता रहता था।

हास-परिहास खेत-खलिहान में चलता रहता था। बहुत से परिहास जाति को लेकर होते थे और कोई बुरा नहीं मानता था। सबके बारे में अलग-अलग किस्से थे, अलग-अलग मुहावरे थे पर जाति-द्वेष नहीं था। जो जातीय पंचायतें थीं वे जाति के भीतर किसी सामाजिक मसले के हल के लिए होती थीं, जैसे कोई औरत अपने मर्द को छोड़ना चाहती है, जिस औरत और मर्द से कोई गलत बात हो जाती थी तो जातीय पंचायतें, किसी चौरासी कहते थे, घंटों चलती थीं, हुक्के-पानी के साथ। गाँव के भीतर जातीय द्वेष लगभग न के बराबर था। खेतों में जो मजूर काम करते थे वे हीन भाव से काम नहीं करते थे। मकान बनाने में जो मजूर काम करते थे वे भी राजगीर या बढ़ई के साथ बराबरी का हिसाब रखते थे, हँसी-मजाक करते थे। हमारा घर गाँव में बड़ा श्रेष्ठ माना जाता था, गाँव में निकलने पर चारपाई छोड़ देते थे लोग, फिर भी जिसका जैसा रिश्ता बनता था वह रिश्ता निभाता था, चाहे भाई का रिश्ता हो, देवर या काका-काकी का—सारे रिश्ते चलते थे। ब्याह-शादी में बर्तन लाने वाली कुम्हारिन अलग रोब-दाब से लगड़ती थी, बढ़इन पीढ़ा लाती थी, वह नेग के लिए अलग दावा रखती थी, हल्दी-तेल चढ़ाने के लिए जो तेल देती थी वह तेलिन अलग नखरे दिखाती थी, सगुन के लिए दही लाने वाली अहीरिन अलग दावा करती थी और नाइन का तो कहना ही क्या! पानी भरने कलश लेकर जो जाती थी उसे कोई साड़ी पसंद ही नहीं आती थी। हमारे यहाँ विवाह में सबसे ज्यादा राजा थी धोबिन जिससे लड़की की शादी के पहले सुहाग माँगती थी और वह बड़ा-सा थाल लेकर बैठ जाती थी कि इसे भरो, तब सुहाग देने की बात स्वीकार करती थी। डाल-पुतली बनाने वाला बंसफोर बड़ी नंगई करता था। मउर बनाने वाली ओर माला देने वाली मालिन का दिमाग सातवें आसमान पर रहता था।मेरी माँ को उससे उलझना पड़ता। सबको भरपूर नेग देतीं इसके बाद भी एक आगे के लिए मीठी चेतावनी देकर ही नेग माँगने वाली जाती कि इस बार तो मान गए, आगे नहीं मानेंगे। इन सब प्रकार के प्रणय-कलहों का संस्कार मेरे मन पर पड़ा है। इसलिए मेरे मन में जो गाँव है वह जीवंत रिश्तों का गाँव है, उसमें एकरसता नहीं है, औपचारिकता नहीं है, भावहीन शालीनता नहीं है, विचित्र प्रकार की उन्मुक्तता है और एक ग्रंथिरहित उच्छलता है।

कुछ कृष्ण कुछ श्वेत

गाँव में तरह-तरह के लोग थे; उनके अलग-अलग किस्म के कोन-कगार थे; किसी की कोई चिढ़ौनी थी, किसी को कोई; कुछ अपने में ही अलग तरह का तटस्थ भाव लिए लोग भी थे। मुझे एक जोड़ी याद आती है। रघुवीर बनिया और बुधई कुम्हार की। दोनों वज्र बहरे, पर दोनों में दाँत काटी रोटी। दोनों पड़ोसी नहीं थे पर दोनों रोज मिलते, घंटों इशारों में बतियाते रहते। दोनों ही गाँव से बहुत कम सरोकार रखते। एक दूसरी जोड़ी थी दुखहरन बनिया और उनकी पत्नी की। उनके हमारे घर के बीच सिर्फ दो घरों का अंतराल था। कोई दिन नहीं बीतता था कि दुखहरन बहू शिकायत करने न आएँ या खुद दुखहरन न आएँ। दोनों रोते आते। पति-पत्नी की इस असमाधेय कलह का निपटारा कोई कर नहीं सकता था। बाबा भी हार गए थे। एक और पंडित थे जो गाँव से वास्ता बहुत कम रखते थे और गाँव भी उनसे केवल खौफ खाता था। गाँव में पढ़े-लिखे आदमी या तो मेरे घर में थे या लाला के घर में या फिर चौधर पंडित के घर में। चौधर पंडित प्राइमरी स्कूल में पढ़ाते थे। गाँव से दूर। उनके भाई पत्रा वगैरह देखते थे। मेरी जन्म-कुंडली उनके भाई ने ही बनाई थी। मेरे होश में आने के पहले ही वे जा चुके थे। उनके लड़के गणेश पांडे आज भी है और गाँव के सबसे बड़े वैद्य हैं। पढ़ा-लिखा तो खैर उन्होंने वाजिब-वाजिब ही पर हूल-शूल सुई लगाने में माहिर हैं। लाला के घर दो लड़के इंद्रजीत लाला और सुखनंदन लाल मिडिल तक पढ़े फिर दोनों पटवारी हो गए और जो पढ़े-लिखे थे केवल हिसाब लिख लेते थे या दस्तखत कर लेते थे। कुछ अधिक पढ़े-लिखे हों तो चौताल और रामचरितमानस की चौपाई बांच लेते थे। मेरे सबसे छोटे दादा चौताल विभाग के अगुआ थे। रंगपाल चौताल के कई भाग हमारे घर में थे, आज वे नहीं मिल रहे हैं। घर में संस्कृत की पुरानी पोथियाँ भी थीं। मेरे अपने बाबा छब्बीस वर्ष की अवस्था में अकाल मृत्यु को प्राप्त हुए, शोक में दादी ने कई पुस्तकें जला दीं। मेरे होश में उनके हाथ के लिखे श्रीमद्भागवत और कौमुदी के कुछ पन्ने रह गए थे। गाँव में इतना संस्कार था कि मेरे बड़े दादा

गर्मी की छुट्टियों में घर आते तो कोई न कोई पुराण एक-डेढ़ महीने तक रात में जरूर बांचते और तीन-चार गाँव के लोग टाट-जाजिम पर बैठकर दस-ग्यारह बजे रात तक सुनते। कथा सुनने वाले लोग कभी-कभी मार्मिक प्रश्न भी करते। उन प्रश्नों से साफ झलकता था कि वाचिक परंपरा गाँव में कितनी समृद्ध है। तीज-त्यौहार के दिन गाँव की स्त्रियाँ मेरी माँ से विधि पूछने आतीं और चाहे गोधन कूटना हो चाहे बरसाइत पूजनी हो चाहे विवाह का कोई कर्मकांड हो, पूरा गाँव शरीक होता था। हर शुभ कार्य के अंत में पूरे गाँव को भोज दिया जाता था और हर घर से कोई न कोई जरूर शामिल होता। कुछ लोग निराले थे, वे नहीं आते। भोज में जब आते, अधिकार के साथ आते। उन्हें परसते समय बड़ा अच्छा लगता था।

ऐसा नहीं है कि गाँव में सब कुछ श्वेत ही श्वेत हो, कृष्ण कुछ न हो। मानवसुलभ ईर्ष्या का विकृत रूप गाँव में मैंने देखा है। एक पड़ोसी दूसरे पड़ोसी का दुख तो बंटा लेता है पर थोड़ा-सा भी सुख उसे सहन नहीं होता। मेरे गाँव में भी ऐसा था और इसी के साथ जुड़ा हुआ एक दूसरा विकार था परनिंदा का। विशेषकर औरतों में यह बहुत ही भयंकर था। जो औरतें पानी भरने जातीं वे साथ वाली के घड़े में कुछ नया निंदारस जरूर ढाल देतीं। फिर वहीं से बात पूरे गाँव में फैल जाती। गर्मी में एका दिखता था, लोग दुश्मनी भुला देते थे; पर उत्सवों के अवसर पर, विशेषकर पारिवारिक उत्सवों के अवसर पर, सगे पट्टीदारों की कुढ़न प्रकट हुए बिना नहीं रह पाती थी। लोग मेंड़ छाँटकर खेत बढ़ाने से बाज नहीं आते थे और रास्ता रोकने में बहुत मजा लेते थे। बड़ी मुश्किल से बैलगाड़ी मेरे दरवाजे पर आ पाती थी। एक बार मैंने बड़े उत्साह से बीड़ा उठाया कि गाँव में सफाई का अभियान चलाएँ, सबके घूर एक तरफ बाँटकर कर दें, रास्ते खुलवा दें, जगह-जगह जहाँ पानी सड़ रहा था उसका उद्धार करा दें। गाँव के कुछ उत्साही युवक साथ भी लगे। गाँव के श्रेष्ठ परिवार का आदमी जब काम में लगता है तो उसका प्रभाव तो पड़ता है। बाबा को पहले तो यह नहीं जँचा पर बाद में उन्हें भी लगा कि यह पहल भी हमारे घर को ही करनी है। पर मुझे दुख है कि वह टिकाऊ नहीं हो पाया। गाँव वालों को मेरी नीयत पर विश्वास था और मुझे सहयोग भी देने को वे तैयार थे, पर थोड़े-से तत्त्व थे जो इस अभियान को सफल नहीं होने देना चाहते थे। मैं नौकरी में लगा उसके बाद धीरे-धीरे एक-दूसरे पर चढ़ाचढ़ी शुरू हो गई और गाँव अपने पुराने स्वरूप में लौट गया। गाँव में कुछ नेता भी पैदा हो गए, अगड़े-पिछड़े की भावना भी आ गई, लेकिन गनीमत है कि मेरी अपनी व्यक्तिगत हैसियत उस गाँव में आज भी बनी हुई है। आज भी लोग मुझे देखने के लिए लालायित रहते हैं। केवल पुराने लोग नहीं, उनके बच्चे भी। यही कारण है कि मैं अपने गाँव के लोगों की कमजोरियों को तरह देता हूँ और सब चीजों को लाँघकर जो आत्मीय भाव वहाँ है उसे भीतर संजोता रहता हूँ।

गाँव में विचित्र बात थी कि जहाँ पुरुष वर्ग आदर के भाव से मुझे देखता था, भले उम्र में कम होऊँ, पैर छूता था, शायद ही कोई मेरा नाम लेता हो, अधिकतर लोग तो बड़का बाबू ही कहते थे—वहीं औरतें अधिकतर ऐसी थीं जो मुझे या तो बच्चे के रूप में देखतीं या फिर देवर के रूप में, लड़कियाँ भाई के रूप में। वे कुछ भी लिहाज नहीं करतीं। खासकर बहुत सारी वे औरतें जिनके पति भाई का रिश्ता बनाते थे बड़ी अपरबल थीं। मौका पाते ही वे एक-से-एक वर्जित परिहास करतीं, मैं संकोच में गड़ जाता। मैं लड़का था, वे काफी बड़ीं, वे बाज नहीं आतीं। सबसे अधिक दुर्दांत थी पड़ोस की शिवधनी बहू। मैं चार-पाँच वर्ष का था। नागपंचमी के दिन उसने पंचरंगी साड़ी पहनी थी। मैंने बाबा से कहा मैं इसी से शादी करूँगा। बाबा ने 'दुर पगले' कहकर बात उड़ा दी पर उसने गाँठ बाँध ली। मैं प्राइमरी स्कूल में पहुँचा, वह अपने बच्चों को उकसाती, देखो दादा जा रहे हैं। मैं भागता। फिर वह स्वयं ढीठ हो गई, उसके पति शिवधनी जी, जो उम्र में मुझसे कम-से-कम बीस वर्ष बड़े थे, वैसे ही विनोदी निकले। कहते, भाई साहब, अब अपने बच्चों को संभालिए। मेरी पत्नी आई तो उसने दावा पेश किया कि मैं आपकी जेठ सौत हूँ। पर तब तक बाल-मन का चोर चला गया था और बहुत दिनों तक जो मुझे इस गोपी-प्रसंग के चलते चिढ़ाया जाता रहा अब स्वतंत्र रस का विषय हो गया। अंतिम बार जब देखा था तो शिवधनी जा चुके थे और वह आधी पागल हो गई थी। तब भी उलाहने के लिए उसका होश बरकरार था कि मैंने शादी करनेकी कभी बात कही थी। शादी तो मैंने पंचरंगी साड़ी से की थी पर गाँव में ऐसे प्रसंग कभी चर्चा से जाते ही नहीं। पुरुषों और स्त्रियों के व्यवहार में यह द्वैत मुझे बहुत अटपटा लगता पर आज जब पीछे मुड़कर देखता हूँ तो मुझे लगता है कि शुद्ध हृदय से आत्मदान तो स्त्रियाँ ही करना जानती हैं। उनके हास-परिहास में कोई कलुष नहीं रहता। गाँव में सबसे नजदीक था कुम्हार का घर और चाक पर वह कैसे मिट्टी के तमाम बर्तन, खिलौने बनाता, यह मुझे जादू-सा लगता। तब मैं नहीं जानता था कि मुझे भी अपनी भाषा के चाक पर ऐसे ही तरह-तरह के शब्दों के खिलौने बनाने हैं। मेरा जन्म तो हुआ था मिट्टी के कच्चे मकान में पर ढाई-तीन बरस का था तभी ईंट लाने वाले मंजूरों को हर खेप की मंजूरी कौड़ियों में दी जाती थी। बाद में वे कौड़ियाँ जमा होती थीं, जोड़कर पैसा दिया जाता था। एक खेप की मंजूरी खेप के अनुपात में चार-पाँच कौड़ी होती थी। राजमिस्त्री रामा और सुदामा घर में भोजन भी करते थे। शिवभजन बढ़ई भी पास के थे पर खंभों और देहली पर नक्काशी के लिए बाहर से एक बढ़ई आया था। बड़े कुतूहल से मैं देखता था कि कैसे वह लकड़ी में कमल बनाता है, चिड़िया बनाता है। वैसी नक्काशी अब काठ के दरवाजों पर देखने को नहीं मिलती। खंभों पर भी उसने नक्काशी की थी, अठपहल खंभे बनाए थे, ऊपर कमल खोदा गया था। कहीं-न-कहीं उसकी सघन स्मृति अभी भी बनी हुई है। तीसरा

कौतुक मेरे लिए दही का जमाना, बिलोना था, जिसे मैं देखता और सोचता कि कैसे दूध इस रूप में परिवर्तित हो जाता है। स्वाद अलग, गंध अलग और उससे ताजा निकले हुए नवनीत की शोभा अलग। इन सर्जकों को कोई क्या पुरस्कार देगा। वे अपना पुरस्कार अपनी प्रसन्नता में ही पा लेते हैं। जो तरंगित माँझी नाव के साथ खेलता था, उसको कोई क्या खेवाई देगा, जिसमें पार करने का भाव भरा है वही दे तो दे। जब बाढ़ उतरती थी तो मछली मारने के लिए जाल पुरते थे। मैंने जब-जब देखा है, मछलियों को छटपटाते देखकर जाने कैसा लगता था। बाढ़ के दिनों में गाँव में पानी जब थोड़ा कम हो जाता था तो कई तरह के खेल होते थे, बड़े रोचक। नाव फिरकी की तरह नचाई जाती थी, नाव में पाल बाँध देते थे और हवा तेज बहती थी तो नाव तीर की तरह भागती थी।

अधिकतर नावें तो पटेला वाली थीं नहीं, बैठने का कोई खास सुख भी नहीं था पर नाव की यात्रा बैलगाड़ी की यात्रा से अधिक मजेदार लगती थी। बैलगाड़ी पर तो ऊब होने लगती थी। ये सब तो अंकित हैं ही, साथ ही साथ लुहार से, बढ़ई से, अहीर से, माँझी से जो बातचीत होती थी—वह भी अंकित है, और मैं मनुष्य की सर्जनशीलता के इन आयामों को, जिन्हें कोई प्रतिष्ठा नहीं देता, आज जब स्मरण करता हूँ तो लगता है अचेत भाव से मनुष्य के भीतर जो रचना-कौशल है वह पूरी जातीय रचनाशीलता का अविभाज्य अंग है। कविता, कहानी, गीत, चित्र, नृत्य, संगीत—ये सभी इन हजार किस्म की रचनाशीलताओं से भीतर ही भीतर जुड़े हैं। गाँव की बात यहीं समेटता हूँ, गाँव के इर्द-गिर्द की बात अगली किस्त में करेंगे।

गाँव तब परिवार जैसा था

गाँव के इर्द-गिर्द की बात शुरू करने के पहले पूरा गाँव कैसे मेरे संयुक्त परिवार का विस्तार था—इसकी बात कर लें। मेरे घर में दो वृद्ध थे—एक बाबा थे, एक आजी (दादी) थीं। मेरे अपने सगे बाबा जवानी में चले गए थे, आजी थीं। बाबा के बड़े भाई ने पूरा परिवार संभाला, वे विधुर थे। घर के भीतर केवल भोजन करने के लिए आते थे। उनकी सारी शिक्षा वाचिक थी और उस शिक्षा का एक बहुत बड़ा हिस्सा उनका अनेक दुखों को सहना था। भाइयों की मृत्यु, मंदी के गर्दिश के दिन, अपनी पुरानी जमींदारी (जो बस्ती में थी) का बिकना—वे सब सहते रहे और सह कर वे गाँव के प्रज्ञापुरुष बन गए थे। खेती की उन्हें गहरी समझ थी, पशुओं की समझ थी, उनके लक्षणों की जानकारी थी। संयुक्त परिवार के कर्ता का क्या रूप होता है यह मैंने उनसे सीखा। अपने बड़े लड़के से सिवा प्रणाम-पाती के उनकी और कोई बातचीत होते मैंने नहीं सुनी। वे मेरे पिताजी से ही बात करते और उन्हीं से घर के बारे में सारे परामर्श करते। सबेरे उठते, दिशा-मैदान जाते और अपने सभी खेतों की परिक्रमा कर आते। घर आते तो हलवाहों को उचित निर्देश देते और दातौन करके पाँच मिर्च के दाने चबा लेते। दोपहर में स्नान करते, राम नाम जपते, अपने हाथ से धोती कछारते, फैलाते और घर में लोग जान जाते कि बाबा भोजन के लिए आ रहे हैं। बचपन में उन्हीं के साथ मैं भी भोजन करता। मेरा यज्ञोपवीत नहीं हुआ था तब भी वे अपने ही पास थोड़ी ही दूर पर बैठाते थे। उन्हीं के साथ 'महाभारत', 'रामायण' और लोककथाएँ सुनते-सुनते सोता था। वे जितने वत्सल थे उतने ही कठोर। मदरसे जाने का मन न करे तो भी मदरसा भेजते ही थे। एक लड़के की सोहबत में एक बार मेरे मुँह से भी एक गंदी गाली निकल गई। बाबा ने वही एक बार मुझे मारा था, फिर गंदी गाली मुँह से नहीं निकली। घर में दादी थीं जिनकी बाबा से जरा भी पटरी न थी। बोलचाल का कोई प्रश्न नहीं था, क्योंकि वे जेठ थे, पर वे उनके कई कार्यों की आलोचक थीं कि वे गाँव के गर्दिश में पड़े जमींदारों की मदद क्यों करते हैं। इन जमींदारों के पुरखों ने तो

हमारे परिवार को बुलाया और उनका हिस्सा नहीं दिया। आजी गाँव की रीति-नीति में जरा भी चूक नहीं होने देती थीं। अकेले वे गीत गाती थीं, कंठ अच्छा था, उनका साथ देना कठिन था। जरा-सी गलती होने पर डाँट सुनाती थीं और मन में आ जाए तो सैकड़ों गीत सुना दें। मृत्यु के पहले उन्होंने मेरी बेटी के विवाह के गीत गाए, टेप कराए और कहा कि यह गीत बाजे पर अवश्य बजना चाहिए। कभी मैं घर से बाहर निकलता तो 'दधि अक्षत दधि अक्षत' कहती बाहर तक आतीं। घर में कोई बेटी-बहू आती तो कपूर की धार चढ़ातीं तभी उसे प्रवेश मिलता।

मेरे पिताजी बड़े थे इसलिए माँ अपनी पुश्त में सबसे बड़ी थीं। गाँव में भी दीदी ही कही जाती थीं। बहुएँ उन्हें अइया कहती थीं। वे दादी से ठीक विपरीत बड़ी कोमल हृदय की थीं। मुझे स्मरण है कि मेरे ननिहाल में उनकी दूर की एक बुआ लगती थीं, उनके पति ने घर से एक तरह निकाल दिया था, मेरी माँ उन्हें साथ लाईं, तब तक परवरिश करती रहीं जब तक उनका लड़का योग्य नहीं हुआ। मेरे घर में तो उनकी प्रतिष्ठा थी ही, मेरे ननिहाल में भी थी। मेरे अपने नाना मेरी माँ जिस साल जन्मी थीं उसी साल आकस्मिक मृत्यु के शिकार हो गए थे। घर के भीतर मेरी नानी थीं जो बड़ी उदार थीं! जितनी उदार उतनी ही समझदार। मेरी मामी से डरती रहती थीं। मामा से भी डरती रहती थीं, मामा को बिना बताए आसपास के जिन परिवारों में उपवास होता, चुपके से अनाज पहुँचा देतीं—मामा न जानने पाएँ। मेरी माँ के बाद मेरी मौसी थीं, वे बड़ी चाची भी थीं मौसी भी। उनके बाद चाची थीं, उनके बाद काकी थीं। काकियाँ तीन आईं। मेरे सबसे छोटे दादा की तीन शादियाँ हुईं। उनकी दो शादियों में मैं सहबाला बनकर भी गया था। मेरी माँ को सभी बच्चे माई ही कहते थे। मेरी पत्नी भी अपने पुश्त में सबसे बड़ी थीं। और उन्होंने भी मेरे छोटे भाइयों को पाला-पोसा। मेरे घर में उत्सव होता तो सभी बच्चों-बहुओं के लिए सक साथ कपड़ा खरीदा जाता। समता की इसी दृष्टि से परिवार चलता रहा।

इन्हीं रिश्तों में दो रिश्ते ऐसे हैं जो मृत्यु का बोध बचपन और युवावस्था के प्रथम चरण में क्रमशः छोड़ गए। मेरी दीदी थीं कमला, मुझसे तीन साल बड़ी, पर वही खेल की सहचर। उनका विवाह धूमधाम से हुआ, चालीसेक हाथी बारात में आए थे, बीसेक तंबू पड़े थे बाग में। एक कुएँ में पाँच बोरे चीनी के घोल दिए गए थे। मैंने खर्च की कापी देखी थी, सब मिला कर पैंतीस रुपए के आसपास दान-दहेज लेकर खर्च हुए थे। वे दीदी विवाह के साल अंदर ही बिना गौना हुए सन्निपात ज्वर में पड़ीं और अंतिम दिन उनका चेहरा अविश्वसनीय रूप से स्वस्थ-सुंदर हो गया था, वैद्यराज ने कहा—'आज की रात गुजर जाए, संकट टल जाएगा।' मैं सूरज को मनाता रहा, तुम आज डूबो मत, रात न आए। पर बच्चे की प्रार्थना

कौन सुनता है! दीदी चली गईं, उनके हमारे साझे के जाने कितने गोपन रहस्य चले गए। एक बार (उसकी चर्चा अन्यत्र कर चुका हूँ) मैंने अधपकी इमली (फरुही) खा ली, बीज भी चला गया। दीदी को चिंता हुई यह बीज जमेगा, इमली प्रतिषिद्ध फल थी। पर बच्चों को जीभ पर इमली का अमलोपपन ऐसा लग जाता है, छूटता नहीं। दीदी रोज उपाय सोचतीं, पर तीन महीने तक पेड़ के आसार नहीं दिखे तो निश्चिंत हो गईं, बोलीं—'इमली अधपकी थी, बीज पका नहीं था, नहीं जमा, कुशल हुई।' उनके साथ घरौंदे बनाने के खेल होते। छोटी बहनों के गुड़ियों-गुड्डों के लिए तो कॉलेज में पढ़ते समय तक मैंने बाकायदा ईंट-गारे के घर बनाए, पर दीदी के साथ जो घरौंदे मिट्टी के बनाए थे, उनकी कोई बराबरी नहीं। दीदी मेरे लिए कवच थीं। दूसरा रिश्ता, मेरे बाद का भाई था केशव, बड़ा चंचल, बड़ा शरारती, पर मेरी बात मानता था। वह जाते-जाते मुझे स्मरण करता हुआ गया, मैं घर पर नहीं था। मैंने उसी को डाँटा था, उसके बाद किसी भाई को न हाथ लगाया, न डाँटा। इन दोनों की मृत्यु मेरे जीवन पर अमिट छाप छोड़ गई।

इसी परिवार का दो दिशाओं में विस्तार हुआ। गाँव की लड़कियाँ बहनें हुईं, लड़के भाई हुए, बहुएँ भाभी हुईं, अधिक उम्र वाली गाँव की बेटियाँ बुआ हुईं और गाँव की बड़ी उम्र की महिलाओं के लिए पुत्रवत् रहा, वे सभी मुझे बाबू कहतीं। मेरी आजी बतातीं कि गाँव के पटवारी मुंशी फागूलाल बाबा से डरते थे और अपने हलके से दो गठरियों में सब्जी लाते थे, एक अपने घर, एक मेरे घर के लिए। मुख्य द्वार से नहीं, घर के पिछवाड़े (जिसे हम लोग खिड़की कहते थे) से आवाज लगाते। कहते कि चुपके से इसलिए आया हूँ कि वहाँ बाहर जो बैठे हैं, तुनक जाएँगे। कहने का अभिप्राय यही है कि बिना रोटी-बेटी के संबंध में पूरा गाँव रिश्तों के तानेबाने में जुड़ा था। इन्हीं रिश्तों का दूसरा विस्तार था कि अपने पालतू पशु भी परिवार के सदस्य थे। अपने घर की बछिया थी गंगोत्री जो गाय हुई। न जाने पूर्व जन्म का क्या संबंध था कि वह एक कुतिया को भी दूध पिलाती थी। बचपन में दरवाजे पर कुत्ता था जो ऐसा भक्त हो गया था कि हम लोग बस या ट्रेन पकड़ने जाते तो वह पहुँचाने जाता, पहुँचा कर घर लौटता। और भी पशु थे, घोड़ा था, जिसका नाम था मंगल। सफेद रंग का टांघन घोड़ा। कद में थोड़ा-सा कम ऊँचा पर बहुत अच्छी चाल का था। हम लोग भी उस पर सवारी कर लेते थे।

इसी परिवार में, घर के एक कोने में भैरों बाबा की कोठरी थी, गाँव के दक्खिन में काली का स्थान था। उनकी परिक्रमा किए बिना कोई वर विवाह के लिए नहीं जाता था। मेरे घर के सामने ही डीह था, जिसकी पूजा हमारा हलवाहा करता था। वही उत्सवों में ताशा भी बजाता था। गाँव के दक्खिन किसी जमाने में एक बरगद का पेड़ था जहाँ किसी बीर बाबा का स्थान था। दक्खिन पूरब की ओर एक छोटी-सी

पोखरी थी, अब वह खेत बन चुकी है, बाढ़ उतरने पर बाबा कुआर के महीने में तर्पण करने जाते थे। जल स्फटिक की तरह निर्मल था। घर के पीछे पीपल का पेड़ था, वह भी देव-स्थान था। ये सभी एक बड़े परिवार के ही सदस्य थे। उस पारिवारिकता में पलने का परिणाम यह है कि कोई निजी एकांत भी होता है इसकी कल्पना मुझे नहीं होती थी। विदेश जाकर पहली बार मुझे देखने को मिला कि ढाई साल की बच्ची अलग कमरे में रहती है, उसका भी एक निजी एकांत (प्राइवेसी) होता है। हो सकता है कि लोग इस पारिवारिकता को व्यक्तित्व के विकास में बाधक मानें, पर मुझे लगता है कि पारिवारिकता रिक्तता की संभावनाओं को पनपने नहीं देती है। इसे निभाने में अपने आप आदमी को संयम करना पड़ता है, अपने भोग पर संयम करना पड़ता है। अनेक रागों में बंधा आदमी अपने आप विरागी हो जाता है। संयुक्त परिवार के साथ थोड़ी-बहुत तितास भी होती है क्योंकि वह अकर्मठ सदस्यों को अकर्मठ बने रहने की छूट देता है। इससे खिंचाव, कुछ असंतोष अपने आप पनपता है। लेकिन इसके बावजूद संबंधों को निभाने का जो अभ्यास होता है वह मनुष्य को प्रेत नहीं होने देता।

यहीं पर घर के कर्ता की भूमिका होती है। 'कर्ता' हमारी विधि का बड़ा पवित्र शब्द है। कर्ता सबकी ओर से करने वाला होता है और सबके लिए करने वाला होता है इसलिए बड़े परिवार का कर्ता अपने लिए उतना नहीं करेगा जितना भाइयों की संतान के लिए, खासकर उन भाइयों की संतान के लिए जो गुजर चुके हैं। मेरे दादा कर्ता थे, मेरे पिताजी कर्ता हुए। यह भार मुझ पर आया। मैं जानता हूँ कर्ता बनने का अर्थ। उतना आत्मदमन नहीं जितना सहज महाराग भाव है। इसी कर्ता शब्द का एक दूसरा प्रयोग हिंदी के संदर्भ में मुझे स्वर्गीय श्रद्धेय पुरुषोत्तमदास टंडन जी से सुनने को मिला। साँझ के समय कार्य को थोड़ा विराम देकर राहुल जी के साथ साहित्य-चर्चा हो रही थी—हिंदी साहित्य सम्मेलन के सत्यनारायण कुटी में। संयोग से बाबूजी (टंडनजी) भी आ गए। मैं राहुल जी से कह रहा था मुझे प्रेमचंद के उपन्यासों से शरतचंद्र के उपन्यास अधिक भावभीने लगते हैं। बाबूजी अपने दाढ़ी पर हाथ रखे किंचित मुस्कुराते बोले—''इन दोनों का फर्क हिंदी और बांग्ला का फर्क है। हिंदी भारतीय भाषा परिवार की कर्ता है। उसे उच्छवसित होकर रोने की अनुमति नहीं है। शरत की भावोच्छलता छोटी चीज नहीं है पर उससे भारत का बड़ा परिवार नहीं संभलेगा। हमारे देश के कर्ता की भूमिका में हिंदी है, इस दृष्टि से प्रेमचंद की स्त्री पात्र धनिया पति के मरने पर भी रोती नहीं। इस दृष्टि से प्रेमचंद पर फिर से विचार करो।' आज जब मैं उस कर्ता की भूमिका की ओर ध्यान देता हूँ तो लगता है, आज वह मेरे भीतर का कर्ता कहीं निरीह हो गया है, जिस प्रकार हर गाँव-घर का कर्ता निरुपाय निरीह हो गया है। हमारे देश में

जोड़ने वाली आत्मदानी शक्ति ही निरुपाय निरीह हो गई है। अपने बचपन के गाँव की एकता आज भी छाती में दिया के टेम (बाती) की तरह जल रही है। अपने गाँव की बात इसी दियाबाती पर रोक कर अपने गाँव के ईर्द-गिर्द और अपने कुछ आत्मीय गाँवों की बात कभी आगे करूँगा। बीच में कस्बों-शहरों-महानगरों का अंतराल आने दें।

वह लखनऊ की सरजमीं

लखनऊ बागों का शहर है। एक सिरे से लालबाग, नजरबाग, कैसरबाग, बादशाहबाग, बनारसी बाग, खुर्शेदबाग–कितने नाम याद आते हैं। बनारसी बाग में बाद में सूचना विभाग नए मकान में स्थापित हुआ तो बड़ी दिल्लगी हुई कि बनारसी बाग तो जंतुशाला के लिए प्रसिद्ध है, उसके समीप सूचना विभाग का होना अच्छी-खासी दिल्लगी रही। दिल्लगी की एक बात यह भी है कि वनस्पति विज्ञान वाले शाह नजफ उद्यान को छोड़कर शेष कोई उद्यान नहीं, सभी बेतरतीब घरों के एकमेक गुँथे हुए झुंड हैं। कभी रहे होंगे, पर नवाबों के वारिस जिस गति को प्राप्त हुए उसी गति को ये बाग भी प्राप्त हुए। लखनऊ की खासियत क्या है? नवाबी के खंडहर और नवाबी तहजीब की रूमानी याद? अलीगंज के लेटायमान हनुमान? लखनऊ को राजधानी बनाने वाले बटलर का रंगमहल? शहर के लगभग (अब) बीचोंबीच बहने वाली गंदलाती गोमती नदी? मंत्री राज्यमंत्री की फैलती हुई प्रजाति? लेकिन यह आज का लखनऊ है। जिस लखनऊ में मैं था उसकी पहचान थी किताबों में डूबा मुख्यमंत्री, जो समय की पाबंदी के लिए और प्रशासन की चौकसी के लिए बदनाम था। लेकिन वही मुख्यमंत्री विनोदप्रिय भी थे। इसकी एक झलक। मैं लखनऊ में एम्प्रूवमेंट ट्रस्ट के मकान में रहता था और यह कालिदास मार्ग में ही था जिसमें आगे चलकर मंत्रियों, बड़े अधिकारियों के आवास थे। कालिदास मार्ग से एक गली गई थी भीतर–इस बस्ती का कोई नाम नहीं था। होली के आसपास की बात है। बड़े अधिकारियों के मुहल्ले का नाम हुआ गौतम पल्ली। एक लकड़ी की तख्ती पर 'शुद्धोदन पल्ली' लिखकर हमने मुख्य मार्ग पर टाँग दिया। मुख्यमंत्री की नजर पड़ी। उन्होंने भगवती बाबू से पूछा–"किसने लगाया यह?" भगवती बाबू ने हँसकर कहा–"उस इलाके में विद्यानिवास जी रहते हैं, उन्होंने ही नाम दिया होगा।" मैं तलब हुआ। उन्होंने पूछा–"यह नाम आपने दिया?" मैंने कहा–"जिन्होंने गौतम पल्ली नाम दिया उन्होंने ही शुद्धोदन पल्ली भी दिया होगा। उन्हीं से पूछा जाए। हम तो बेनाम गली में रहते हैं।" बाबूजी मुस्कुरा कर बोले–"होली का

मजाक अच्छा है।" उन्हीं संपूर्णानंद जी का एक गहरा मजाक और। उस समय कांग्रेस में दो दल थे—एक चंद्रभानु गुप्त का, दूसरा संपूर्णानंद जी, कमलापति जी आदि का। प्रदेश कांग्रेस कमेटी के अध्यक्ष का चुनाव होना था। गुप्त जी ने मुनीश्वर दत्त उपाध्याय को खड़ा किया दूसरे दल ने अलगू राय शास्त्री को। उस चुनाव में शास्त्री हार गए। संपूर्णानंद जी ने तत्काल मुख्यमंत्री पद से इस्तीफा दिया। लोगों ने कहा कि प्रदेश कांग्रेस के अध्यक्ष का पद अलग है, विधायक मंडल के नेता का पद अलग है। उन्होंने कहा कि पद पर रहना अब पार्टी कि हित की दृष्टि से अशोभन मानता हूँ। उनके कार्यकाल की प्रशंसा में एक प्रस्ताव रखा गया। संपूर्णानंद जी ने उठकर कहा कि मेरा एक संशोधन है। लोग चकित। उनकी ही प्रशंसा में प्रस्ताव वे क्या करेंगे। संशोधन था कि प्रस्ताव खड़े होकर पास किया जाए। इसका स्पष्ट मंतव्य था कि यह शोक-प्रस्ताव है। इस व्यंग्यार्थ को कुछ ही लोग पकड़ सके। फिर लोग भीतर से बड़े लज्जित और कुंठित भी हुए। फिर वे सक्रिय राजनीति से अलग हुए और राजस्थान में राज्यपाल होकर चले गए। वे ऊपर से बड़े रूखे थे। इतने रूखे थे कि विवाह के बाद पहली बार दामाद आए तो बाबूजी ने एक साँस मे प्रश्न किए—कब आए, कैसे आए, कब तक रहेंगे। दामाद जी उसी या दूसरे दिन अनखनाकर चले गए। बाबूजी परेशान कि आखिर क्यों चले गए। लोगों ने कहा कि जब आप एक ही साँस में पूछेंगे कि कब आए, कब जाना है तो कौन बाइज्जत दामाद रहेगा! बाबूजी ने कहा कि मेरी आदत है, उन्हें मालूम होना चाहिए। बड़े से बड़ा अधिकारी उनके पास जाता। वे शीघ्र काम निपटाते, कहते—अच्छा अब आप जाइए। वहीं बाबूजी जब किसी विद्वत चर्चा में लगते उन्हें समय का ध्यान नहीं रहता। राजस्थान में वे राज्यपाल थे, मैं जयपुर गया था, मैंने उनके एडीसी से समय माँगा, उन्होंने कहा, कल तो कोई समय नहीं है। वहीं सर्वदानंद जी ठहरे हुए थे। मैंने उन्हें फोन किया कि मुझे कल ही जाना है, बाबूजी से मेरा सविनय प्रणाम कह दीजिएगा। भोजन पर उनसे उन्होंने चर्चा की। वे बिगड़ गए। कोई विद्वान आदमी मेरे पास आता है तो मेरे पास समय कैसे नहीं। उन्होंने मुझे बुलवा लिया। दूसरे दिन एडीसी ने क्षमा माँगी, मैं पहुँचा, थोड़ी देर हो गई क्योंकि बीच में बंद रेलवे फाटक था। उन्होंने दूसरे काम स्थगित कर दिए। धर्म-दर्शन पर दो घंटे बाद करते रहे। अंत में बढ़िया रबड़ी मँगाई, फल मंगाए और आलू की टिकिया मँगाई। तब उन्होंने छुट्टी दी।

उस समय इस राजनैतिक राजधानी के भीतर और उससे कहीं अलग एक और राजधानी थी। भैया साहब का घर। घर कहिए या उनका बड़ा-सा कमरा कहिए जिसमें फर्श बिछी हुई थी और उस फर्श पर जाने किस प्राचीन युग की बहुमूल्य ईरानी या मध्य एशियाई कालीन बिछी थी। वे सेवानिवृत्त हो चुके थे पर उनके यहाँ सुबह से साँझ तक तरह-तरह के लोगों का दरबार लगा रहता था। उस बड़े

कमरे को सिविल लिबर्टी लॉज (नागरिक स्वतंत्रता भवन) कहा जाता था। वहाँ पूरी छूट थी, आप जो कहना चाहें, बस भाषा में तल्खी न आए और कहीं किसी को चोट पहुँचाने का इरादा न आए। वहाँ समाचारों की पतंग भी बहुत ऊँचे उड़ाई जाती थी। इन पतंगबाजों में सबसे आगे थे भगवतीचरण वर्मा और अमृतलाल नागर। यशपाल जी और ज्ञानचंद्र जी मौन श्रोता थे। कभी-कभी 'स्वतंत्र भारत' के संपादक योगींद्रपति त्रिपाठी आ जाते, रुद्र नारायण शुक्ल आ जाते। वहीं बनारसी रंग के प्रतिभाशाली लेखक बलदेव मिश्र भी आते और लखनऊ विश्वविद्यालय के भगीरथ दीक्षित आते, हरेकृष्ण अवस्थी आते, भैया साहब के अत्यंत प्रिय मित्रों में से निर्मल चतुर्वेदी, मुखर राजनेता रामेश्वर मिश्र, गंभीर प्रकाशक विष्णु नारायण भार्गव जी कभी-कभी आते। वहीं पर मैंने सबसे पहले अटल बिहारी वाजपेयी जी और दीनयाल उपाध्याय जी को देखा। वे ए.पी. सेन रोड पर ही आगे रहते थे, फोन करने के लिए यहाँ आते थे। मैं लखनऊ में जब नहीं भी था तो भैया साहब के यहाँ ही ठहरता था और उस दरबार में चुपचाप एक कोने में बैठा रहता था। कभी-कभी ब्रजभाषा के कवि आते और एक बार तो एक कवि ने रचना सुनानी शुरू की, भैया साहब सुर्ती ठोंक कर बार-बार इशारा करते रहे कि मेरे नित्यकर्म का समय हो गया है, पर वे सुनाते ही रहे। मैंने बाद में उनसे पूछा कि आप कैसे-कैसे लोगों को प्रश्रय देते हैं। कहने लगे—कहीं तो इनका मन भरे।

उसी हॉल में भगवती बाबू का प्रसिद्ध लटका एलएमबी ('लूटो मेरे भाई' का संक्षिप्त रूप) सिक्के की तरह चल पड़ा। इंदिरा जी को वे लाडली जी, लाल बहादुर शास्त्री को लब्बू शास्त्री कहते थे। पर उस हॉल का विनोद केवल एक अंग था। उसका महत्त्वपूर्ण अंग था, हिंदी के सम्मान के लिए क्या-क्या करना चाहिए, क्या नहीं हो रहा है, कहाँ चोट पहुँच रही है—इसके लिए उचित उपाय सोचना। हिंदी के प्रश्न को लेकर भैया साहब कभी-कभी आवेश में आ जाते थे और तब हिंदी को लेकर कोई परिहास बर्दाश्त नहीं करते। वे विभिन्न प्रश्नों पर कितने सज़ग थे यह तो उनके द्वारा संपादित 'सरस्वती' के संपादकीय से ही प्रमाणित हो जाएगा। मुझे याद है कि किसी मुख्यमंत्री के इतना कहने पर कि 'हिंदी में कोई सुर्खाब के पर लगे हैं?' उन्होंने उन्हें एक लंबी चिट्ठी लिखी कि कितने सुर्खाब के पर हिंदी में लगे हैं। उन्हीं सुर्खाब-परों में से एक पर ने कांग्रेस को राष्ट्रीय छवि दी है। स्वतंत्रता आंदोलन की ध्वजा हिंदी ने सम्हाली है। उनके दोनों रूप पं. विनोद शर्मा और श्रीनारायण चतुर्वेदी, एक-दूसरे के विरोधी नहीं एक-दूसरे के पूरक थे और उनके निकट के लोग इसे अच्छी तरह जानते थे। उस समय हजरतगंज का इंडिया कॉफी हाउस साहित्यकारों—पत्रकारों का अड्डा था। उस समय मंत्रियों की संख्या कम थी और उनकी शान-शौकत, सुरक्षा भी कुछ कम थी। मैंने स्वयं देखा है कि उत्तर प्रदेश के मंत्री विचित्र नारायण शर्मा पैदल अपने बंगले से प्रायः

नियमपूर्वक गाँधी आश्रम, हजरतगंज आते थे। इस कार्य के लिए वे सरकारी गाड़ी का प्रयोग नहीं करते थे। किसी मंत्री से मिलने जाना हो तो आज जैसी ड्योढ़ियों नहीं थीं। मैं छोटा-सा अफसर था पर मैं सब जगह जा सकता था।

उन्हीं दिनों के आसपास की घटना है। लखनऊ विश्वविद्यालय में समारोह था, किसी अध्यापक की विदाई का। बाहर के साहित्यकार भी बुलाए गए थे। भैया साहब की चौकड़ी के साथ मैं भी पाँचवें सवार के रूप में पहुँचा। व्याख्यान के दौरान किसी ने यशपाल जी से कहा आप भी कुछ बोलिए। वे कुछ बोलना नहीं चाहते थे, बाद में एक कहानी सुनाई कि मेरे हाथ तंग थे, भगत सिंह से कहा हिंदी पढ़ाने के लिए खालसा कॉलेज में जगह है, लगवा दो। बात हुई, वहाँ के प्रबंधक ने कहा, ठीक है पर किसी ग्रंथी से पंजाबी के ज्ञान का प्रमाण लाओ। मैं गया ग्रंथी साहब ने गुरुग्रंथ साहब के अंश सुखमनी साहब को पढ़ने और अर्थ करने को कहा। मैंने किया। उन्होंने प्रमाणपत्र दिया—मुंडा पंजाबी पढ़ा सकता है पर बोल नहीं सकता। वे यह कहानी सुनाकर चुप हो गए। भैया साहब की मंडली मुस्कुराने लगी क्योंकि किसी अध्यापक ने शुद्ध विन्यास के साथ हिंदी नहीं बोली थी। यह टिप्पणी है तो बड़ी तीखी पर है बहुत चिंतनीय।

लखनऊ में ही रहते हुए पाँच-छह महीने बाद मेरी पत्नी पाँच-छह महीने की बिटिया के साथ आई। पिताजी ने उसका नाम मंजुला रखा था। उसी समय तपन सेन की फिल्म 'काबुलीवाला' आई। मैं फिल्म बहुत कम देखता था पर बलभद्र जी मुझे सपरिवार फिल्म दिखाने ले गए। उसमें बाल-पात्र मिनी है, उसी को लेकर मंजुला के पुकार का नाम मिनी पड़ा, आज भी है। वह फिल्म बहुत ही मर्मस्पर्शी थी। वैसी मर्मस्पर्शी (बच्चों की फिल्म) फिल्में मैंने इटली या फ्रांस में ही देखीं। उनमें एक फिल्म थी जिसका अंग्रेजी में नाम था—'द चिल्ड्रेन आर वाचिंग अस' 'बच्चे हमें देख रहे हैं'। एक फ्रांसीसी फिल्म का अंग्रेजी नाम था 'फोर हंड्रेड ब्लोज' 'चार सौ तमाचे'।

लखनऊ में ही श्रीलाल शुक्ल से मेरी घनिष्ठता हुई और एक पुराने सहपाठी धूर्जटि प्रसाद बागची से। वे प्रशासक परिवार में पैदा हुए थे। बड़े मेधावी, विनम्र, सहृदय और लजीले। लखनऊ में उनके यहाँ मेरा रोज का आना-जाना था। वे प्रशासन में थे, लखनऊ में रहते हुए भी चेचक की बीमारी में चले गए। अभी तक उनके लजीलेपन और उनके मुक्त हास की बेधक स्मृति मन में अंकित है। लखनऊ में मुझे सबसे प्रीतिकर काम मिला था सांस्कृतिक आयोजन करने का और उत्तर प्रदेश लोक साहित्य के संगठन का। 'उत्तर प्रदेश के लोकगीत' पुस्तक भी यहीं तैयार हुई थी और 15 अगस्त को लोकगीत उत्सव और लोक कविता उत्सव भी वहीं ऐसा मनाया गया, कि किसी की हेठी नहीं करता—पर वैसा फिर उत्तर प्रदेश में नहीं मनाया गया। हजरत महल पार्क में सागौन के फूलों से सजावट हुई थी,

कदंब के फूलों से झालर तनी थी और गीत गाने वाले—गाने वाली—माध्यमों की छाया से अप्रभावित। श्रोताओं में थे माननीय मुख्यमंत्री जी, कमलापति जी, राजनेता, साहित्यकार। राहुल जी भी थे। कृष्णदेव उपाध्याय, कृष्णदत्त वाजपेयी, मोहन उप्रेती, रूप नारायण त्रिपाठी, रामविचार पांडेय, उदय नारायण तिवारी जैसे लोग उपस्थित थे। इसके पहले विकास के बिरहे होते थे। उसके प्रसिद्ध गायक थे पाहूराम जी। मैंने वे बिरहे नहीं कराए। मुझे प्रायोजित लोकगीत जँचते नहीं थे। कोई गीत चल रहा था। किसी अधिकारी ने बीच में बाबूजी से कहा—'इस साल पाहूराम के बिरहे नहीं हो रहे।' बाबूजी की आँखें नम थीं, कहा—'जो हो रहा है उसे सुन लो।' बाद में समझाया—विकास जिस मन से होता है उस मन को रचने वाले ये गीत हैं, वह मन ही नहीं रहा तो विकास क्या होगा! काश ऐसी परख आज भी होती। अब तो फिल्मीपन प्रतिष्ठित हो चुका हे। कविता भी उससे प्रभावित है और लोकगायक तो एकदम बिक—से गए लगते हैं।

एक सांस्कृतिक आयोजन की मुझे याद है। मसूरी में हुआ था। जयपुर घराने की रानी करणा और लखनऊ घराने के बिरजू महाराज पहली बार बड़े मंच पर आए थे। वाद्य संगीत में इलियास खाँ थे। वे लोग कुछ घबरा रहे थे। दर्शक थे मंत्री, बड़े अधिकारी। बीच में प्रधानमंत्री भी थे। उस समय दर्शकों में न तो हमारे निदेशक थे न सचिव। उसी समय एक चिट आई—यह सब क्या कर रहे हैं, कुछ गर्म मसाला दीजिए। मेरे सामने संकट। कोई बड़ा अधिकारी था नहीं। सब कुछ सुनियोजित था। मैंने वह चिट मुख्यमंत्री के पास भिजवा दी। मुख्यमंत्री ने भाषण किया—यह उत्तर प्रदेश का सांस्कृतिक कार्यक्रम है, इसमें जिनकी रुचि न हो चले जाएँ। फिर कार्यक्रम शान से चला। बाद में सुना, आपको कुछ नीति से काम लेना चाहिए था। मैंने कहा कि बड़ा अधिकारी कोई था नहीं, मैंने मुख्यमंत्री जी से ही निर्देश लिया।

एक दूसरे आयोजन की चर्चा करना चाहूँगा। हरिद्वार में हुआ था। उसमें भी एक सीनियर अधिकारी ने कुछ दूसरे प्रकार के नृत्य को सम्मिलित करने को कहा। मैंने इनकार कर दिया। उन्होंने मेरी शिकायत चंद्रभानु गुप्त के पास एक मंत्री के जरिए भिजवाई जो उनके बड़े प्रिय थे। गुप्त जी ने मुझे बुलाया, बड़ी रुखाई से बात की। मैंने साहसपूर्वक कहा कि पहले मेरी बात सुन लीजिए। यह परिस्थिति थी, इस प्रकार के नृत्य सम्मिलित करने की बात थी—मैंने स्वीकार नहीं किया। उन्होंने मेरे सामने ही उनसे पूछा—'यह सच है?' उन्होंने हामी भरी। फिर तो गुप्त जी उन पर बरस पड़े। मुझ पर बड़े प्रसन्न हुए—'तुमने साहस किया, मर्यादा की रक्षा की, कोई भी काम हो आगे तुम मेरे पास निस्संकोच आना।' मैं राजनीति में वैसी सांस्कृतिक संचेतना की बात सोचता हूँ तो अब कुछ इने-गिने राजनेताओं तक ही उसे सीमित पता हूँ—अधिकांश तो संस्कृति के बारे में परमहंस हो चुके हैं।

लखनऊ प्रवास में ही मेरा परिचय देवीशंकर अवस्थी से हुआ। वे बाद में मेरे अनन्य स्नेहभाजन हुए। भैया साहब के यहाँ बैठते हुए हिंदी के अधिकांश महारथियों से परिचय हुआ, घनिष्ठता हुई। बालकृष्ण शर्मा नवीन, रामधारी सिंह दिनकर, मैथिलीशरण गुप्त, रामवृक्ष बेनीपुरी जैसे लोगों के नाम इनमें प्रमुख हैं। इसी अवधि में मुझे राहुल जी के पुनः निकट आने का अवसर मिला, बीच में वे थोड़े अनखे हुए थे, पर मंसूरी में जब मिले, हृदय खोलकर मिले। लखनऊ के साहित्यकारों के नाम तो ले ही चुका हूँ। लखनऊ में रहते हुए ही एक बार परिमल वाले मेरे मित्रों ने 'धुरीहीनता' की चर्चा चलाई थी। उस समय साहित्यिक आंदोलन का यह एक मुद्दा बना था। सांस्कृतिक स्वतंत्रता भी एक मुद्दा बनी थी। इन प्रश्नों पर मैंने कुछ तीखे लेख लिखे थे, राज्याश्रय पर भी, पर उन दिनों इस प्रकार के जवाब–सवाल चलते थे, उसमें कोई कलुष नहीं रहता था, सब कुछ खेल के रूप में होता था। आज खेल की वह भावना साहित्यकारों के बीच बहुत कम हो गई है। मुझे इस बात की बड़ी प्रसन्नता है कि मैंने जिन लोगों से इस प्रकार के सवाल-जवाब किए उनमें से अधिकांश मेरे प्रिय मित्र बने रहे। उन्हीं में थे धर्मवीर भारती, जगदीश गुप्त, उन्हीं में हैं लक्ष्मीकांत वर्मा।

लखनऊ के प्रवास का यकायक अपूर्व अंत हुआ। गोरखपुर विश्वविद्यालय बना। उसके पहले कुलपति भैरवनाथ झा भैया साहब के यहाँ आए। वे एक घटना को नहीं भूले थे, जब मैं इलाहाबाद विश्वविद्यालय में अध्यापक होते-होते रह गया था। उनके मन में कुछ मलाल था। पूछा–"क्या कर रहे हो?" मैंने कहा–"सरकारी विभाग में हूँ।" बोले–"यह तुम्हारा क्षेत्र नहीं है।" उन्होंने सचिव को स्वयं लिखा कि इन्हें मुझे दे दीजिए। एमए किए बारह वर्ष बीत चुके थे पर झा साहब ठान चुके थे। उन्होंने विचित्र तरीके से गोरखपुर विश्वविद्यालय में बुला लिया और मेरी दिशा बदल गई। दफ्तर की फाइलों में आँच लग गई और मैं एक दूसरे देश में पहुँच गया। उसकी बात बाद में कभी। लखनऊ की छाप राजनीति और साहित्य की जिंदादिली और संस्कृति की संपन्नता की चिंता की छाप है।

माघ में प्रयाग

इलाहाबाद से जुड़े इतने आख्यान हैं कि सबको खतियाने में एक पूरी पुस्तक हो जाए, पर विश्वविद्यालय की स्वायत्तता और इलाहाबाद विश्वविद्यालय के कुलपति की ठसक के बारे में आख्यान जरूर देना चाहूँगा।

1942 के 26 जनवरी के दिन दीक्षांत समारोह होने वाला था। तत्कालीन गवर्नर ने कहा कि यदि लड़के छात्रसंघ भवन पर तिरंगा झंडा फहराएँगे तो मैं विश्वविद्यालय में नहीं आऊँगा। झा साहब ने उत्तर दिया कि उस दिन झंडा फहराने का अधिकार है, उससे मैं उन्हें वंचित नहीं करूँगा। उन्होंने गवर्नर के बिना दीक्षांत कराया और उसमें पं. मदन मोहन मालवीय को बुलाया गया। कुर्सी पर उन्हें बैठाकर लाया गया। मालवीय जी ने धीरे-धीरे पर बहुत दृढ़ स्वर में दीक्षांत भाषण किया। उसकी गूँज अभी भी मन पर है।

उसी समय भारत छोड़ो आंदोलन हुआ, कचहरी में गोली चली, लाल पदमधर सिंह शहीद हुए, छात्रसंघ के लड़के छात्रसंघ भवन में आकर निश्चिंत हो गए कि यहाँ पुलिस नहीं आएगी। झा साहब के पास अंग्रेज कलक्टर, पुलिस अधिकारी आए। उन्होंने छात्र नेताओं को गिरफ्तार करने की अनुमति चाही। कुलपति ने दृढ़ता से इंकार कर दिया—विश्वविद्यालय में आप किसी को गिरफ्तार नहीं कर सकते। उन्होंने विश्वविद्यालय की बंदी का आदेश दिया और सुरक्षापूर्वक लड़कों के ट्रेन से जाने की व्यवस्था की। जो लड़के जेल गए, उनकी परीक्षा की व्यवस्था उन्होंने जेल में ही की।

प्रयाग नगर की शोभा इसके तीन ओर की नदियाँ हैं। चौथी ओर एक छोटा सा नाला है जिसे ससुरगड़हिया कहते हैं। कभी-कभी अनजान तीर्थ यात्रियों का वहीं से संगम स्नान निपटा देते हैं। दक्खिन में यमुना, उत्तर और पूरब में गंगा, नगर के दक्षिण-पूरब कोने में गंगा-यमुना का संगम, गंगा पार अरइल, गंगा पार झूँसी किसी पुराने गढ़ का अवशेष है। दंतकथा है कि पुरुरवा की नगरी यहाँ उलट गई है, उसी से टीला बना है। वर्षा में गंगा-यमुना के बीच का दोआबा बाँध के

नीचे जलमय हो जाता है। जाड़े में जमीन उभरनी शुरू होती है तो गंगा की धारा कभी पश्चिम की ओर कटान करने लगती है, कभी पूरब की ओर। तो भी बड़ी विस्तृत रेती निकल आती है। माघ मेला आते-आते यह रेती एक विशाल बस्ती में परिणत हो जाती है, संसार का सबसे बड़ा तंबू शहर तन जाता है।

कुछ ऐसा चमत्कार है कि इस तंबूनगर में तिल रखने की जगह नहीं रहती और तीन करोड़ आदमी माघ की अमावस्या के दिन एकत्र हो जाते हैं। यदि एक-दो लाख की रैली हो तो व्यवस्था में जाने कितनी कठिनाइयाँ हो जाती हैं जबकि इतने लोगों की व्यवस्था बिना पूरे सरकारी सहयोग के हो जाती है। एक क्षण के लिए विशाल जन संगम जल संगम से मिलता है और वह जनसमुदाय स्वयं ही संस्कृति की धारा बन जाता है। पिछले साठ वर्षों में से तीन साल विदेश में रहने के कारण माघ में संगम क्षेत्र में नहीं पहुँच सका नहीं तो माघ स्नान तो संगम में प्रति वर्ष करता ही रहा हूँ। मैं अपने तमाम संबंधियों, गाँव-गिरांव के लोगों से संपर्क भी करता रहा हूँ। इधर कई वर्षों से नियमित रूप से वह समय उस रेती में बिताता हूँ और रेती के कण को नंगे पैरों से छूकर असंख्य-असंख्य पदचापों की ध्वनि कान लगाकर सुनता हूँ। गंगा भक्ति की उपमा नहीं, उससे कम नहीं गंगा सेवा की भी उपमा है। पर अब गंगा की धार क्षीण हो रही है, और गंगा का पाट गर्मियों में कम से कम होता जा रहा है। गंगा के जल का बड़े पैमाने पर दोहन हो रहा है। मनुष्य की आसुरी भूख का कोई अंत नहीं। मैं जब-जब प्रयाग के गंगा तट पर जाता हूँ तो एक ओर तराजू पर उस नागर भोगवृत्ति को रखता हूँ जो गंगा के स्पर्श से नाक-भौं सिकोड़ती है और गंगा को जल पदार्थ मानती है, सिर्फ यह मीमांसा करके संतुष्ट हो जाती है कि आज उसमें प्रदूषण इतना है। दूसरे पलड़े पर असंख्य श्रद्धालुओं की परम तृप्ति के अनुभव को रखता हूँ। अनेक कष्ट सहकर, कभी-कभी मैदान में माघ के जाड़े में रात बिताकर स्नान करते ही अनुभव करते हैं कि उन्हें एक क्षण के लिए ही सही परम सुख मिला, मोक्ष मिल गया, सच्चिदानंद का साक्षात्कार मिल गया। गंगा की बूँद-बूँद में, पद्माकर के शब्दों में, गोविंद मिल गए।

एक बार मैं प्रयाग से लौट रहा था तो ट्रेन में कुछ हिसाबी भाई लोग बैठे थे, हिसाब लगा रहे थे कि कितने मानव-घंटे माघ की तीर्थयात्रा में नष्ट होते हैं। अफसोस कर रहे थे कि ऐसे जाहिल देश का विकास कैसे होगा। ऐसी दानिशमंदी जो जीवन को ही जीवन नहीं समझती और ऐसी नादानी जो गंगा के जीवन के साथ अपना जीवन जोड़कर ऊर्जा पा जाती है—दोनों में से कौन देश को गति दे रहा है, यह कहने की बात नहीं, अनुभव करने की बात है। विकास जिस मन से होता है वह मन जब तक ऐसे चित्त से परिचालित नहीं हो जो देश के ऐसे महत्त्वपूर्ण प्रवाह को देश के संस्कार की प्रक्रिया बनाता है तो उस मन में आगे

बढ़ने का उत्साह नहीं बनता। हिंदुस्तान में विकास बेमन से हो रहा है मन से नहीं। मन से तभी होगा जब देश के कण-कण से देश का चित्त जुड़ेगा और उससे मन परिचालित होगा, इंद्रियाँ परिचालित होंगी। संगम को माघ स्नान के साक्षात्कार के बिना समझा नहीं जा सकता। इसे शब्दों में व्यक्त नहीं किया जा सकता। वहाँ जुटी भीड़ का नियंत्रण एक बड़ी आकांक्षा करती है, पुलिस नहीं करती। वहाँ सफाई की व्यवस्था नगण्य होते हुए भी कोई महामारी नहीं फैलती, ये सुनिश्चित करने वाला कोई सरकारी विभाग नहीं होता, एक संकल्पित मन है, उसी मन को लेकर लोग वहाँ अधिक संख्या में आते हैं। कुछ आते होंगे व्यवसाय के लिए लेकिन ऐसे सभी आकांक्षा के महासागर के किनारे लहरों द्वारा फेंके गए घोंघों से अधिक सार्थक नहीं होते। गंगा की प्रतीति उसी को होती है जो असंख्य जनों की पवित्र आकांक्षा में विश्वास रखता है और गंगा की अनश्वरता में विश्वास रखता है। स्त्रियाँ गाँव में सौभाग्य की कामना करती हैं तो यही कहती हैं कि तुम्हारा अहिवात जब तक गंगा-जमुना की धारा है, बना रहे। गंगा को पोस्टरों, माहात्म्यों से नहीं समझा जा सकता, न व्याख्यानों से। उसे समझना है तो उन असंख्य गीतों से समझें जिन्हें गाते हुए स्त्रियाँ झुंड की झुंड जाती हैं। उनके लिए गंगा का गाना अपने बांझपन का दुख, अपने दारुण कष्ट का दुख सब गंगा को सौंप देना है। किसी गीत से आता है कि बहन ससुराल में अवर्णनीय कष्ट पा रही है। बहन भाई से कहती है कि मेरे दुख माँ से न कहना, उसकी छाती फटेगी, पिता से न कहना उनकी मूँछ नीचे होगी, भाभी से न कहना वह मन ही मन हुलसेगी, गाँठ बाँध लेना और गंगा को दे देना। इतने दुखों को सहेज कर रखने वाली गंगा को दे देना। इतने दुखों को सहेज कर रखने वाली गंगा क्या अवरुद्ध हो जाएगी? और एक क्षण में गंगा जो सुख दे देती है वह सुख क्या कभी चुक सकेगा? क्या उस सुख की स्मृति ही जीवन को गति नहीं प्रदान करती रहेगी? इन सारे प्रश्नों से कभी-कभी उलझता हूँ। अधिकांशतः तो बालू पर बैठकर, गंगा में डुबकी लगाकर और एक तंबू से दूसरे तंबू में, कौन-कौन आए हैं, उनका कुशल समाचार लेकर जो अनुभव होता है उसमें अपने आप अहंकार रेत बन जाता है, निजी सुख-दुख पानी-पानी हो जाते हैं और आत्मीयता का विशाल वितान ऊपर छा जाता है।

छात्रावास में कई बार चांदनी रात में सरस्वती घाट से नौका में संगम तक भ्रमण किया है। ऐसी यात्रा में साथ में बराबर इंदिरेश चरण दास रहते थे। वह भी कुछ ही दिन हुए चले गए। वे बड़े उत्साह से डाँड़ भी चलाते थे, कुछ देर मल्लाहों को फुरसत दे देते थे। एकाध बार घने कुहरे के भीतर संगम से नाव पर आते समय दिशा भटक गई, बड़ी मुश्किल से घाट पर हम लोग लौट हैं। पर वह राह खोना, राह भटक जाना, भटके हुओं को पहुँचाना, पहुँचे हुओं का भटकता देखना, तरह-तरह के अनुभव हुए हैं और इन अनुभवों की समग्रता में गंगा ही लहराई

है। मैंने प्रयोग में शिक्षा ली और जीवन की दीक्षा ली। अध्ययन की दीक्षा अपने गुरुओं से ली है। सबसे अधिक पं. क्षेत्रेशचन्द्र जी कहते थे जितना जानते हो उसे पहचानने की अपेक्षा जितना नहीं जानते उसे पहचानते रहो और यह मानकर चलो कि ज्ञान अखंड होता है, जब तक समग्र दृष्टि से किसी भी विषय का अध्ययन नहीं होता, किसी देश या देश की प्रकृति का अध्ययन नहीं होता तब तक जानना निष्प्रयोजन होता है।

महापंडित राहुल सांकृत्यायन से मैंने कर्म दीक्षा, परिश्रम की दीक्षा ली है। उनके साथ 18-18 घंटे तक कोश का कार्य किया बीच-बीच में ज्ञान-विज्ञान के विविध क्षेत्रों की जानकारी ली और सबसे अधिक दीक्षा इस बात की ली कि कोई नहीं है जिसके पास ज्ञान की कोई अद्वितीय अछूती किरण न हो। इसलिए साधारण से साधारण की अवज्ञा नहीं करनी चाहिए। पं. श्रीनारायण चतुर्वेदी से हिंदी निष्ठा की दीक्षा ली और उनसे जीवन भर जन सेवा के भी गुर सीखता रहा। उन्हीं की कृपा से मुझे रेडियो में नौकरी मिली, उसका लाभ विंध्य प्रदेश की सूचना-सेवा, फिर उत्तर प्रदेश की सूचना सेवा में मिला। सरकारी सेवा में रहते किस प्रकार अपनी कुशलता से विपरीत परिस्थितियों में भी संतुलन बनाए रखा जा सकता है और मूल्यों के प्रश्न पर बिना झुके शासनादेशों का कार्यान्वयन किया जा सकता है इसकी शिक्षा मुझे उनसे मिली। यहाँ मेरे कई मित्र ऐसे बने जो जीवन भर अंतरंग रहे और कई ऐसे विरोधी भी बने जो जीवन भर विरोध का संकल्प लिए रहे। केवल कुछ ने बाद में मेरी तटस्थता के कारण मुझसे संबंध जोड़ने का प्रयत्न किया। मैं ऐसा अनुभव करता हूँ कि मित्र 25 वर्ष की अवधि के बाद बनते नहीं, जो बनते हैं वे केवल हितेच्छु बनते हैं या फिर प्रशंसक या निंदक बनते हैं। इसलिए इस नगर का महत्त्व मेरे जीवन में इतना अधिक है कि मेरे मित्र यहीं के हैं। कुछ तो चले गए, रामनगीना त्रिपाठी, भारती, जगदीश गुप्त, नागार्जुन, इंदिरेश, राजमंगल पांडे, राजीव लोचन, लक्ष्मीकांत दीक्षित, प्रभात, हेमवती नंदन बहुगुणा, काशीनाथ दीक्षित, पर अभी भी अनवच्छिन्न मैत्री निबाहने वाले कुछ लोग हैं। जिनमें गोविंद चंद्र पांडेय का नाम शीर्षस्थ है।

मुझे वात्सल्य देने वाले लोग तो सभी चले गए। प्रयाग की उन स्मृतियों को संजोने के लिए ही मैं नियमपूर्वक माघ में प्रयाग जाता हूँ। वैसे भी प्रयाग आना-जाना लगा रहता है। प्रयाग की सड़कें पहचानी लगतीं हैं जो मकान बदल गए हैं, बदल गए हैं पर वही सड़कें हैं, वही संगम है, वही रेती है और वही उमड़ने वाला जन सागर है। बिहारी के एक दोहे में नायिका के शरीर में प्रयाग बनने की बात आती है, पर प्रयाग की स्मृति में, जितनी बार प्रयाग मेरे मन में रचा है, इसकी गिनती नहीं कर सकता।

शहर में घर

दिवंगत देवीशंकर अवस्थी से मेरा पहला परिचय लखनऊ में 1956 में हुआ। वे राम मनोहर त्रिपाठी के साथ लखनऊ सूचना विभाग में आए थे। लंबा कुर्ता, रंगीन चश्मा और नपी-तुली बात करने की अध्यापकीय अदा। इसके बाद 1958 में मैंसूर में भाषाविज्ञान का ग्रीष्म सत्र हुआ, जिसमें अधिकतर प्रतिभागी अध्यापक ही थे, वे कानपुर में डीएवी कालेज में हिंदी पढ़ा रहे थे, मैं गोरखपुर में संस्कृत पढ़ा रहा था। हमें महाराज कालेज के हास्टल में एक ही कमरा मिला। लगभग दो महीने हम साथ रहे और, दक्षिण भारत के कई स्थानों का भ्रमण किया। मैसूर शहर की पैमाइश की। हम दोनों पान के शौकीन थे, वहाँ पान बिना कत्थे का मिलता था। कत्था खोजने के लिए हमने पूरा शहर छान मारा। यह सहचारिता ऐसी रही कि हम दोनों साथ-साथ हैदराबाद आए और बदरी विशाल पित्ती की कृपा से हैदराबाद देखा। मुनींद्र जी हमारे मार्गदर्शक थे। उसके बाद देवीशंकर ऐसे अभिन्न हुए कि जब तक जीवित रहे हमारा उनका पत्राचार, साहित्य के बारे में चर्चा लगातार चलती रही। मैं दिल्ली में उनके साथ ठहरता था। उनके साथ उनकी माँ, पत्नी कमलेश और एक लड़का था। भाई सुधीर और बहन रेखा भी थी। छोटा-सा मकान था। लेकिन मैं दिल्ली जाता था तो वह सजीव साहित्य मंदिर बन जाता था। अजित कुमार तो बिल्कुल पास में ही रहते थे। मैं 1960 में अमेरिका गया तो देवीशंकर केवल साहित्य से सम्बद्ध पुस्तकों के लिए लिखते थे, उन्हें और कोई व्यसन ही नहीं था। मेरे लिए कमलेश बहुत बढ़िया फलाहार बनाती थीं ओर चाची जी बहुत बढ़िया बुकनू तैयार कर देती थीं। उन दिनों देवीशंकर के घर नए व्याख्याताओं और लेखकों का जमघट हो जाता था। अजित कुमार तो बिलकुल पास ही रहते थे और बराबर आ जाते थे, जमकर साहित्य-चर्चा होती थी। दोनों ने मिलकर दो वर्ष तक वार्षिक कविता का संकलन भी निकाला था।

जब तक देवीशंकर रहे, मैं कहीं अन्यत्र नहीं ठहरने पाया। परंतु उसी बीच भाई (अज्ञेय) को पहली बार दिल का दौरा पड़ा था, उनके आग्रह से मुझे फिर

दिल्ली निवास बदलना पड़ा और दिल्ली जाने पर वात्स्यायन जी जहाँ रहते थे वहीं मुकाम बन गया। सबसे अधिक वह मुकाम रहा—23 सत्य मार्ग, चाणक्यपुरी। दो बार विदेश मैं उन्हीं के यहाँ से गया। इसके बाद जोधपुर से दिल्ली वापस आए थे तो कुछ दिनों तक वसंत विहार में थे, इसके बाद निजामुद्दीन में, फिर गोल्फलिंक में और सबसे अधिक, आजीवन केवेंटर्स लेन, सरदार पटेल मार्ग में रहे। वहीं उनका शरीर भी छूटा। केवेंटर्स लेन में बाद के वर्षों में मैं नहीं रहता था क्योंकि मुझे अपनी लड़की के यहाँ आईआईटी रहने में अधिक सुविधा थी। पर बीच-बीच में भाई गाड़ी लेकर आते और ले जाते। इस तरह वहाँ न रहते हुए भी मेरा अधिकांश समय दिल्ली में उनके साथ गुजरता था। बातचीत तो बहुत कम होती थी या मेरा एकालाप होता था, पर अक्षरों का खेल स्क्रेबुल या पौधों की पहचान या नक्शे पर यात्राएँ—ये सब अधिक चलता रहता था। अंतराल में ही पुस्तकों की चर्चा हो जाती थी और उनके साथ मेरी सच्ची साझेदारी साहित्य की ही थी। विदेशी या स्वदेशी जो साहित्य मुझे प्रिय लगता, उन्हें पढ़ने को देता, उन्हें जो प्रिय लगता मुझे देते। अपनी बाद की लिखी हरेक पुस्तक का शीर्षक देने के पहले मुझसे विचार-विमर्श करते। कई पुस्तकों पर बाहरी कवर पर पुस्तक के बारे में मुझसे ही लिखने का आग्रह करते। मेरी कोई भी पुस्तक छपती तो मैं उन्हें देता और वे आद्यंत पढ़कर ही कोई दूसरी चीज पढ़ते। यह साहचर्य धीरे-धीरे एक विचित्र प्रकार का अंतरवलंबन बन गया और मेरे लिए दिल्ली लगभग उतनी ही रह गई जितने में वात्स्यायन थे। उनके रहते हुए दिल्ली कभी अजनबी नहीं लगी क्योंकि स्नेह संस्पर्श का एक सूत्र वहाँ था। यह जरूर है कि जब मैं उनके अनेक अंतरंग प्रसंगों का साझीदार हो गया तो उनकी अनेक मौन व्यथाओं का भी राजदां हुआ और मैंने पाया कि वे जितने ऊपर से चुप रहने वाले हैं भीतर से उतने ही मुखर हैं। उन्होंने वाक् संयम का अभ्यास जरूर किया है, पर उनके भीतर बहुत कुछ कहने की अदम्य अभिलाषा है।

उनसे जब मेरी अंतिम भेंट हुई तब उनकी यह आकुलता प्रकट हुई। उन्होंने स्वयं कहा कि पंडितजी, आप जीवनी लिखना चाहते थे, कब लिखेंगे। मैंने उनसे कहा मुझे आपके बारे में बहुत कुछ जानना है, जो आदमी जितना नजदीक होता है उतना ही अपने को दूर पाता है क्योंकि उसे लगता है कि अभी तो इसके बारे में कुछ जाना ही नहीं। आपसे मैं बहुत सारे प्रश्न करना चाहूँगा। उन्होंने तुरंत प्रस्ताव किया कि आप जून में 15 दिनों के लिए भीमताल के अपने गाँव में, मैंने छोटा-सा घर बना लिया है, वहीं आइए और जो कुछ जानना चाहते हैं पूछ लीजिए। मैं नहीं चाहता कि कोई गैर मेरे ऊपर निर्णायक बने। उन्होंने चलते-चलते कहा आप जिद बहुत करते हैं, जिच मत कीजिएगा। लेकिन 8-10 दिन के भीतर खुद ही जिच करके चले गए। फिर अपना गाँव वाले घर में नहीं ही जाना हुआ। निर्णायक

मैं क्या बनता पर उनके भीतर झांक लेता तो इतना जरूर होता कि मैं उनकी पीड़ा समझ सकता।

उनके जाने के बाद दिल्ली में आता-जाता भी रहा हूँ और 1992-95 तक मैंने वहीं निरंतर निवास भी किया है, पर दिल्ली मेरे लिए अनचीन्ही ही बनी रही। कुछ लोगों के लिए तो चटखारा है और दिल्ली के साथ चटखारे भर का ही जिनका जुड़ाव है वे उसी के लिए दिल्ली से जुड़े हुए हैं। मेरे लिए कोई भी बस्ती चटखारा नहीं होती। वह जीवन का बिंब भी नहीं है, जीवन का अवलंब है, वह जीवन का ही हिस्सा होती है। केवल जीवन का अधिष्ठान नहीं होती। मेरे लिए दिल्ली कभी जीवन का अवलंब या अधिष्ठान नहीं बन सकी। मेरा दिन का लगभग पूरा समय दफ्तर में या दफ्तर आने-जाने में बीतता था और शाम को टेलीफोन पर खबरों का जायजा लेने में। सुबह अपने अखबार की प्रतिक्रिया जानने में। दैनिक अखबार में आना मेरे लिए एक बहुत ही कठिन परीक्षा का समय था। मैं दो कारणों से आया। एक तो मैं संप्रेषण के अखबारी रूप को तौलना चाहता था या तात्कालिक संप्रेषण और अदृष्य भविष्य तक के संप्रेषण में कोई अंतर है कि नहीं है। और क्या दोनों संप्रेषण का साहचर्य संभव है। दूसरी ओर यह भी मन में था कि हिंदी पत्रकारिता शुरू से ही सूचना मात्र या ज्ञान-प्रसार मात्र के लिए नहीं रही। यह निरंतर मूल्यों को संबोधित थी। इसीलिए इसके प्रारंभ काल से ही पत्रकारिता का अर्थ स्वाभिमान जगाना, अपने लक्ष्य जनता को अपने पैरों पर खड़े होने के लिए समर्थ बनाना रहा है। सूचना क्रांति के कारण समाचार संप्रेषण में आए बदलाव से एक भ्रम उत्पन्न हो गया है कि पत्रकारिता मूल्य के प्रति तटस्थ होती है, पत्रकारिता विज्ञान की तरह वस्तुपरक होती है, वह भावना से प्रेरित नहीं होती।

मैं कभी यह मान नहीं पाता कि कोई भी ज्ञान मूल्यविहीन होता है। विज्ञान का मूल लक्ष्य भी लगभग वही है जो साहित्य और कला का है। वह लक्ष्य है सृष्टि के रहस्य को समझना और समझकर कैसे उसके साथ संतुलन बैठाया जा सकता है—इसके उपाय सोचना। उपाय सबके अलग होते हैं। दर्शन का उपाय अलग है, साहित्य का उपाय अलग है, कला का उपाय अलग है, विज्ञान का अलग, गणित का अलग। यह कोई आकस्मिक बात नहीं है कि गणित और संगीत में सह-संबंध होता है। गणित के विद्वान संगीत प्रेमी होते हैं। संगीतकार में गणित की अंतःस्फूर्ति होती है। पिछली शताब्दी के प्रसिद्ध गणितज्ञ विलियस्टाइन ने सौंदर्यशास्त्र पर कैलिफोर्निया विश्वविद्यालय में व्याख्यान दिए थे। दूसरे गणितज्ञ हार्डी ने 'गणितज्ञ की ओर से क्षमायाचना' (एन अपालिजी फ्राम ए मैथेमेटिशियन) पुस्तक में जो कुछ लिखा है वह कविता की तरह सरस है। ओपनहाइमर ने अणुशक्ति का आविष्कार करते समय गीता के ग्यारहवें अध्याय का उदाहरण दिया है। भास्कराचार्य ने गणित की पुस्तक 'लीलावती' सरस छंदों में लिखी है। कोप्रा ने शिव के तांडव में ऊर्जा

की किरणों का नृत्य देखा है।

मैं नवभारत टाइम्स के माध्यम से हिंदी पत्रकारिता के पारंपरिक दायित्व को पूरा करना चाहता था, यह जानते हुए भी कि हिंदी पत्रकारिता साहित्य से काफी कुछ खिंच चुकी है। मैंने चूँकि जानबूझकर यह कुछ समय के लिए ही स्वीकार किया इसलिए मेरे भीतर कोई द्वंद्व नहीं था। न मेरे ऊपर कोई दबाव पड़ा। दबाव था तो वय का, वय के प्रतिकूल परिश्रम का और अतिशय जागरूकता रखने का। इसलिए मैंने जो प्रयोग किया उस प्रयोग से मुझे आज भी संतोष है यद्यपि मैं जानता हूँ कि मेरे प्रयोग, मेरे वहाँ से जाने के बाद कुछ कर्मकांड मात्र रह गए और विज्ञापन के दबाव तथा उसके कारण उपजी घटिया रुचि के दबाव प्रबल हो गए। मैंने कभी किसी संस्था से अपनी आसक्ति नहीं रखी। जिस संस्था को छोड़ा उससे मैंने कभी विदाई नहीं ली, क्योंकि विदाई देने वाले अधिकतर जिस मन से विदाई देते हैं उस मन में पाखंड अधिक रहता है। जिन्हें सचमुच अभाव महसूस होता है वे विदाई देते भी नहीं। मैंने जरूर नवभारत टाइम्स को विदाई दी और उसमें मैंने कोई भी लेख वहाँ से आने के बाद नहीं भेजा। अच्छी बात यह है कि किसी ने माँगा भी नहीं। लोगों से माँगकर लिखाने वाला आदमी तो विदा हो चुका था।

खैर, यह सब बातें निजी हैं। उन पर चर्चा करने के लिए मैं यह लेखमाला लिख नहीं रहा हूँ, उन्हें छोड़ता हूँ और परिवेश की चर्चा पर आता हूँ। मैं शुरू-शुरू में अपनी भांजी के यहाँ आईआईटी रहा, फिर मकान खोजते समय यह ख्याल रहा कि अपनी भाँजी के पड़ोस में रहूँ। भाई (अज्ञेयजी) 1947 में ही जा चुके थे, इसलिए भाई के नजदीक मकान लेने का कोई आकर्षण नहीं था। भाई ने जहाँ शरीर छोड़ा वहाँ उनके निधन के बाद बस इतनी ही बार गया हूँ जिन्हें अँगुलियों पर गिना जा सकता है। वहाँ जाने का बिलकुल मन नहीं करता। मुझे मकान मिला गीतांजलि में, जिसके पड़ोस में ही प्रेस इन्कलेव थी। वेद प्रताप वैदिक, मनोहर श्याम जोशी, रामसेवक श्रीवास्तव, कैलाश वाजपेयी भी वहीं रहते हैं। पास ही के मुहल्ले सर्वोदय में अंग्रेजी की प्रोफेसर और हिंदी की कवयित्री सुनीता जैन रहती हैं। इन सबके कारण मेरी शाम को डिनरों की प्रतिक्षा नहीं रहती थी जो पत्रकारों, विशेषकर वरिष्ठ पत्रकारों को आए दिन सुलभ होते हैं। मुझे जहाँ तक स्मरण है कि राष्ट्रपति के निवास पर भी एक दिन भोज के अलावा एक या दो बार ही कहीं और किसी राजपुरुष के साथ मैंने देश या विदेश की यात्रा भी नहीं की है। इसलिए नहीं कि उनके सत्संग से मुझे परहेज था, इसलिए कि उनके साथ संपर्क जुड़ने पर पत्रकारों के मन में एकदम खोखली सत्ता का मद छाने लगता है। मैं न उस समय विश्वास करता था न आज विश्वास करता हूँ कि पत्रकारिता कुछ विशेष विप्लव करने में समर्थ होती है। विप्लव तो जनता के सामूहिक संकल्प से होता है।

काली छायाओं के पहले

गोरखपुर के बनकटी चक इलाके में रहने के बाद हम लोग एक बहुत बड़े दुमंजिले मकान में अलहदादपुर में गए। वह भी गली में था और इंटरमीडिएट तक की मेरी पढ़ाई भी वहीं हुई। पिताजी ने उस समय मझौली रियासत का मुकदमा लिया यह मुकदमा अपने पुरानी सहपाठी शिवकुमार मल के कारण लिया और एक तरह उस मुकदमे को लड़ते समय अपनी वकालत की बलि दे दी। वह मुकदमा एक सेशन जज के सामने था। उस मुकदमे में सैकड़ों गवाह गुजरे थे। उन गवाहों को तैयार करने में पिताजी का सबेरे का अधिकांश समय चला जाता था। घरके सामने बड़ा खुला मैदान था ओर वहाँ हमेशा उपलों पर कई-कई चूल्हें दगे रहते थे।

उस मकान के ऊपर की मंजिल पर हम लोग रहते थे। नीचे की मंजिल में पिताजी का बैठक खाना था और पिताजी के मित्र के बड़े लड़के उसमें पढ़ते थे। बड़े लड़के आद्या प्रसाद पढ़ाई में मुझसे आगे और छोटे लड़के मुझसे पीछे थे। मेरी ननिहाल के गाँव के रामनारायण त्रिपाठी एक साल पीछे थे—वे भी वहीं रहकर पढ़ रहे थे। इसके अलावा एक लड़का और था—सत्यनारायण सिंह। वहाँ हम लोग आसपास के लड़कों से मिलकर हाकी की पूरी टीम बन गई थी और हाकी का हम लोग अभ्यास किया करते थे। बीच-बीच में ताश के खेल भी जमते थे पर दाव नहीं लगता था। उस समय घर में गाय भी थी। नौकर के साथ मुझे भी बाजार भेजा जाता और दैनिक चीजों और गाय के लिए हो चारे की सामग्री लाता। एक रुपए से बाजार में इतना सामान मिलता था कि नौकर बोझ से दबा आता। घास बेचने वाली, लकड़ी बेचने वाली अलग अपना-अपना बोझा लाती।

द्वितीय विश्व युद्ध की शुरुआत उन्हीं दिनों हुई थी पर अभी उसकी काली छाया हिंदुस्तान पर अभी उतनी नहीं आई थी जितनी बाद में आई। उसी अवधि में सुभाषचंद्र बोस कांग्रेस के अध्यक्ष हुए थे और उनका महात्मा गाँधी से मतभेद हुआ था तथा उनके खिलाफ प्रस्ताव पास हुआ था। मेरे युवा और किशोर मन को सुभाषचंद्र बोस के साथ इस प्रकार के व्यवहार से बड़ी चोट पहुँची थी। उस

समय गोरखपुर में हिंदू-मुस्लिम तनाव नहीं के बराबर था। मियाँ बाजार में इमामबाड़ा था। और मियाँ साहब लखनऊ के जोड़ के ताजिया निकालते थे, दूसरी ओर हिंदू दशहरे के दिन रथयात्रा निकालते थे। रथों पर तरह-तरह के देवी-देवताओं के स्वरूप तो रहते ही थे, सामयिक घटनाओं की झाँकी भी चलती थी। अंत में भरत मिलाप होता था। बेहद भीड़ होती थी।

एक बार उस भीड़ में मैं भटक भी गया था, पर अनजानी गलियों की राह में घुसकर फिर घर की राह पर आ गया था। ताजिया ढोने वाले अधिकतर हिंदू थे, उनमें पटेबाजी करने वाले भी अधिकतर हिंदू थे। दशहरे के रथों के निर्माण में सहायक मुसलमान थे। मेरे पिताजी के सबसे बड़े हितैषी उमर इस्माइल थे जो बाद में हिंदुस्तान में पाकिस्तान के हाई कमिश्नर हुए थे पर उन्होंने भारत से लगाव नहीं छोड़ा था। वे दिन बड़े जीवंत थे और विद्यार्थी जितने अनुशासित थे उतने उमंगित भी थे।

गोरखपुर शहर में आना-जाना तो बना रहा पर इलाहाबाद पढ़ने गया उसके बाद से बीच-बीच में जब आना हुआ तो गाँव में जाना ज्यादा हुआ शहर में कम। अलहदादपुर वाले मकान को छोड़कर हम लोग जगन्नाथपुर गए, वहाँ दूसरी तीसरी मंजिल पर रहते थे। उसी मकान में दो-तीन दिन रुके थे राहुलजी। उस मकान में हमारा पूरा परिवार रहता था। राहुलजी का वहाँ बड़ा स्वागत हुआ। मेरे काका डिप्टी इंस्पेक्टर होकर देवरिया से गोरखपुर आ गए थे। तब तक मेरी शादी भी हो चुकी थी और मेरे भाई, बड़े हो गए थे। सगे और चचाजाद दोनों प्रकार के भाई अब स्कूल में पढ़ने जाने लगे थे। मैंने बीए—एमए पास किया, शोध किया, इसके बाद गाँव की सेवा में लगा, हालाँकि लंबा समय इलाहाबाद में ही बिताया।

उसके बाद मैं 1957 में फिर नए सिरे से बसने के लिए गोरखपुर आया तब तक मैं बाबू परमेश्वर दयाल के सूरत-सदन नामक कबूतरखाने में आ चुका था। उसमें कमरे छोटे-छोटे थे। बीच में बड़ा आँगन था। गोरखपुर में प्रसिद्ध कांग्रेसी बाबू विंध्यवासिनी प्रसाद का बंगला हुआ करता था। उनका बैठकखाना अभी भी वहाँ मौजूद है, जहाँ हम लोग पहले आए। वह खपरैल वाला था। उसी सूरत-सदन से हम एक मकान से दूसरे मकान में जाते रहे बाद में वहीं एक किनारे पर दो छोटे-छोटे सटे हुए मकान हम लोगों ने लिए। तब तक वहाँ पर विश्वविद्यालय के कुछ अध्यापक भी आ चुके थे। ये थे डॉ विश्वनाथ त्रिपाठी जो स्वर्गीय हो चुके हैं, डॉ देवार्षि सनाढय, डॉ बीके सिंह। उस समय गोरखपुर विश्वविद्यालय के पास मकानों की कमी थी। इसलिए जैसे-तैसे इन दड़बों में गुजर करनी होती थी।

पिताजी उस समय सेंट एंड्रूज कॉलेज में कानून की सांध्य कक्षाएँ ले रहे थे। उन दिनों आर्थिक स्थिति ठीक न होने से हम लोगों के दिन बड़ी मुश्किलों से गुजर रहे थे। मेरे काका भी अवकाश ग्रहण कर चुके थे। उस समय शुरू के

दिन बनारस में प्रारंभिक वर्ष कश्मकश के तो थे पर नए-नए विषय पढ़ाने को मिले। उस समय पहली नियुक्तियाँ अधिकतर पढ़ने-लिखने वाले लोगों की हुई। पहले कुलपति भैरवनाथ झा ने शैक्षिक वातावरण सुधारने की काफी कोशिश की थी।

डॉ. गोविंदचंद्र पांडेय के जिम्मे उन्होंने पुस्तकालय का जिम्मा सौंपा, उससे अच्छी पुस्तकें और चुनी हुई शोध-पत्रिकाएँ पढ़ने को मिलने लगीं। झा जी ने मुझे दो बार भाषाविज्ञान के ग्रीष्म सत्र में भेजा, उससे मेरा अच्छा ज्ञान विस्तार हुआ और उसी का परिणाम था कि मुझे 1960 में कैलीफोर्निया विवि में पढ़ाने के लिए अवसर मिला। उसके कारण परिवार को काफी सहायता मिली। वहाँ से लौटने के बाद मेरा पाणिनि पर कार्य पूरा हुआ। इसके साथ ही गोरखपुर में फिर से साहित्यिक गतिविधियाँ शुरू हुईं।

जीवन की प्यास का आमंत्रण

सहृदय ही साहित्यकार को पूरी मंजूरी देता है, क्योंकि रचना हृदय से हृदय को संबोधित होती है और संबोधित होते ही यदि दोनों के तार क्षणभर को मिल जाएँ तो रचना कृतकार्य हो जाती है। रचनाकार का इसके बाद नया दायित्व आ जाता है, निराला के शब्दों में–

"कहा जो न कहो नित्य नूतन प्राण अपने गान रच रच दो।"

दायित्व आ जाता है नई आँच में पककर द्रव बनने का, द्रव बनकर फिर उमड़ने का। दायित्व आ जाता है कालशक्ति के 'चरण-रागरंजित मरण के वरण' और उसके बाद पुनरुत्पादन का, नवसर्जनका। इस दायित्व की जितनी बार पहचान होती है, उतनी बार रचनाकार अंहकार की मृत्यु में नए प्राण पाता है।

यहाँ मैं निवेदन कर दूँ–लिखना मेरा व्यवसाय नहीं है, शायद इसीलिए इतना कुशल आत्मचेता लेखक भी मैं नहीं हूँ, जितना होना चाहिए, पर चाहे-अनचाहे लिखना मेरा स्वधर्म बन गया है, मेरे जीवन का अर्थ बन गया है। अध्यापक हूँ, अध्यापन से संवाद स्थापित करता रहता हूँ, अपने सपनों से, अपने अतीत से, अपने भविष्य से, अपने विस्तार से, अपने मंतव्य से, अपनी संभावना से। पर अध्यापन से पूरा संतोष नहीं मिलता, दूसरों को समझाने से संतोष नहीं होता। अपने को समझाने के लिए, अपनी समझ की अर्थवेत्ता पहचानने के लिए खो जाना चाहता हूँ अपने संबोध्य समाज में और खोकर पाना चाहता हूँ अपने भीतर के उस अंश को जो मेरे बावजूद है, जो मुझे नकार के है, जो उतना ही मेरा है, जितना सबका। उस सबके टुकड़े के तकादे के कारण लिखता हूँ।

बहुत कम लिखा है, उससे कहीं अधिक अनलिखा पड़ा है, सिर्फ इसलिए कि उस सबसे बड़ी घबराहट होती है आज के जमाने में। अपने अनुभव अद्वितीय अनुभव को काटकर अलग रखें, वह होता नहीं और सबकी पुकार अनसुनी करें, यह भी होता नहीं। अपने समय की बयार को पीठ दिए बिना नहीं चलता, और उस बहाव को उलटकर ललकारे बिना भी नहीं चलता। ऋतु के रंग में रंगने का

जितना उछाह होता है उतनी ही चिंता होती है उस महारंग की जिसके कारण वह रंगना रंगना होता है, यह खिलना यह खुलना खिलना और खुलना होता है। यह महारंग जातीय संस्कार है। जाति का प्रयोग छोटे अर्थ में नहीं कर रहा हूँ, नस्ल या रक्त के अर्थ में नहीं कर रहा हूँ, उसका प्रयोग मैं उस मूल सत्ता के अर्थ में कर रहा हूँ, जिससे कटकर हम सूखने लगते हैं, जिसमें समाकर हम सड़ने और गलने लगते हैं, जिससे मुक्त होने के लिए उकसते हैं और जिससे रस पाने की आकांक्षा करते हैं। वह जातीय संस्कार हमेशा तंग नहीं करता, वह तंग करता है उस समय जब आपका झूठ उघर रहा होता है, आप बेमानी हो रहे होते हैं, अपने जमाने के साथ चलते हुए उस जमाने में अकेले पड़ रहे होते हैं। यह संस्कार तब सहलाता नहीं, बहलाता नहीं।

यह और छीलता है और वल्कल पर वल्कल उपारता है और आपके 'स्व' की पहचान करता है। वह संस्कार आपसे अपना ऋण नहीं उगाहता। वह यदि असली है तो छूट देता है, मुझे भी छीलो, काटो, पर मुझे अनदेखा न करो, क्योंकि मैं वहाँ तुम्हारे भीतर हूँ जिसे तुम पहचान नहीं रहे हो कि वह मैं हूँ।

मेरे बारे में बहुप्रचारित मुहावरा है—पंडित जी परंपरावादी हैं इसलिए वे खारिज कर दिए गए हैं। खारिज किए जाने की तो मुझे चिंता इसलिए नहीं होती कि खारिज करने वालों को भी खारिज करने वाला कोई है, पर इसकी चिंता जरूर होती है कि परंपरा-विवादी ही बनो, पर उससे तटस्थ कैसे बन सकते हो जो तुम्हारी जमीन है। अपने पहले का अनुभव, उसकी अभिव्यक्ति, उसकी प्रक्रिया, यह सब इसलिए तो दिया हुआ नहीं है कि इसे कूड़ेदान में बिना जाँचे-समझे डाल दो, सिर्फ इसलिए कि ऐसे किसी ने ऐसा कह दिया है अपने किसी औपनिवेशिक स्वार्थ से। आप स्वयं जाँचो, फिर जो चाहे सो करो। पर दूसरों के फतवे पर अपने घर को पराए से बदतर मान लेना कहाँ तक उचित है, इस पर क्षण भर सोच तो लो।

मैं परंपरा की कचोट को स्वयं जीता रहा हूँ, इसकी विसंगतियों में स्वयं सुलगता रहा हूँ, और इसी प्रक्रिया में अपने को बार-बार खोकर पाता रहा हूँ, उस खोने और पाने को बटोरने की कोशिश करता रहा हूँ, परंतु मैं परंपरा के भीतर गुजर करके उसका अतिक्रमण करता रहा हूँ। अतिक्रमण की राह मुझे उसके भीतर दिखती रही है, उसके बाहर नहीं। इस कारण मुझे परंपरावादी कहा जाता है तो मुझे हँसी आती है कि हर वादी का यह स्वभाव है कि वह दूसरे को वादी के रूप में ही देख सकता है, यह नहीं सोचता कि वादी के ऊपर एक संवादी भी होता है। मैं वस्तुतः परंपरा-संवादी ही नहीं, नवोनवोत्तरवादी संवादी भी हूँ। परंपरा मुझे पीछे नहीं ले जाती, निरंतर आगे की ओर ढकेलती है और कहती है कि काल का घोड़ा बेतहाशा दौड़ा चला जा रहा है, जो पीछे देखेगा वह इस पर सवारी नहीं कर पाएगा। निरंतर आगे देखो, पर घोड़े को अपनी रानों में दबाकर रखो। तुम घोड़े को दौड़ाओ, घोड़ा

तुम्हें न ले जाएँ। हमारी परंपरा 'काल निचोड़ि के अमृत पीवै' की सीख देती है। दूसरे का निचोड़ा अमृत बेकार होता है। खुद अपने काल को निचोड़ो, बड़ी निर्ममता से निचोड़ो, जितनी निर्ममता से डाक्टर शल्यप्रक्रिया करता है उतनी निर्ममता से और जितनी सदयतासे करता है उतनी सदयता से निचोड़ो। परंपरा मेरे लिए केवल पोथी नहीं, केवल वाचिक गूँज या अनगूँज नहीं, जीवित शरीर भी है, उन गुरुओं के विग्रह में मूर्तिमान रही है जिन्होंने मुझे राह केवल दिखाई ही नहीं, राह पर चलना ही नहीं सिखाया, राह बनाने की विधि बतायी।

मैं जो कुछ हूँ, उसमें जो अच्छा है, वह जिनके कारण रचा है उनकी याद स्वाभाविक है। मेरे विद्या गुरु स्वर्गीय क्षेत्रेशचंद्र चट्टोपाध्याय हैं जिन्होंने जितना स्वयं पढ़ाया, उससे अधिक नाना प्रकार की विद्याओं को पढ़वाया। जिन्होंने बराबर कहा कि मेरी संस्कृति में जय शिष्य द्वारा पराजित होने में है। मेरे शिष्य मेरे प्रतिपादित सिद्धांत का खंडन करें, मेरे सिखाए मेरी सीख को आगे ले जाएँ, यही मेरी सार्थकता है—ऐसे बड़े ऊँचे मन के गुरु के संस्पर्श ने मुझे जो दिया उसका मूल्य मैं नहीं आंक सकता, केवल प्रणत हो सकता हूँ और प्रणति के अधिकार पर गर्व कर सकता हूँ कि मैं चट्टोपाध्याय का शिष्य हूँ—फक्कड़ और वत्सल, ज्ञानकोष और विनम्र, पुरातन और नवीन, इतिहासविद् और सनातनी चट्टोपाध्याय का शिष्य हूँ, उस मुक्त अट्टहास और विपुल विराट विषाद का शिष्य हूँ जो क्षुद्र की क्षुद्रता पर हंस सकता था पर विराट भावबोध वाली भारतीय प्रज्ञा की आत्मविस्मृति से निरंतर चिंतित रहता था। इसके बाद मैं स्मरण करता हूँ महापंडित राहुल सांस्कृत्यायन का जिनके साथ अविराम शोध का काम करते हुए मैंने कर्म की दीक्षा ली। राहुल जी निश्चित अवधि के भीतर काम संपन्न करने की हड़बड़ी में रहते थे और कहते थे—प्रतीक्षा न करो और अच्छा लिखेंगे तभी छपे, जो लिखा है उसे दो, बाद में तुम अपना अतिक्रमण स्वयं करना। ज्ञान की यात्रा आज ही समाप्त होने नहीं जा रही है। उनसे जो सबसे बड़ी बात सीखी वह यह कि ज्ञान का स्रोत अनंत है। प्रत्येक व्यक्ति और प्रत्येक वस्तु से ज्ञान की किरण फूट रही है। सबसे लो, हाथ पसारकर लो। उन्हीं से सीखा कि ज्ञान अनुमति नहीं देता कि अवज्ञा करो। गाँव का अनपढ़ आदमी भी ऐसे प्रकाश के मंत्र जानता है जो दूसरे के पास नहीं है। पीढ़ी-दर-पीढ़ी जिसने नक्षत्रों को निहारा है, उसने भी सृष्टि की लिपि पढ़ी है। उनके साथ काम करना, उनके साथ-साथ खटना और उनके हँसी-मजाक के बीच उनकी सहज मानवीयता का संस्पर्श पाना मेरे लिए बहुत ही महत्त्वपूर्ण अनुभव रहा है और मैं थकता हूँ तो पाता हूँ कि राहुल जी थकने नहीं देंगे। मैं कहीं अटकता हूँ, रुकता हूँ तो लगता है कि राहुल जी रुकने नहीं देंगे। तीसरा नाम कालक्रम में पूज्य भैया साहब स्वर्गीय पंडित श्रीनारायण चतुर्वेदी का है, जिनकी स्नेह-छाया बहुत लंबे समय तक मिली और हाल में ही उस छाया से वंचित हुआ। उन्होंने हिंदी भाषा की गरिमा

की पहचान कराई, हिंदी लेखन का गर्व दिया, अपने भीतर बड़ा विश्वास दिया कि संस्कृत भाषा-साहित्य का विद्यार्थी गंवई-गाँव का आदमी, ठेठ भोजपुरी परिवेश का आदमी इतने बड़े इतिहास और भूगोल की इतनी बड़ी जोड़ने वाली भाषा में लिख सकता है। वे जुझारू आदमी थे, पर थे बड़े कोमल। क्षमा वे अपने सगेको भी नहीं करते यदि कहीं मूल्यों पर आघात हुआ हो, पर वैसे स्नेह कातरताकी सीमा थे। उनसे डाँट पाना सुखद अनुभव था, क्योंकि उस डाँट की निर्ममता में अव्यक्त ममता रहती थी। कभी-कभी ही वह गद्‌गद स्वर में फूटती थी, वह भी उस व्यक्ति के परोक्ष में, जिसे वे मानते थे। अपने इन तीनों गुरुओं के आगे बड़ा ढीठ रहता हूँ, उनके वात्सल्य ने ही मुझे इतना ढीठ बनाया, उसका स्मरण करता हूँ तो भीतर से भीग उठता हूँ, कितना पा सकता था, कितना कम पाया, उसी में इतना उतर गया।

इन ऋणों के अलावा भी ऋण है, दूसरे प्रकार के पोषण। पिता-माता, नाना-नानी, भाई-बहन, पत्नी, पत्नी के स्वजन और नाते-रिश्ते, बंधु-बांधव और अंतरंग मित्र मंडली। बाणभट्ट तो क्या खाक हूँगा, पर उस घुम्मक्कड़ पंडित की उमंग से जुड़े दो व्यक्तियों ने साहित्य में मुझे बहुत प्यार दिया—स्वर्गीय पंडित हजारी प्रसाद द्विवेदी ने और स्वर्गीय अज्ञेयने। ये दोनों मेरे बड़े भाई थे, पर जिन्हें आप सब 'अज्ञेय' के रूप में जानते हैं, वे मेरे बस भाई थे और बिना सहोदर हुए जुड़वा भाई थे। बात-बात में अलग, पर भीतर से इस तरह जुड़े कि आज वह जुंड़ाव सालती स्मृति बना गया है। मैंने परिवार और परिवार के मोह-छोह से भारतीय परिवारिक परिस्थितियों के षट्‌रस से भरपूर जीवन का आस्वाद पाया। मैं वंचित रहा हूँ तो सिर्फ एक बात से इतनी आत्मीयताओं, इतने भरपूर स्नेहों के बीच रहते हुए भी आत्मतृप्ति या जिसे कहें चैन से मुझे ऐसा लगता है कभी चैन से रहने का सुख नहीं मिला (या पता नहीं दुःख ही हो, चैनवाले ज्यादा जानते होंगे) शायद इसका कारण यह हो कि लेखक की, और विशेष रूप से अनतिमहान् लेखक की यह नियति हो।

मैं वाचिक संप्रेषण में पला, बढ़ा और छापेखाने के युग में भी यदि वाचिक बना रहा तो यह लोकसंस्कृति की शास्त्रीय परंपरा में रमने का परिणाम था। मैं पाठक से कम अपने श्रोता को महत्त्व नहीं देता और मेरे लिए लिखित से वाचिक का महत्त्व कम नहीं है। मुझे समूह संचार-माध्यमों से अपने पाठकों से अधिक अपने श्रोताओं से संवाद स्थापित करने का जो अवसर मिला और उससे जो कुछ अपने को पुनः रचने की प्रेरणा मिली वह मेरी 'जीवनमूरि' है। महाभारत पढ़कर उसे जितना मैं नहीं समझ पाया उससे अधिक इस व्याख्यान की तैयारी और प्रस्तुति तथा प्रश्नोत्तर के द्वारा समझ सका और महाभारत के माध्यम से भारतीय चेतना की धारा को कुछ-कुछ समझ सका। मैं अपने श्रोताओं का ऋणी हूँ। भाई मेरे सबसे

नजदीकी श्रोता और पाठक थे। वे थे बड़े सज्जन और सचेत श्रोता-पाठक। उनकी प्रतिक्रिया आत्मीय साझीदार की होती थी और बात संक्षिप्त होती थी, वह मेरी रिक्तियों को भरती रहती थी।

'महाभारत का काव्यार्थ' कोई शास्त्रीय समीक्षा नहीं है, वह पाठक का अपना आकलन है—अपने को कहाँ तक महाभारत को दे पाया और क्या उससे मैंने पाया, इसी का लेखा-जोखा है। वह देना-पाना चूँकि सामान्य पाठक का है इसलिए वह सामान्य से जुड़ता है और लोगों की अभिरुचि महाभारत में अपने को नए सिरे से पहचानने में होती है तो मेरा प्रयास सार्थक होगा यह विचार भी मेरे मन में रहा, पर इससे अधिक यह रहा कि भाई ने बड़ा कठिन आदेश दिया और अपने घर में अपने स्नेहपाश में अक्षरशः कई दिनों तक बाँधकर रखा—पंडितजी आप बहुधंधी हैं, बस यहीं रहिए और महाभारत पर लिख डालिए। उनके आदेश का गुरुतर भार, अपनी मूर्खता का पश्चाताप कि कहाँ से कहाँ मैंने यह भार उठाया कि कह दिया महाभारत पर कुछ बोलना चाहूँगा और फिर महाभारत का अपने भीतर न सँभाला जा सकने वाला महाप्लावन कैसे मैं पार लगा, बस मैं ही जानता हूँ। आज उन चार दिनों की याद आती है और अपने सामने लगी मूल्यहीनता की आग की नजर जाती है तो इसी बात पर अचरज होता है कि ऐसे में लिखा कैसा जाता है। मूल्यों के ऐसे महानाटक के बीच सरस्वती कैसे जागती है, यह व्यास जरूर जानते थे, पर क्या हम आज जानते हैं ब्रेख्त के साथ यह महसूस करते हुए कि बड़े उदास जमाने में जी रहे हैं जब पेड़-पत्तियों के बारे में बात करना गुनाह हो गया है, उदासी की चरम सीमा में अपने को जज्ब करके कुछ बच रहने का उपाय जानते हैं? मैं तो यहीं कहूँगा—नहीं जानते, क्योंकि हममें उतना अकेले होने का साहस नहीं है, इतने बड़े महासागर के तीर पर खड़े होकर पुकार लगाने का साहस नहीं है। तो भी अपने समर के समानधर्मी कायर बुद्धिजीवी समुदाय की आँख बचाकर जोर से एक बार चीखने का मन तो करता है। शब्द निकलें न निकलें, निकलें भी स्फुट हों न हों, पर जोर पूरा हो, कोई—सुने न सुने, सुनकर अनसुना कर दे, पर शब्द कहीं टँग जाय, इस महादेश के महाकाश में। मूल्यों का नाटक बड़ा महँगा सौदा है, इससे मूल्य ही नहीं गिरते, मूल्य का चाव, मूल्य के लिए सच्चे न्यौछावर का चाव गिर जाता है, नाटक खेलने के लिए बहुत कुछ है, बस कुछ चीजों को छोड़ दो मेरे प्यारे देश के बड़े लोगों, कुछ चीजों को छोड़ दो। उन कुछ चीजों में एक महत्त्वपूर्ण चीज है, संवाद की अपेक्षा। संवाद न भी हो, संवाद की अपेक्षा हो तो कहीं न कहीं समाधान है, पर संवाद से निरपेक्ष होने की स्थिति मत लाओ, कहीं संवाद का रस इस सनातन संवादी देश में सूखने न पाएँ, इसलिए मीरा के शब्दों में कहूँ—'दुई अँखियाँ जनि खाइहौ, पिय दरसन की प्यास।' यह प्यास रहेगी

तो प्रिय रहेंगे, यह विराट समय जीवन की प्यास बनी रहे, सब चला जाय, कुछ चिंता नहीं।

मैं इसी प्यास का आमंत्रण अंत तक देता रहूँ, यही आर्शीवाद अपने पाठक से चाहता हूँ, आप जो मेरे संबोध्य हैं, आराध्य हैं, आस्वादक हैं, आलोचक हैं और मेरे पर अर्थात उत्कृष्टतर स्व हैं।

विवाह उत्सव : याद आता है वह जमाना

हमारे-गाँव के जीवन में विवाह विचित्र प्रकार का उत्सव है। अब तो कुछ शहरी प्रभाव की कृपा से ठीक-ठाक होने लगा है, नहीं तो फूस के मंडप का बाँस के खंभों पर बनाए जाते हैं। उनमें रंगों से कमल और कमल पत्र बनाए जाते है। कहीं नदी या तालाब से मिट्टी खोदकर लायी जाती है, उसकी वेदी बनती है। मंडप के बीच में हरिस बाँधी जाती है, जुआ रखा जाता है। पत्तियों की वंदनवार तनती हैं बारात प्रायः किसी आम के बगीचे या किसी स्कूल में टिकती है। बारात का स्वागत अर्घ्य और मधुपर्व (शर्बत) द्वारा होता है। आगवानी (स्वागत) दरवाजे पर होती है और पहले कन्या की प्रतिष्ठा करने वर के बड़े भाई जाते हैं। इसके बाद कन्या स्नाना करके वर के घर से आयी सतरंगी चुनरी पहनती है। पर जब विवाह की वेदी पर लायी जाती है तो मामूली सूती साड़ी पीले रंग में रंगी हुई पहन कर बैठती है, मानो पति का वैभव स्वीकार करके भी विवाह का व्रत सादगी की गरिमा में लेती हो। विवाह में पहले पाणिग्रहण होता है, कन्या का अभिभावक वर के हाथ में कन्या का हाथ पकड़ाता है। पति मंत्र द्वारा प्रतिज्ञा करता है। उसका अर्थ है कि तुम्हारा हाथ पकड़ रहा हूँ, अपनी शोभा बढ़ाने के लिए, हम साथ-साथ लंबी उम्र जिएँ। सूर्य प्रकाश के देवता ने मुझे गृहस्थ जीवन बिताने के लिए सौंपा है। मैं विष्णु हूँ, तुम लक्ष्मी हो। मैं सोम हूँ, तुम ऋक् हो। मैं आकाश हूँ तुम पृथ्वी हो। हम दोनों विवाह करें, एक-दूसरे का वहन करें। संतान उत्पन्न करें, सौ वर्ष आँखों से देखें, कानों से सुनें, सौ वर्ष जिएँ। इसके बाद वर कन्या के पैर को पत्थर पर रखता है। और अनुरोध करता है—तुम इस शिला पर पैर रखो। इस शिला की तरह तुम स्थिर प्रेम करने वाली बनो। जो लोग परिवार में झगड़े लगाते हैं, उनके ऊपर काबू पाओ। इसके बाद लाजा (धान की खीलों) से हवन होता है। कन्या कहती है, मेरे पति लंबी आयु पाएँ, मेरा कुटुंब फले-फूले। खील की आहुति दे रही हूँ, अग्नि मेरे और तुम्हारे एकीकरण की अनुमति दें।

इसके अनन्तर सप्तपदी होती है। इसमें वर के पैर के नीचे कन्या पैर रखती

है और सात पग रखे जाते हैं। प्रत्येक पग पर पति एक-एक व्रत की दीक्षा सा देता जाता है। तुम मेरे घर की धनलक्ष्मी बढ़ाने में साथ दो। तुम बल बढ़ाते में साथ दो। तुम ऊँचा मन बनाये रखने में साथ दो लोक कल्याण कार्यों में मेरा साथ दो, छह ऋतुओं के साथ सामंजस्य में साथ दो। सातों लोकों में ख्याति के लिए साथ दो और तुम मेरे प्रत्येक व्रत में साथी बनो। इसके अनन्तर वह नवपरिणीता का हृदय स्पर्श करता है और कहता है, तुम्हारा हृदय अपने व्रत में आकृष्ट करता हूँ। तुम्हारे चित्त को अपने चित्त के साथ जोड़ता हूँ। हम तुम एक मन वाले, एक वचन वाले और एक कर्म करने वाले हों। प्रजापति हमें तुम्हें एक परस्पर पूरक जोड़ी के रूप में विश्वहित में जोते। अंत में विवाह विधि संपन्न हो जाने पर वर-वधू को लोक के आगे प्रस्तुत करता है। यह वधू सुमंगली है। आप सब इसे असीसें, आपका आर्शीवाद इसका सौभाग्य बने।

विवाह के चौथे दिन वर-वधू जुए पर बैठे एक साथ स्नान करते हैं। विवाह यज्ञ की संपन्नता के हर्ष में खीर की आहुति दी जाती है और वर-वधू एक-दूसरे को खीर खिलाते हैं।

इस अनुष्ठानक्रम के साथ-साथ प्रत्येक चरण के साथ मनोरम लोकगीत चलते रहते हैं। प्रत्येक में माधुर्य तो होता है, मंगल की भावना भी निहित होती है। विवाह के दिन वर-कन्या को उपवास रखना पड़ता है। कन्या प्रदान करने वाले को उपवास रखना पड़ता है। विवाह इसी अर्थ में यज्ञ है कि वह जीवन यज्ञ की तैयारी है, वह योग की तैयारी नहीं। स्वस्थ पूर्ण जीवन बिताने की तैयारी है जिसमें परंपरा को आगे बढ़ाने के लिए संयम, सेवाभाव, आदरभाव, मोहभाव और कुटुंब भाव का निर्वाह ऐसे करना होता है कि अपना निजत्व छँटता चला जाता है। सच्चा गृहस्थ सच्चे अर्थ में कर्म-संन्यासी हो सकता है। वह कर्म में मुक्ति पाता है।

विवाह संस्था हमारे लिए इसलिए पवित्र संस्था है कि वह पूरे समाज का आधार है। उसका उत्सव सबका उत्सव है। वर-वधू में इसीलिए विष्णु और लक्ष्मी के अवतरण की बात सोची जाती है और उनकी रमणीयता एक-दूसरे को पाकर जो होती है, वही लोगों के लिए भर आँख देखने की वस्तु होती है।

मंडप छाने के लोकगीत में कहा गया है कि पत्रों से मंडप हम बबूल के पेड़ के नीचे छा लेंगे। इसका अभिप्राय यही है कि कठिनाइयों में हम साहचर्य की छाया बना लेंगे। कठिनाइयाँ कुछ कर न सकेंगी। विवाह का उत्सव रंगरेली नहीं है।

अपने विवाह की बात पचास वर्षो बाद भी याद है। बारात का उल्लास, देर से तीसरे पहर दिन में, आधी रात बाद रात में सबके साथ भोजन, शहनाई की मधुर ध्वनि समय-समय पर, शाम-शाम कथक नृत्य, ये सब एक ओर और दूसरी ओर वर-वधू दोनों सबके वेध्य बने हुए। सब अलग-अलग चुहलबाजी के शिकार।

वर-वधू होने की शालीनता में कुछ कह नहीं सकते। भोजन के समय मधुर स्वर में गाली सुनने को मिलती। विवाह मंडप स्वयं एक कसरत थी। तीन बजे राज तक कहीं छुट्टी मिली। उनींदी आँखें तो भी कुतूहल से भरी। कौतुक गृह (कोहबर) में दो दीयों की बाती मिलाने का कहा गया। अब जलती हुई दो बातियों को मिलाना आसान तो है नहीं। बीच-बीच में गीत कि प्यारे तुम्हें बाती मिलानी भी नहीं आती। प्रतिदिन पासे का खेल होता, और सालियों की साज़िश से हर बार हारना ही होता। विवाह में हारना ही हारना है और इस हारने में कितना सुख है, यह बात गाँव के नवविवाहित ही जानते हैं।

आज विवाह के अर्थहीन कर्मकांड के रूप में भोंडे वैभव प्रदर्शन के रूप में देखता हूँ तो बड़ा दुःख होता है। विवाह में गाँव भर किसी न किसी रूप में जुटता था। सबको भोजन कराके ही भोजन किया जाता था। कभी-कभी भोजन कराते-कराते सुबह होने लगती। पर विवाह के साथ सबका सामूहिक उल्लासमय श्रम जुड़ा होता था। ठेके पर काम नहीं दिया जाता था, न ठेके पर खुशी दी जाती है। विवाह के अनुष्ठान फोटोग्राफर की सुविधा से दुहराए नहीं जाते थे, न दो-दो बार जयमाला डालकर पोज में फोटो खींची जाती थी। लाउडस्पीकर का शोर नहीं था। बिजली की चौंधियाने वाली रोशनी नहीं थी। न ठेके पर भोजन का प्रबंध था। आज शहरों में उन्माद तो विवाह के अवसर पर जरूर दिखायी देता है लेकिन सबकी साझेदारी का उत्सव नहीं दिखायी पड़ता, न विवाह के अनुष्ठान की सहज रमणीयता दिखायी देती है। इससे विवाह संस्था का क्षरण हो रहा है। विवाह चित्त का संस्कार है। यह संस्कार सामूहिक मंगल में साधक होता है। पर लोक संस्कार की गरिमा भूलकर जब भोग के लिए विवाह रचा जाता है तो सहचर और सहधर्मी होने का भाव अपने आप समाप्त हो जाता है और पत्नी उपभोग्या या धन की वसूली की मशीन बनकर रह जाती है। आज विवाह के सही उत्सव रूप की स्मृति उद्‌बुद्ध हुई।

'हम और हमारा समय'

कई दिनों से कर्फ्यू के शहर में जीने का अभ्यास कर रहा हूँ, इसमें चूँकि समय का रथ रुका हुआ है, अपने समय को नजदीक से देखना-पहचानना संभव हो रहा है, नहीं तो समय के बहाव में बहते हुए कहाँ हम समय को देख पाते हैं, उस सयम तो अपने को भी नहीं देख पाते। हमारा समय बड़ा क्रूर है। लोग दरबों में बंद हैं, दम घुट रही है, संपन्न हैं तो वीडियो से ऊब रहे हैं, नहीं हैं तो ताश के पत्तों से ऊब रहे हैं और समय है कि चुपचाप मजे ले रहा है, बहुत लोग कहते थे फुरसत नहीं मिलती, लें फुरसत कितनी फुरसत चाहते हैं। दूसरे माने में और क्रूर हैं, वह उत्कंठा से प्रतीक्षा करता है, कहीं बम फूटा कि नहीं फूटा, कहीं कुछ उपद्रव हुआ। या नहीं हुआ, कहीं पिटाई हुई कि नहीं हुई, कहीं फिर तो दंगा नहीं भड़का। पर शायद इसलिए क्रूर है कि हम अपने समय में अधिक असुरक्षित हैं, किलेनुमा मकानों में भी असुरक्षित हैं क्योंकि भय हमारे भीतर समाया हुआ है। भय ने हमको हिंस्र बना दिया है। भय दस तरह के हैं, जानमाल का कहीं नुकसान न हो, कहीं अपनी सामाजिक स्थिति न घटे, कहीं हमारा ढोंग न प्रकट हो जाए, कहीं मुखौटा न उतर जाए और चेहरा नंगा हो जाए, कहीं हम किनारे न कर दिए जाएँ, हमें कोई पूछे नहीं। कोई पूछे भाई, इन सबसे भयभीय होने की बात, यह सब तो होता ही रहता है। आदमी साँस लेगा तो कभी न कभी छींक आएगी ही, तेज चलेगा तो कभी न कभी गिरेगा ही, खेलेगा तो कभी न कभी हार होगी ही। फिर क्यों भय। शायद हमारा समय बड़ा अधीर है। जीवन में कहीं इतमीनान नहीं है, इसीसे अपने में ही उधेड़ बुन है, अपने मैं पर इतना भरोसा है और भरोसा टिकता नहीं, इसलिए इतना गुस्सा है, इतनी खीझ है कि सारी दुनिया खिलाफ है।

और गहराई में सोंचे तो लगता है कि हमारे समय में 'हम' आँखों से ओझल हो गया है, बस मैं है या वह है जो मेरा है, वह और मैं दोनों मिलकर एक हम होता है, उस हम का एहसास खो गया है। हमारे समय ने हमको विस्थापित कर दिया है, या यों कहें बेदखल कर दिया है। 'हम' के बेदखल हो जाने से अब

बहुत से जीवन के आस्वाद फीके हो गए हैं। कच्ची अमिया क्या अकेले खायी जा सकती है। क्या झूला अकेले झूलने में कोई सुख है, बिना गोइयाँ के (जोड़ी के) कोई गीत-गीत है। बहुत दिन पहले होली की रात में सुना एक फगुवा गीत याद आता है, 'भरि देहु गगरिया हमारी' बनवारी हमारी गागर भर दो। कभी इस गीत ने इतना भरा था मन को पूरा निबंध लिखाकर ही रहा।

वह गीत आगरे में बसे हमारे इलाके के पुरबिया मजदूरों ने मिलकर गाया था, नेता थे बिजली पहलवान, जो साल भर हुआ इस संसार से चले गए। गीत का भावार्थ यह था कि हम किनारे बैठी हैं, घाट पर बड़ी रपटन है, बनवारी हमारी गागर जमुना में भर-भर कर ला दो। बनवारी सबके हैं, सबकी गागर उन्हें भरनी है, कहाँ तक भरेंगे पर साध यही है कि हमारी सबकी गागर बनवारी भरें। यह साध ही तो असल में भरना है। यह आकांक्षा कि जो सबके प्रिय हैं, उनके हाथों मेरी यह गागर भरी जाय, सबका प्यार उनके हाथों मेरे भीतर भरे, यही जीवन की परिपूर्णता है।

उस गीत की सुधि आती है तो लगता है कि हमारा समय कितना अभागा है, भरना ही नहीं चाहता, अधूरे होने में ही उसके जीने की साध-सध जाती है। खंडों में ही, टुकड़ों में ही सौंदर्य फूटता दिखाई पड़ता है। जिंदगी कतरनों में अलग-अलग कटी हुई ही अच्छी लगती है। कतरनों के कोलाज ही अब पूरी मूर्त्ति बनते हैं। मैं ऐसे सौंदर्य की उपेक्षा नहीं करता, उसकी प्रशंसा ही करता हूँ क्योंकि वह एक चमत्कार तो है ही। उँगलियाँ काट-काट कर उनकी माला बनाना और उनकी माला पहनकर अँगुलिमाल कहलाना अचरज की बात तो है ही। पर अँगुलिमाल तो लक्ष्य नहीं, लक्ष्य तो अँगुलिमाल को फिर से आदमी बनाने वाले बुद्ध ही हैं।

अपने समय के साहित्य में बहुत ही अद्भुत चीजें हैं, उदासीनता की अनेक पर्तें हैं, एक पर्त यह कि पेड़ के पत्तों के बारे में बात करना गुनाह हो गया है, एक पर्त यह कि स्त्री भूगोल हो गयी है, एक पर्त यह कि अब किसी बात पर हंसी नहीं आती, एक पर्त यह कि नंदा देवी के चरणाश्रित जंगलों की लुगदी अखबार बनकर पर्यावरण की रक्षा की, जंगल की रक्षा की बात करती है और एक पर्त यह कि आदमी-आदमी के लिए अजनबी हो गया है। इन उदासीनताओं से उबरने का कोई रास्ता नहीं दिखता, दिखता भी है तो दूब की नोक पर उजास में जितना दिखेगा, उतना ही दिखता है।

जो रास्ते पहले बतलाए जा चुके हैं और जो आज भी सूखे कंठ से अधमरे मन से आज भी बतलाए जा रहे हैं, उनकी प्रशस्तता से भय लगता है। वे इतने प्रशस्त हैं कि उन पर चलने की हिम्मत नहीं होती। हमारा समय राह निकालने कि फिक्र में डूबा हुआ है और हम मैं-मैं-मैं की झाड़ियों के बीच कहीं खो गया है, झाड़ियाँ तो राह खोजेंगी नहीं, राह चाहेंगी भी नहीं, राह की तलब वाला हम मिले अपने समय

की राह निकालने के बारे में उससे चर्चा करें। हमारा साहित्य कभी-कभी तो जाकर पुकार लगता है, कहाँ हो हम, उत्सव के रेले में आओ शरीक हो, मेलों की गहमागहमी में आओ देखो कैसा लगता है, एक दूसरे से टकराना और यकायक पहचानना, भाई तुम कैसे हो, बहिनी तुम कैसे हो, कितने युगों बाद ऐसे मिलना हुआ।

परंतु उदासी, चुप्पी, हताशा, विडंबनाओं की स्वीकृति, हार की मुर्दानगी और अनहोने भय की दहशत के बीच यह पुकार भी खो जाती है। उपन्यास पढ़िए, कहानी पढ़िए, बहुत सोचने को मिलता है, बहुत ही बारीक बातें जानने को मिलती हैं, अपने समय का बड़ा अच्छा तार्किक विश्लेषण भी मिलता है, पर कुछ मिलने से रह जाता है जिससे आँखें नम हों, या जिनसे बांहों में फड़कन हो। ऐसा नहीं कि कभी मिलता ही नहीं, पर कम मिलता है और कभी-कभी मिलता है। ऐसा क्यों? इसका उत्तर यही है कि हम साहित्य को दैनंदिन जीवन का अपगीत बनाने की कला भूल गए हैं। सूर के पद के सहारे चक्की चलती है, विद्यापति की पदावली के सहारे हल चलते हैं और विरहों के सहारे ढोर चराने का काम चलता रहता है, इस सामंजस्य पर अब किसी को प्रतीति नहीं होती।

हमारे समय का साहित्य ट्रेन में क्यों नहीं बातचीत में तैरता, कारखानों में क्यों नहीं गूँजता, खेतों में क्यों नहीं लहराता, यह प्रश्न हम अपने आप से करें अपने समय के पाठक या श्रोता से करें, बार-बार करें तो शायद कहीं जीवन का साहित्य के साथ संवाद पुनः स्थापित हो। अभी फिलहाल वह संवाद नहीं है। साहित्य संगी होता तो जितना नकलीपन हमारे जीवन में आ रहा है, वह न आता। राजनीति को बेईमान कह करके जो हम पूरे समाज की ईमानदारी के दायित्व रो मुक्त हो जाते हैं, वह न होता। भ्रष्टाचार की चर्चा में इतना रस पाते हुए हम जो चुपचाप भ्रष्टाचार की अपरिहार्यता के आगे हथियार डाल चुके हैं, वह न होता। दैवी विपत्तियों में राहत की सामग्री पहुँचाने का शुभ कार्य करते समय हम जो सेवा भाव के दंभ से भर जाते हैं, वह न होता और न होता दंगों के बीच फसादों के बीच पुलिस के बल पर पैदा की गयी शांति की निश्चिंतता होती। साहित्य तो बार-बार कचोटता,

कपट की हांड़ी काठ की चढ़ै न दूजै बार

या

देनहार कोउ और है भेजत है दिन रैन।
लोग भरम मो पै करैं तासों नीचे नैन।।

या

ज्यों-ज्यों तोड़े त्यों-त्यों जोड़ूँ जोड़नहार कहाऊँ।

ऐसी पंक्तियों के द्वारा भीतर के मानुष को बँगला में कहूँ तो मने-मने मानुष को झकझोरता, उठो सोए न रहो, तुम्हारी गठरी में चोर लगा है। ऐसा नहीं है कि

हमारे समय का साहित्य यह काम कर नहीं सकता पर दिक्कत यहाँ है कि एक तो हम और हमारे साहित्य के बीच बातचीत नहीं दूसरे साहित्य और साहित्य के ग्राहक के बीच बातचीत नहीं होती। यह दिक्कत भी कोई बुनियादी दिक्कत नहीं, यह पैदा की हुई दिक्कत है, असहज है। आदमी के जिंदगी में साहित्य न छुए, यह अस्वाभाविक है, आदमी की नाड़ी में रक्त का प्रवाह न हो, दम और खुशी का इजहार न हो तो फिर मनुष्य की रक्त वाहक नाड़ी क्या हुई, वह तो मुर्दाघर का तमाशा हुई। हमारे समय ने अनावश्यक रूप से उनको महत्त्व दिया, जो सूचनाओं का सैलाब ला रहे हैं, या उनको दिया जो कुछ वादे कर रहे हैं, तुम्हारा ऐसा कल्याण होगा, वैसे कल्याण होगा पर उनको महत्त्व नहीं दिया जो हम कुछ सार्थक मनुष्य होने की ओर ले जा सकते हैं और वह है साहित्य, संवदेनाओं का बिसाती, घर-घर लगाने वाला और फिर हँसते-खेलते चल देने वाला, वह बेंचने नहीं जाता, वह खरीदने जाता है, एक से एक कोमल भावप्रवण संवेदनशील हृदय।

हम और हमारे समय को गंभीरतापूर्वक सोचना है कैसे उस बेघर, बेपहचान आत्मीय का फेरा घर-घर लगे और इसके लिए दूसरे साधनों को साहित्य के अधीन बनाना है, दूसरे शब्दों में मनुष्य के भाव जगत् के अधीन बनाना है। यह कब होगा, यह हमारी योजनाओं के कीमियागर जानें, या जानें इन योजनाओं के भारवाही असंख्य साधारण जन जिनके भीतर साहित्य की गूँज है, और गूँज है तो सबके साथ समरस होकर जीने की बेचैनी है।

ओझल होता साहचर्य

ईस्वी वर्ष का अंतिम सप्ताह दारुण दुःख देता गया। एक घटना, कहने के लिए निजी जीवन में हुई पर उसका आयाम देश-विदेश तक पसरा हुआ था। कालिदास के शब्दों में–

गतिरस्तमिता धृतिश्च्युता विरतं गेयमृतुर्निरुत्सवः।
गतमाभरणप्रयोजनं परिशून्यं शयनीयमद्य मे।।

गति रुक गयी (अस्त को प्राप्त हुई), धृति खिसक गई, गीत के स्वर मौन हो गए, ऋतु निरुत्सव हो गई, सजने-बजने का सारा प्रयोजन चला गया और चारों तरफ से सेज सूनी हो गई। इस ढलती अवस्था में गृहिणी, सहचर, प्रबंधक और संक्षेप में समूचा घर देखते-देखते आँखों से ओझल हो गया। साठ वसंतों की सहचरी, सहभागिनी विदा हो गई। एक तरह से जीवन की पूरी सचेतावस्था की असंख्य स्मृतियों की बाढ़ चली गई, एक जीवन पर छानेवाला साहचर्य का परम आश्वासन भाव चला गया। स्मृति में सहचरी है, पर साहचर्य के लिए कहीं अवकाश नहीं है। पत्नी की बात करते समय लोग भारत में नारी के अभिशप्त जीवन की बात करते हैं, उसकी मुक्ति का अभियान चलाते हैं। वे भूल जाते हैं कि नारी जितना पुरुष पर अवलंबित है उससे ज्यादा पुरुष नारी पर अवलंबित होता है। वैसे तो लगेगा कि मेरी व्यक्तिगत क्षति हुई है और वह पूरणीय है, लेकिन वस्तुतः यह क्षति एक विशाल परिवार की क्षति है, जो अपरिचित को भी वात्सल्य प्रदान करनेवाली, कम पढ़ी-लिखी नारी से प्राप्त स्नेह से बना रहा है। देश-विदेश में जहाँ गईं वहाँ उन्होंने आत्मीयता का ऐसा विस्तार किया कि मुझे स्मरण है, उन स्थानों से आते समय हवाई अड्डों पर गाँव से कन्या की विदाई जैसा विचित्र हाहाकारी दृश्य उपस्थित हो जाता था। मनुष्य का सहज धर्म है अपने को बाँटते रहना। इस धर्म का संस्कार उन्होंने कहाँ से पा लिया था, राम जानें; पर उनके साथ रहते हुए मैंने अनुभव किया कि असली सुख बाँटने में है, सँजोकर रखने में नहीं है, वे संग्रह भी करती

थीं। तो बराबर यह कहकर कि यह नहीं है, वह नहीं है इसलिए कि उनके मन में किसी को कुछ देने का संकल्प रहता था। जो भी उनके साथ रहा, संपर्क में आया, उसके साथ उन्होंने कभी पराएपन का भाव नहीं रखा। पशु-पक्षी, वृक्ष किसी के प्रति पराएपन का भाव नहीं रखा। आधुनिक शिक्षा ने ये भाव पूरी तरह से छीन लिए हैं और विकास का पैमाना मान लिया है दूसरों को पीछे धकेलकर—चाहे जैसे संभव हो, दूसरों से आगे निकल जाना। दूसरों को साथ लेकर आगे निकलनेकी बात पिछड़ापन है। इस शिक्षा ने वस्तुओं को तो निजी वस्तु माना ही है, मनुष्य और मनुष्य के संबंधों को भी निजी वस्तु मान लिया और सबके ऊपर मूल्य का एक छोटा सा चिप्पड़ लगा दिया है। मानवीय मूल्यों की भी कीमत आँक ली गई है। इन सबसे दूर एक संस्कार ऐसा भी हो सकता है, जो वस्तुओं को भी, प्रकृति को भी अपनापन दे सकता है। इसकी वे साक्षात् विग्रह थीं और मुझे ऐसा लगता है कि ऐसा घरू भाव, जो घर को भरता था, एकाएक विदा हो गया है।

इसी सप्ताह में विश्व स्तर पर एक बड़ी दारुण घटना घटी। वैज्ञानिक सोच रहे थे कि पृथ्वी का ताप घट रहा है, शायद वे भी नहीं सोचते रहे होंगे कि भीतर-ही-भीतर ताप का एक महास्रोत है। उस महास्रोत के ऊपर काल-देवता प्रायः निश्चल रहते हैं, पर कभी-कभी करवट बदलते हैं और उस महाकाल के ही रूप अनंत महासागर में ऐसा उद्वेग होता है कि धरती पर रहनेवाले जीव-जंतु, उगे हुए पेड़, बनी हुई बस्तियाँ—सब ग्रास बन जाते हैं। मनुष्य का ज्ञान, ज्ञान से अधिक उसका अभिमान—सब ध्वस्त हो जाते हैं। ऐसा ही कुछ 26 दिसंबर को घटा। मृत्यु का चटखारा लेनेवाले संख्याओं की बात करने लगे, संख्या और ऊपर जाएगी...। ये भी चर्चा कर रहे थे कि समय से सूचना मिलती तो लोग बचाए जा सकते थे। इसी समय बिना किसी विज्ञान की सहायता के अंडमान निकोबार के निपट निरक्षर जनजातियों के लोग पक्षियों से, हवा से, पानी के रंग से संकेत पाकर समुद्र तट से दूर नारियल के पेड़ों पर चढ़कर अपने को बचा पाए। उनको किसी ने किताबी शिक्षा नहीं दी, लेकिन प्रकृति उनके लिए लिए सहचरी रही, प्रकृति उनके लिए शिक्षक रही—वह कभी शिक्षा देने के लिए दंड भी देती थी और वही उन्हें सहलाती भी थी। दंड भी केवल सीख देने के लिए। प्रकृति के साथ रहने का सहज परिणाम है प्रकृति का सहज प्रेम। प्रकृति की गति की, प्रकृति के हर स्पंदन की सहज जानकारी आरोपित नहीं है, जीवन का एक अनिवार्य अंग है। यह भी सुनने में आया, कि इस विनाश का आभास पाकर जीव-जंतुओं ने अपनी सुरक्षा कर ली और समुद्र तट पर जीव-जंतुओं को मरा नहीं पाया गया। कहीं-न-कहीं उनके भीतर सहज ज्ञान था। आज से पचास वर्ष पहले गाँव के लोग चिड़ियों की बोली से, पशुओं की चेष्टा से, आसमान के रंग से, पेड़ों के मौसम के साथ बदलते स्वभाव से ऐसा अंतरंग परिचय रखते थे कि उन्हें हर प्रकार की आपदा की एक पूर्व सूचना मिल

जाती थी। उससे बचने का उपाय भी उन्हें प्रकृति की गोद में दिख जाता था। आज प्रकृति मनुष्य के अनंत विस्तार का लक्ष्य हो गई है और मुनष्य कहना चाह रहा है कि हमने पृथ्वी पर विजय प्राप्त कर ली है। ऐसे ही मनुष्य ने स्त्री को विजय का उपहार मान लिया। उसके लिए न प्रकृति सहचरी है, न स्त्री सहचरी होने लायक है। शायद साहचर्य क्या है, यह उन्हें बिल्कुल भूल गया है। अज्ञेय ने कभी आत्मीयता को परिभाषित करते हुए कहा था कि जब कभी बाहर से बहुत दिनों बाद कोई घर लौटा रहता है तो उसके मन में यही रहता है कि जिस घर और उसके परिवेश को छोड़कर गया था, सबकुछ वैसा ही है, जो पेड़-पौधे थे आस-पास, जो बूढ़े लोग थे—बच्चे-जवान स्त्री-पुरुष—वे सब उसी रूप में मिलें। आदमी जब बीस-पच्चीस वर्ष बाद मिले किसी व्यक्ति को देखता है तो उसे सामनेवाला रूप उतना ही यथार्थ नहीं लगता जितना अपनी स्मृति में टँका हुआ रूप यथार्थ लगता है। राम को जब सीता की सुधि आती है तो बारह वर्ष की संगिनी उतनी यथार्थ नहीं लगती जितनी यथार्थ नववधू के रूप में आई कुछ किशोरी, कुछ बालिका सीता लगती थीं। सीता का वह सहज-सलोना रूप, जिसमें कई बार बेबात पर मुक्त हँसी अधरों को आलोकित कर देती थी, अलकें सँभाल में नहीं आती थीं और बरबस चेहरे पर आ जाती थीं, अंग-अंग लगते थे जैसे चाँदनी में ढले हों। मैं स्वयं तीन-तीन बच्चों की माँ बन गई अपनी बेटी को देखता हूँ तो मुझे चार वर्ष की वह मिनी ही अधिक सामने दिखती है जो मेरी पहली विदेश-यात्रा के बाद अपनी माँ से पूछती रहती थी कि 'ललकी चिरइया में उड़ि के बाबूजी कहाँ गइले?' (लाल सी चिड़िया में बैठकर बाबूजी कहाँ गए?) और इसकी सूचना मुझे उसी माँ ने पत्र द्वारा भेजी थी उस समय संसार आज की तरह नहीं था और चिट्ठी मनुष्य के जीवन में बड़ा महत्त्व रखती थी। संदेशों की बाट जोहता रहता था आदमी। यदि कागज पर संदेश न मिले तो प्रकृति के जाने किन-किन उपादानों के माध्यम से संदेश भेजने और पाने की कल्पना करके काल और देश की जाने कितनी सीमाओं को लाँघकर लोग एक-दूसरे से मिला करते थे। मिला ही नहीं करते थे, मिले रहने का भाव भी मन में भरते रहते थे। संचार के विकास के साथ-साथ अब चिट्ठी-पत्री बिल्कुल उपचार रह गई है, क्योंकि अब टेलीफोन है और टेलीफोन से संदेश भेजना व पाना अत्यंत सुकर हो गया है। इधर वर्षों से मैं कहीं भी बाहर जाता था तो यदि किसी दिन फोन नहीं कर सका तो मुझे लगता था कि मेरा पत्नी बेचैन हो उठती थीं। उनको फोन कर लेना, प्रतिदिन, मैं एक आवश्यक कर्तव्य मानता था। वह आवश्यक कर्तव्य अब निरर्थक हो गया था।

बात मैंने आत्मीयता की शुरू की थी। लंबे समय तक जो भी साथ रहता है वह आत्मीय हो जाता है। माँ का, बहन का, पत्नी का बुना हुआ स्वेटर आत्मीय हो जाता है और उसका खोना एकदम से एक निधि खोना जैसा लगता है। साहचर्य

के इस भाव ने ही गाँवों में जाति, शिक्षा, धर्म आदि की दीवारों को लाँघकर साथ रहने के कारण एक परिवार का भाव था और यह परिवार का भाव फैलकर पुरइन के पात का तरह पसरकर पेड़-पौधों को पुश-पक्षियों को अपने स्नेह-पाश में बाँध लेता था और यह बंधन व्यक्ति का, छोटी-सी निजता से मोक्ष था। आज इन दारुण दुर्घटनाओं के साए में मैं सबसे अधिक उस ओझल होते साहचर्य के भाव को बिसूर रहा हूँ जिसके कारण संसार में वैभव के बावजूद इतनी विरसता आ गई है। क्या कीमत इस वैभव की, इस संपन्नता की कि जहाँ आदमी एक छोटा सा घरौंदा बन गया है और वह उस घरौंदे के बाहर एक पग रखने की बात भी नहीं सोच सकता? क्या कीमत इस ज्ञान के विस्तार की, जो मनुष्य को केवल अमूर्त दया और सहानुभूति देकर चुका जाता है, अत्यंत संपृक्त भाव से वह करूणा की धारा प्लावित नहीं करा सकता।

मैं अपने शोक के प्रसंग में ही गाँव-घर गया था, क्योंकि वहीं पर मेरी संगिनी पहली बार नई वधू बनकर आई थीं। बाद में वे बड़ी बहू हुईं, उसके बाद वे छोटे-बड़े सभी बच्चों की माँ बन गईं। गाँव में लोगों को जिमाना था और गाँव के बदलते परिदृश्य के बावजूद जो लोग आए, वे सभी अपनी आत्मीयता का स्पर्श खो नहीं पाए थे, क्योंकि कहीं-न-कहीं साहचर्य का कोई कण उनके भीतर बचा हुआ था। उसी कण की मुझे अधिक चिंता हो रही है और उसके अत्यंत निर्मम भाव से ओझल किए जाने के अभियान से मुझे जो व्यथा हो रही है उसे मैं किससे बँटाऊँ–इसकी चिंता है और बनी रहेगी। शायद यही चिंता जीवन का आधार भी बनी रहेगी।

साहचर्य का अर्थ केवल साथ रहना नहीं है, साथ रहने के संकल्प के कारण मनुष्य में जो संस्कार उत्पन्न होता है वह भी है। पहला संस्कार है प्रभुता का भाव तज देना; प्रभु होकर कोई साथ नहीं रह सकता, हिस्से का हकदार भी साथ नहीं रह सकता, क्योंकि साहचर्य का अर्थ अधिकार देना नहीं है, अधिकार छीनना नहीं है। साहचर्य की दूसरी शर्त होती है अकुंठ विश्वास। कालिदास के एक श्लोक में दोनों बातें बहुत बहुत ही मार्मिक ढंग से व्यक्त हुईं–

मधु द्विरेफः कुसुमैकपात्रे पपौ प्रियां स्वामनुवर्तमानः।
शृंगेण च स्पर्शनिमीलिताक्षीं मृगीमकण्डूयत कृष्णसारः।।

–कुसुम के एक ही प्याले से मधु पहले भ्रमरी को पिलाता है तब पीता है; काला मृग अपनी मृगी को सींग से खुजलाता है तो स्पर्श मात्र से ही आनंद-विभोर हो जाती है और उसकी आँखें मुँद जाती हैं। भौंरों ने मधु-संचय किया है, पर उसे सुख अपनी सहचरी को पहले शहद चखाकर चखने में मिलता है। मृगी को मृग पर इतना विश्वास है कि उसे सींग से, जो मृग का कठोरतम अंग है, से कोई भय नहीं होता। उससे एक विशेष प्रकार का परितोष होता है, क्योंकि वह सींग

उसके लिए कठोर नहीं है। यह साहचर्य मनुष्य का मनुष्य के साथ हो, जीवमात्र का जीवमात्र के साथ हो—सभी स्थितियों में इन शर्तों को मानकर होता है और साहचर्य बराबर बड़े साहचर्य को बढ़ावा देता है। इसके कारण केवल एक-दूसरे को ही आदमी नहीं समझता, एक-दूसरे के प्रति आश्रित भाव को समझकर विश्वमात्र को साहचर्य में ग्रथित करके उसका भीतरी मर्म पकड़ लेता है। एक तरह से उसका संवाद भाषा के द्वारा होता ही है, मौन के द्वारा भी होता है। लोककथाओं में एक अभिप्राय बार-बार दोहराया जाता है कि मनुष्य की सहायता में जीव-जंतु प्रायः आते रहते हैं। इस अभिप्राय का मंतव्य यह है कि मनुष्य यदि दूसरे जीवों के साथ साहचर्य का भाव रखता है, यहाँ तक कि अचेतन और अर्धचेतन पदार्थों के साथ भी साहचर्य भाव रखता है, तो उसका उन पदार्थों के साथ सहज संवाद स्थापित हो जाता है।

आज का विश्व संवादहीनता की मार से संत्रस्त विश्व है। इसलिए अधिक-से-अधिक वस्तुओं के संग्रह करने की तथा उनकी प्रभुता का मद ढोने की प्रवृत्ति बढ़ती जा रही और मनुष्य अकेला-दर-अकेला होता जा रहा है। उसे अविश्वास, भय और तिरस्कार इतना ग्रस लेते हैं कि वह मनुष्यता ही खो देता है। यह एक अघटित संयोग था कि मैं निजी दुःख के साथ विश्व में महाविनाश के दुःख से संपृक्त हुआ और मुझे मनुष्य के धर्म की स्मृति जागी। उसका धर्म है—जुड़ना जोड़ना और जोड़ने के व्यापार को संक्रामक बनाना। जिन बच्चों ने माँ-बाप खोए, जिन माता-पिता ने बच्चे खोए, जिन पतियों ने पत्नियाँ खोईं, जिन्होंने सबकुछ खोया, उनके दुःख में सहायता करने का भाव भी बड़ा दरिद्र लगता है, जब तक कि तनिक भी सहायक या उपकारक होने का भाव मन में बना रहता है। मेरी व्यथा इसी बात को लेकर है कि दुःख दया का विषय नहीं है, दुःख एक आत्म-परिमार्जन है। चित्त का आलोड़न-विलोड़न है और शुद्ध अहंकार का संपूर्ण विसर्जन है।

खण्ड-3 : यात्राओं की यात्रा

विंध्य प्रदेश की स्मृतियाँ

विंध्य प्रदेश में 1952 से 1956 तक रहा। गया तो मन में कचोट थी कि नौकरी के लिए बारह वर्ष अपने घर जैसे प्रयाग से निर्वासित हो रहा हूँ और विद्या के क्षेत्र से निर्वसित होकर सरकारी नौकरी का बनवास स्वीकार कर रहा हूँ। पर चार-पाँच वर्ष में ऐसा हो गया कि विंध्य प्रदेश घर से भी अधिक अपना हो गया। वन का स्वभाव ही ऐसा होता है, उसमें रम जाय तो गृहस्थी का सुख ही झूठा लगता है और अगर कहीं गृहस्थी का सही माने में एकांत-सुख वन में मिल जाय तो फिर बात ही क्या। राम को पंचवटी के बारे में जैसे कहना पड़ा कि...

यत्राश्रमा अपि मृगा अपि बन्धवो ये
यत्र प्रिया सहचरश्चिरमध्यवत्सम्।
एतानि तानि बहुनिर्झर कंदराणि।
गोदावरी परिसरस्य गिरेस्तटानि।।

वैसे ही में भी विंध्य प्रदेश के बारे में सोचता हूँ कि कैसा था वह प्रदेश वन, पर्वत, नदियाँ झरने तक बंधु हो गए।

मैं भी विंध्य प्रदेश के शुरु में प्रवास, बाद में आवास की बात जब सोचता हूँ तो स्मृतियों की बाढ़ आ जाती है, केवल यादों की सजी-सजायी बारात वह नहीं रहता, उस समय में चचाई, क्योटी, कपिल धारा, रमेह जैसे झरनों को धूसर से धानी होती पथरीली धरती से नहीं अलग कर पाता, पत्थर को फोड़कर उपजने वाली वात्सल्य की धारा सरीखी पहाड़ी नदियाँ जुहिला, नर्मदा, सोन, गोपद, बनास, बीहर, तमसा, केन, घसान, बेतवा, और पहुँज को सरई के शांत पर चंद्रिका का अमृत छानकर छकने वाले जंगलों से, जंगलों को संघर्ष में उल्लास में थिरकने वाली वन्य युवतियों के, ललित पद विन्यासों से, उन पद विन्यासों को बादल की मेघ गंभीर थापों से, उन थापों को गिरिमालाओं से पुराने वल्कल की तरह उकचकर अलग होने वाली पावस की नयी बावली मेघमालाओं से और अमेघमालाओं को लोकगीतों की विह्वल गूँजों से उलग

नहीं कर पाता। सब एक-दूसरे में घुल जाता है। रूमानी भावुकता में कभी नहीं बहा, पर कई एक बातें एक साथ ऐसी जुड़ गई कि विंध्य प्रदेश मेरे लिए न कोरा भूगोल रह गया है, न कोरा जुगाली जैसा संस्मरणों का चर्वित-चर्वण, वह मेरे लिए हमेशा एक ताजा अनुभव है, जिससे जुड़ता हूँ तो अपने भीतर विश्वास पाता हूँ कि सरकारी चाकरी में रहते हुए भी कितने लोगों का अपना हो सका, किन चोटियों ने मुझे दुलराया, किन रसधाराओं ने मुझे आप्यायित किया, किन-किन चंद्रमुखी शिलाओं ने मुझे प्यार से निहारा, किन आदिम आनंद की अभिव्यक्ति की चित्रित गुफा-भित्तियों ने मुझे पुकारा, किन बेगाने लोगों ने पहले ललकारा, फिर हाथ मिलाया और विदा होते-होते एकदम वे भीग गए (याद है 1956 में सतना से देने राजकिशोर शुक्ल आए और उन्होंने कविता सुनाई—''साथी तुमने दीप जलाया'', पता नहीं मैंने दीप जलाया या नहीं, राजकिशोर का वह दीप अब भी गहरे अंधकार में जल उठता है) आज वे मध्य प्रदेश के कोने-अंतरे कहीं मिल जाते हैं तो लगता है गड़ा हुआ धन मिल गया है, विंध्य प्रदेश मेरे जीवन में कहीं ऐसा समा गया है कि उसके बारे में तटस्थ विवरण प्रस्तुत करना मेरे बूते की बात नहीं।

गया था तो सरकार के प्रचार साधनों का संगठन करने पर दिमाग़ खराब था, न भोंपू बन सका, न अखबारों की तलवार सरीखी चोट के खिलाफ चमड़े की ढाल, मैं विंध्य प्रदेश की कला समृद्धि और साहित्यक जीवंतता से चुंबकित होकर एकदम उनका तद्रूप हो गया। मेरी शिकायत भी लोगों ने की थी कि यह अफ़सर तो सरकार की बात नहीं करता, जन की और जन-संस्कृति की बात करता है। पर मेरी लाचारी थी, मुझे गाँव और शहर से एकदम झोंक दिया गया खुला आमंत्रण देने वाली ऐसी प्रकृति की गोद में, जिसके बारे में सहृदय रामचंद्र शुक्ल ने लिखा था—

''घन अंजन वर्ण खड़े तृण जाल की झाई पड़ी दिखलाती जहाँ।
कविता वह हाथ उठाये हुए चलिए कविवृंद बुलाती वहाँ।''

कविता और इस प्रकृति में कितनी समानता है, प्रकृति भी मृदु मंजु और कठोर पर सहज गरिमामयी कविता भी सहज भाषा में ही ऊँचाई नापती है और है उतनी ही मृदु मंजु और कठोर। प्रकृति भी सरसता का बड़ा हिस्सा भीतर छिपाने वाली समर्थ कविता की सतह पर सामान्य दिखाने वाली और भीतर भीनी हुई। मुझे वास्ता पड़ा (पुरातत्त्व का भी कार्य सँभालने के कारण), पुराने खंडहरों में खण्डिता अखंडिता सौंदर्य की प्रस्तर-प्रतिमाओं से और गणतंत्र दिवस के लिए अस्पृष्ट लोक नृत्य भंगिमाओं की प्रस्तुति के सिलसिले में मानव जीवन के ऐसे परिष्कार से जो सहज होते हुए भी सुरुचिपूर्ण था, उच्छल होते हुए भी लयबद्ध था। जिस जीवन के तरुण-तरुणियो के तराशे हुए अंग सौष्ठव के आगे रीतिकालीन काव्य की सवैया

पानी भरती थी। मुझे ऐसे लोगों के बीच काम करने को मिला, जिनके पास कैसे-कैसे रजवाड़ों की कैसी-कैसी रंगीन, कैसी-कैसी विडंबनापूर्ण, कैसी-कैसी सनकभरी, झकभरी दास्तानें थी कि उन्हें सुनने बैठ जायँ और कहीं अटारी पर खुले ओर निर्मल आकाश के नीचे विन्ध्य की रुपहली रात में सुनने बैठ जाएँ तो रात चुपके से पहले बिछुए उतार ओझल हो जायगी, बात नहीं चुकेगी। चुनौतियाँ ऐसी कि विंध्य की हर टेकड़ी की दियाधरी करो, और आज हिसाब लेने बैठता हूँ तो लगता है, कुछ नहीं कर पाया, वे ही जगहें, वे ही अछूते इतिहास के नाम, वे ही खंडहर अधिक याद आते हैं, जहाँ मैं माथा नहीं टेक पाया। उनमें से सबसे अधिक उजागर नाम है चित्रकूट का, जहाँ मैं आज तक नहीं जा पाया।

अब आप ही बताइए मैं कहाँ से बात शुरू करूँ, नाम लेता हूँ तो फिर अनेक नाम घेरकर बैठ जाते है, ब्रजेश जैसे ठसकदार बूढ़े कवि की बात करूँ, जिनकी तमक भरी कविता की पंक्ति—'भूखन कौन भंडार भरे सब इहां ही धरे के धरे रह जाएँगे' गूँजती रहती है कि हरदौल पर बुंदेली में करुण कविता लिखने वाले से बात शुरू करूँ, कि वासुदेव गोस्वामी के गांभीर्यपूर्ण विनोद को छेड़ूँ कुछ समझ में नहीं आता। अध्यात्म की तलाश में अमरकंटक की कबीरदास की कुटिया से दतिया के स्वामी जी के पीतांबरा पीठ तक, आदिम कला के पलने की तलाश में मांडा और सिलहरा से देवरा तक, इतिहास की तलाश में कलचुरियों से चंदेलों तक और वीर बाँकुड़े बुंदेलों से तानसेन के आश्रयदाता राजा रामचंद्र के वंशजों तक मन दौड़ लगा जाता है और विजन के सौंदर्य की खोज में तो इतने अटकाव है और प्रलोभन है कि बुंदेली के कवि वंशीधर पंडा के शब्दों में यही कहना पड़ता है—

''कीसे कहिए जी के साके
अब वे रात जुंहेरवा वारी डांगन के सन्नाटे''

मन से कोई सौंदर्य हटाए नहीं हटता तो विंध्य की रत्न-खचित रजनी का उस सौंदर्य के लिए मन शहरों के बिजली की रोशनी से अँधराए आकाश के नीचे ललकता है। उस रात में जो-जो देखा है वह बिसराए नहीं बिसरता है, चाहे वह चचाई का प्रपात हो, बनास और सोन का दो मनुहार करने वाली पहाड़ियों के घेरे में आकुल मिलन हो या खजुराहों का कंदरिया मंदिर हो, या करमा का नृत्य। उस रात में चचाई का रुपहला धुँआ भी देखा है। साथ में जो तरुण कवि थे। रामप्रताप खरे और चंद्रमोहन (दोनों अब मध्यप्रदेश में इंजीनियर हैं) पर्यटक बंगले की छत पर बैठे-बैठे चाँदनी में चचाई निर्झर के आस्फाल की शोभा निहारते-निहारते सुबह हो गयी, उस रतजगा का अनुभव आँखों का स्वप्न बन गया। वैसी ही रात में जो अपनी ही छोटी सी पर कितनी विशाल हृदय और खुली छत पर जो बाजियाँ जमी

है, ताश की, कविता पाठ की, विनोद चर्चा की और बस यों ही गप्पबाजी की और जिनके-जिनके साथ ऐसी जमीन है कि भरोसे के परिचारक के माध्यम से गृहिणी के भेजे गए सहज संदेश अनसुने रहे गए हैं, उनकी तो बात ही अलग है। एक बार मेरे गुरुदेव अब दिवंगत, पंडित क्षेत्रेश चंद्र चट्टोपाध्याय रीवा पधारे, उन्हें दूसरी मंजिल की छत पर पधरा कर पहली मंजिल की छत पर एक पुराने छात्र जीवन के बंधु लक्ष्मीकांत दीक्षित के साथ विश्वविद्यालय जीवन की चुहुलबाजियों की चर्चा छेड़ी, हमलोग उस जमाने की जानदार सूरतों में भटकते गए। ध्यान नहीं रहा कि कब गुरुजी चुपके से नीचे उतर कर आ गए और पीछे बैठ गए। ध्यान गया तो हमलोग एकदम आसमान से गिरे और स्तब्ध। गुरुजी ने कहा अपने बच्चों को बात करते सुना तो मुझसे रहा नहीं गया, मैं चला आया, तुम लोग संकोच न करो।

पर यहीं एक ऐसी स्मृति का दंश है, जो उस चंद्रधौत रसचर्चा की बेफिक्रि को एकदम स्याह कर देता है। मित्र अनायास कई बने, महेंद्र कुमार मेरे लिए मंत्री होते हुए भी कभी मंत्री न रहे सके, दशरथ जैन, श्रीनिवास शुक्ल, चचा चतुरेश, अम्बा प्रसाद, राजीव, शुकदेव जगदीश जोशी, उर्मिला (नायिका नहीं, मेरी तमकदार भाभी के लायकपति) वासुदेव गोस्वामी पर समस्त मित्रता के केंद्र में एक मित्र था राम मित्र। वह अब नहीं है, ऐसा जवाँमर्द कि हर संघर्ष को हर चोट को बिना उफ किए झेलता रहा, जहाँ रहा, कभी दबा नहीं, ऐसा निष्ठावान कि अंग्रेजी का प्राध्यापक होने के बावजूद अपनी भाषा हिंदी और संस्कृति के लिए निरंतर लोहा लेने वाला, ऐसा भायपा वाला कि आस-पड़ोस के लिए ही नहीं, सभी बुद्धिजीवियों के लिए बड़े दादा के रूप में प्रतिष्ठित ऐसा साथी जो अकेले साथ खड़ा हो जाय तो सारे संसार को चुनौती दी जा सके।

राम मित्र असंख्य शोकों की चोट झेलते-झेलते चले गए। विंध्य प्रदेश को राममित्र से अलग करना मेरे लिए असम्भव है। वे अकेले मुझसे कभी-कभी दर्द बँटाते, पर मैं कभी परेशान होता तो मुझे चिढ़ा-चिढ़ाकर मेरा मनोबल ललकारते और कहते—'पार्टनर देख लेंगे, क्यों परेशान होते हो।' हम लोगों ने मिलकर कितने साहित्यिक आयोजन किए, वासुदेव गोस्वामी के साथ जुट जाने पर तो हमने समस्त ब्रह्मांड की मूर्खता का पर्दाफाश किया। मुझे याद है बेतवा के तट पर ओरछा के जहाँगीर महल के खंडहरों में हमने विंध्य प्रदेश हिंदी साहित्य सम्मेलन का अधिवेशन रचा, बिना विशेष साधन के और बिना स्थानीय सहयोग के। उस आयोजन की थकान की याद भी मन में आज उत्साह भरती है, पर राम मित्र के न रहने पर लगता है, बाँह टूट गयी है और रीवा जाता हूँ तो वहाँ बिताए दिन पिघलकर अश्रु-निर्झर बन जाते हैं।

मेरे श्रोता मुझे क्षमा करेंगे। विंध्य प्रदेश की बात करते समय मैं इतना वैयक्तिक हो गया, पर विंध्य के ही एक रसमर्मी कवि बोधा के शब्दों से अपनी यह चर्चा समेट लूँगा—

कवि बोधा कहै ये सवाद कहा
को हमारी कही पुनि मानतु है।
हमें पूरी लगी कि अधूरी लगी
यह जीव दयारोई जानतु है।

यात्रा-कथा : अमरीका की

अनायास दो तीन महीनों के भीतर ही पश्चिमी गोलार्ध की परिक्रमा का योग दूसरी बार उपस्थित हो गया, कोई विशेष तैयारी भी न कर सका। जाने के कुल दो दिन पहले सरकारी पासपोर्ट और हवाई जहाज का टिकट दोनों मुझे दिए गए। विदेश में न मित्रों को लिख सका, न सैलानियत का ही कुछ सपना साकार कर सका। अजीब थी यह यात्रा। साथ में संस्कृत के पंडितों की टोली थी। विश्व संस्कृत सम्मेलन का छठवाँ अधिवेशन उत्तरी अमेरिका के फिलाडेल्फिया नगर में हो रहा था। उसी में यह टोली भारत का आधिकारिक प्रतिनिधित्व करने जा रही थी।

आठ जनो की टोली में मैं नवाँ सवार था अब अगर हरेक पंडित के अलग चित्र खींचने बैठूँ तो 'नव पंडित चरितम्' ही लिख जाएगा। यात्रा धरी रह जाएगी। बस इतना ही संकेत काफी होगा, इसमें नयी पुरानी दोनों ही प्रीति वाले लोग थे। मेरे जैसे विदेश यात्रा के पुराने पापी भी थे, मेरे एक त्रिविक्रम मित्र जैसे ऐसे पक्के विदेश यात्री थे, जो बकायदा अंतर्राष्ट्रीय छात्रावासों में अपने से दूनी लंबी तन्वंगियों के साथ नृत्य की दीक्षा ले चुके थे, यही नहीं वहाँ का शिष्टाचार उनको इतना रवा हो गया था कि यदि उनके आसपास गुजरते कोई दूसरे सज्जन किसी सज्जनी से टकरा जाते तो इनके मुँह से पहले निकल जाता—एक्सक्यूज मी, क्षमा करें—एक दो तो बिल्कुल नए काढ़े हुए थे, उनके लिए पूरी यात्रा ही अद्भुत रस थी. एकाध ऐसे भी थे कि परमहंस ही पैदा हुए, इस प्रकार हर वस्तु, हर दृश्य को पहले देखी सी जानी सी ऐसे बाँचते जा रहे थे, सुनकर अपने तत्त्वज्ञानी देश पर गर्व होता था। खैर ये नव निधि एयर इंडिया के विमान से एक साथ उड़े बड़ी भोर में अर्थात् चार बजे। सामान बहुत ज्यादा था। ख़ास कर सरकारी संस्थानों की पुस्तकें प्रदर्शिनी के लिए जा रही थी। इन सामानों की रसीद लेते काफी देर हुई। आँखें सबकी उनींदी थीं, पर जाना पश्चिम की ओर था, समय घटता जा रहा था। बड़ी देर तक, तो सूर्योदय ही बना रहा और यात्रा के घंटों के हिसाब से जब रात हो जानी चाहिए थी। तब भी दिन चढ़ा हुआ था। नींद आती थी और खिड़की के पर्दे चढ़ा देने

पर भी दिन के एहसास से उजड़ जाती थी। लंबी उड़ान की थकान भारी होती है, पर सहयात्रियों के विनोदालप से वह भी नहीं थी।

विदेश यात्रा मेरे लिए कोई रोज़मर्रा की बात नहीं है, तो भी जो एक रोमांच होना चाहिए, खासकर ऐसे देश की यात्रा का, जिसे मेरे अधभरे भोगातुर देशवासी पृथ्वी का स्वर्ग ही मानते हैं, वह रोमांच भी नहीं था। बस इतना था कि कितनी तेज़ी से बदला है पश्चिम का संसार, इसे नापें। औसत आदमी कंप्यूटर (संगणक) पर कितना अवलम्बित हो गया है कि शायद 2 गुणे 2 चार होता है, इस पर भी बिना कंप्यूटर के समर्थन के प्रतीति न होगी। कचरा फेंक सभ्यता का कचरा कितना नदी को, समुद्र को दुर्वाह हो गया है, कितना प्रसार हुआ है तकनीक का जीवन के प्रश्वास में। अपने साथ के सुविज्ञ पंडित की आँख से देखने पर तो सब कुछ वैसा ही है, फिलाडेल्फिया विश्वविद्यालय के कुछ पुराने कुछ नए भवनों के उनके आसपास के पेड़ों के झुरमुटों के गुजरते हुए आक्सफोर्ड के बूढ़े स्नातक की सैर का एकालाप याद आ जाता है—वही पेड़, वही आम की लता से लिपटी इमारतें, वही झुरमुट, वहीं झुरमुटों में दुबके जोड़े तब तक एक जोड़े से रहा नहीं गया सफाई दी, सर हम लाग नजदीकी भाई-बहिन हैं, बूढ़ा फिर याद करके बोल उठा—वे ही पुराने लँगड़े बहाने। सब कुछ वैसा ही है। वही तेजी से बढ़ते हुए कदम वही अर्थहीन हड़बड़ी खाने में, पीने में, बात करने में, वही हाई, वही हेलो, वही लाल हरी बत्तियों से बँधी हुई जिंदगी की चाल, वही ऊब, वही तनाव, वही टूटन, वही नशीली दवाओं का अवलंब, कुछ तो नहीं बदला है। पर मैं सुविज्ञ पंडित तो हूँ नहीं। मुझे वैसा-वैसा ही नहीं दीखेगा। अतलांतिक सागर पार होते ही कनाडा की जमीन दिखने लगी। न्यूयार्क उतरने के पहले जहाज के कई चक्कर लगाए और न्यूयार्क की गगनचुंबी इमारतें स्वाधीनता की प्रतिमा वाला द्वीप सब गुजर रामे थोड़े से आकाश के नीचे बुरी तरह सिमटे हुए लोगों की कल्पना करके ही सिहरन हो रही थी। न्यूयार्क उतरते ही मंडली छिन्न-भिन्न हो गयी। हाथ वाला झोला लेकर पंक्ति में आगे आया तो आगे निकलता गया, साथी सामान लेने और उसकी कस्टम निकासी में पिछड़ गए। तुरंत ही दूसरा विमान फिलाडेल्फिया के लिए पकड़ना था। मैं अपनी जल्दबाजी के लिए बदनाम हूँ। मुझे इसका कभी-कभी नुकसान उठाना पड़ता है, पर हाथ में सामान हो और सामान उठाने का अभ्यास न हो तो पीछे देखना संभव नहीं रहता। मैं सब रुकावटे पार करके जब सामान एयरइंडिया के प्रतिनिधि को दूसरे विमानों में स्थानांतर के लिए सौंप चुका तो देखा मैं साथियों की खोज करने फिर वापिस नहीं जा सकता। क्या करता बाहर निकला। दूसरे विमान को पकड़ने के लिए बस पकड़ी। न्यूयार्क का हवाई अड्डा बहुत बड़ा है। एक-एक बड़ी विमान सेवा की जाने कितने प्रवेश और कितने निकासी द्वार हैं, बतलाने के लिए केवल—यांत्रिक संकेत हैं, वैसे जो भद्रजन बतलाने का दायित्व रखते हैं, वे ऐसी

तानी हुई अंग्रेजी बोलते हैं और ऐसे रुखे ढंग से बोलते हैं कि उनसे पूछने का मन नहीं करता। ख़ैर संकेतों के सहारे विमान में पहुँचा। मेरे साथी पिछड़े हुए थे। कुछ तो हाँफते बहुत देर में पहुँचे, बड़े निढ़ाल। फिलाडेल्फिया की यात्रा घंटा भर भी नहीं लेती। फिलाडेल्फिया में मज़ा आ गया। मेरे मित्रों ने सोचा था यहाँ शाही स्वागत होगा, क्योंकि हम लोग गोरी चमड़ी की मेहमानी में स्वयं बिछ जाने के अभ्यस्त हैं, पर वहाँ एक प्रोफेसर आए हुए थे, निर्विकार खड़े, आप लोग सामान लेकर बाहर निकले, टैक्सियाँ मँगा दीं। सामान कुछ न्यूयार्क ही रह गया था, पूरी लिस्ट मिलाने का भार मुझे मिला। अब रपट करनी थी कौन-कौन सामान किस आकार का खोया है। अब हमारे अगुवा तो इतने थक चुके थे कि उन्हें कुछ होश नहीं था, वे कुछ मेले में खोयी हुई बुढ़िया की तरह नाँव गाँव तक भूल गए थे। खैर, मैंने अमरीकी जमूरे को जैसे-तैसे समझा दिया। पता दे दिया, अब साथ के अधिकांश भाई-बहिन तो अपनी-अपनी गठरी-मुठरी लेकर निकल गए। सरकारे आलिया के भारी बंडल कौन बाहर करें न कोई पोर्टर था, न वहाँ सामान उठाने वाले ठेले थे। लिहाज़ा अनुभवी विदेशी यात्री का प्रायश्चित मुझे करना पड़ा। और मैंने जो अब तक आनंद लिया था पेरशान चेहरों का वह आनंद निकल गया। होटल पहुँचा, चाभी लेकर अपने कमरे में गया तो निढ़ाल होकर पड़ा रहा। विशाल बिस्तर पर कैसा यह अकेलापन। खिड़की का एक पर्दा हटा हुआ था, कमरा चौदहवीं मंजिल पर था। शहर की अनगिन रोशनियाँ इस अकेलेपन को घूर रही थीं। नींद आ नहीं रही थी। शरीर का छंद कह रहा था सुबह हो गयी और पलकें ढेला बनी हुई थीं। हिंदुस्तान के गाँव के आदमी को यात्रा की समाप्ति पर ऐसा जनहीन स्वागत खल जाता है। कहाँ तो कोई पानी लाता है, पाँव पखारता है, फिर जलपान आता है, मधुर स्वर में कुशल पूछता है, कहाँ यह पाँच सितारी होटल में पटक दिया जाना खुद निबटो बटनों से, बटनों के आदेशों की तालिका से, जो वस्तु चाहोगे हाज़िर हो जाएगी।

दूसरे दिन से विश्व संस्कृत सम्मेलन की आपाधापी शुरू हुई, नाम दर्ज कराओ, कार्यक्रम समझो, खाने पीने की जुगत करो, अपनी नहीं, अपने साथियों की। मेले में आए लोगों से मिलो उस दिन भी देश देखना नहीं हुआ। अपने ही लोगों की झँझट में उलझा रहा। मेले में अधिकतर तो भारतीय ही थे। किसिम-किसिम के, अधिकांश अलौकिक, क्योंकि हिंदुस्तानी जब साहब बनता है तो उसका पूरा रूपांतरण हो जाता है। मन में सोचा देश देखना तो अभी शुरू नहीं हुआ। रात में टेलीविजन की कई चैनलों की घुंडिया घुमाता रहा कभी खेलकूछ कभी चुनाव, कभी मार काट कभी उद्दाम नृत्य, पर यह तो जीवन नहीं है, मन में सोचा। हाँ जो बीच-बीच में विज्ञापन आते थे, उनसे जीवन का कुछ अनुमान लगता है। अधिकतर विज्ञापन खाने-पीने की जगहों के सामानों के कितना खातें हैं ये लोग कभी पेट नहीं भरता।

एकाध छोटे-मोटे नज़ारे ऐसे प्रदर्शनों के, जहाँ लोग कचरा पाटने का विरोध कर रहे हैं जहाँ लोग पार्क में पेट्रोल की घुटन के प्रवेश पर आपत्ति कर रहे हैं, पर यह विरोध बहुत दबा हुआ है। खाने वाला भाव ही ऊपर है।

सम्मेलन के बीच प्रतिनिधियों को शहर दिखाया गया। फिलाडेल्फिया बहुत पुराना शहर है। इसी शहर में संयुक्त राज्य अमेरिका ने इंग्लैंड की औपनिवेशिक बेड़ी से मुक्ति की घोषणा की, यहीं स्वाधीनता का घंटा बजा दो सौ से अधिक वर्ष पूर्व। यहाँ का एक हिस्सा काफी पुराना है वह हिस्सा बेंजामिन फ्रैंकलिनमय है। उस पुराने हिस्से के मकान, बजरीदार गलियाँ सब सुरक्षित रखने का प्रयत्न किया गया। जिस देश का इतिहास इतना छोटा हो, उसमे इतिहास का ऐसा मोह अचरज़ लगता है, जो देश तकनीकी विकास में इतना आगे हो, वह एक घंटे को मूर्ति की तरह पूजे, इस पर भी अचरज़ होता है। पर मनुष्य और मनुष्य की संस्कृति दोनों अन्तर्विरोध के बिना जी नहीं सकते। हम लोगों ने फिलाडेल्फिया का कला संग्रहालय भी देखा वहाँ भारतीय ढंग का उपहार तो दिया ही गया। बनारस हिंदू विश्वविद्यालय में प्रशिक्षित महिला का सितार वादन भी सुनने को मिला। जो बहुत राग-शुद्ध था।

वहाँ संग्रहालय में एक भारतीय कक्ष है। जिसमें द्राविड़ स्थापत्य के मंदिर का पूरा मंडप लाकर पुनः स्थापित कर दिया गया है। उस मंडल में जमीन पर बैठकर संगीत सुनना बड़ा प्रीतिकारक लगा। फिर संचालिका डॉ. स्टेला क्रेमरिश से बात हुई, वे पुरानी परिचित है। उन्होंने भारत को भारत की दृष्टि से देखा है।

सम्मेलन की संगोष्ठियों में कई नए उपक्रमों की जानकारी हुई। **कंप्यूटर** में समस्त वेद के संग्रहीत होने की, भारत की पांडुलिपियों की जानकारी के संगणकीकरण की, संस्कृत भाषा और देवनागरी लिपि के विश्लेषण की, वैदिक और स्मार्त अनुष्ठानों के ब्यौरे की बारीक छानबीन की। एक नया मोड़ यह भी देखने को मिला कि भारतीय परंपरागत पांडित्य को आदर मिल रहा है। अपने यहाँ की स्थिति से तुलना की तो लगा कि वह दिन आ सकता है कि अपने देश को जानने के लिए हमें देश से बाहर जाना पड़ेगा। अपने यहाँ उत्सुकता, लगन कुछ भी तो नहीं।

पर जाने दें इसका क्या रोना? अमेरिका की बात करें, कितना सुख है वहाँ इसकी बात करें। दो एक लोगों के यहाँ जाना हुआ। बातचीत के दौरान लगा कि सुख भी अपना कहाँ है। टेलीविजन से विज्ञापित सुख ही तो सुख है। हाँ, उस सुख से ऊब जरूर अपनी है, उस ऊब को झेलने वाला अकेलापन भी अपना है। औसत आदमी ठीक तरह से स्वाद से खाता भी नहीं, ठीक तरह से आमोद-प्रमोद भी तो नहीं करता। क्यों, यह सोचता रहा तो लगा कि धन और सुख में कोई अत्यंत घनिष्ठ संबंध नहीं, न साधनों की बहुलता और क्रिया में है। कुछ अपने से बाहर है, अलग है, वही सुख है, अपने तक सीमित सुख नहीं होगा। गीता

में जो लोग अपने तक ही सारा सुख सीमित माने बैठे हैं, उनको कहा है, 'एतावदिति निश्चिताः' बस इतना ही तो है। अमेरिका की संपन्नता बहुत नज़दीक से देखने पर स्पृहणीय नहीं लगती। वह बिजलीचालित यंत्रों का कबाड़खाना बनता जा रहा है। आदमी आधा से अधिक पंगु, आधा से अधिक अन्धा, आधा से अधिक बहरा होता जा रहा है। वह मानता है, सारी दुनिया उसके ऊपर अवलंबित है या वही सारी दुनिया का केंद्र है। इसके बावजूद इस देश में सुगबुगाहट है कि यह सब अपर्याप्त है, एक चिंता है कि मनुष्य कहीं गुम होता जा रहा। एक भय है कि जीवन का रस गुम होता जा रहा है। अपने यहाँ तो वह भी नहीं है। एक दूसरी बात भी है। यंत्रबद्ध जीवन की तटस्थता के बावजूद नारी के आंगिक प्रदर्शन की भूख के बावजूद वह दानव भाव नहीं है जो हम लोग अपने शिक्षित धनलोलुप युवकों में देख रहे हैं, वे पत्नी को सोने का अंडा देने वाली मुर्गी जानकर हलाल करने को तैयार हैं। बिना कमाए सारी सुविधाएँ पत्नी के बाप से वसूल लेना चाहते हैं। काश ये पश्चिम के संयत और समता पर आश्रित जीवन के क्रम से परिचित हो इतने दानव न होते।

अमेरिका की यात्रा में कुछ नहीं देखा, कुछ नहीं खरीदा भारतीय कला पर दो पुस्तकों को छोड़कर, पर अपने भीतर झाँकने का अवसर मिला। इससे ज्यादा यात्रा से क्या मिलता है? यात्रा रास्ते की नहीं अपनी पहचान ही तो होती है।

बदरी-केदार

बदरी-केदार से लौटा हूँ पर लगता है जैसे लौट नहीं पा रहा हूँ, वहीं हूँ। कितने बरसों से एक साध पाल रहा था। हिंदुस्तान में जन्म का अर्थ खुलता ही नहीं, जबतक कन्याकुमारी न देखे, जब तक नर नारायण पर्वत न देखे। कन्याकुमारी दो बार गया और उस कुमारी के चेहरे पर पड़ती भोर की पहली किरणें बिसराए नहीं बिसरती। इतना भोला सा मुखड़ा, और ऐसा संकल्प कि हिमालय के देवता समुद्र बनकर मेरे चरण पखारो। श्री मद्भागवत में भुवनकोश के वर्णन के प्रसंग में जंबूद्वीप के भारतवर्ष का वर्णन आता है। इसी वर्ष में नृसिंह की पूजा, किसी में श्रीराम की, किसी में वाराह की और भारतवर्ष में नर-नारायण की पूजा का विधान है, प्रमुख पुजारी हैं नारद। भारतवर्ष में नारायण नर के अभिमुख रहते हैं नर के सहयोगी रहते है नर के साथ-साथ तप करते हैं और देवता एकदम उद्विग्न हो उठते हैं कामदेव की सेना भेजते हैं नर-नारायण सिर्फ मुस्कराते है, भौंहे नहीं टेढ़ी करते जांघे ज़रा-सा चीरते हैं और उर्वशी जन्म लेती है, कहते है राम, तुम इसे मेरी ओर से इंद्र को भेंट दो ऐसी रूपसी तुम्हारी सेना में कहीं हैं। कामदेव चला जाता है। तप प्रचंडतर होता जाता है, पहाड़ों की धूप कड़ी-कड़ी होती है, चमड़ा झुलस जाता है।

एक दूसरा कथानक कहीं पढ़ा था लक्ष्मी को अपने क्षीर सिंधुशायी प्राणश्वेर की चिंता होती है, वे बदरी की झाड़ बनकर छाँह करती हैं। लगता अटपटा है, पर ऐसे बीहड़ तप दूसरी और कौन छाया उपयुक्त होगी नारायण जब वर की संगति करेंगे तो उन्हें क्षीरसमुद्र का सुख कहाँ से मिलेगा, उन्हें काँटे मिलेंगे ही। पर मनुष्य के लिए चिंता ही नारायण का भीतरी स्वभाव है और ऐसी चिंता में तपते नारायण को अपनी छांह से जुड़वाना लक्ष्मी का स्वभाव है। लक्ष्मी क्षीर समुद्र से उद्भूत रत्न हैं, चंद्रमा की अमृत की धरोहर है, वे स्वयं क्यों तप करें, पर जिन्हें वरा वही तपस्वी हो जाए तो लक्ष्मी विचारी क्या करें, वह बेर की झाड़ बन जाती है। नारायण को बेर की छांह ही नहीं बेर के फल भी बहुत रुचते हैं, जूठे हो तो और ज़्यादा रुचते

हैं और कहीं भीलनी के जूठे हुए इस भाव-से कि केवल मीठे खिलाऊँगी खट्टे चख-चख कर अपने लिए रख लूँगी, तो उसके लिए तो नारायण एकदम आतुर हो उठते हैं। नारायण नर को, नरदेह को बड़ा महत्त्व देते हैं, विशेषकर के भारतवर्ष में जहाँ मनुष्य योनि चाहे गोरी हो, काली हो, तामई हो, गेहुँआ हो, साँवली हो साक्षात् नारायण का विग्रह है भारत का नर हुए बिना नारायण से रहा नहीं जाता।

देखिए न मैं भागवत की बात करने लगा, बात मुझे बदरीनाथ-केदारनाथ की करनी थी। अलकनन्दा के तट पर पं. विद्याधर शास्त्री ने जब संकल्प पढ़वाया नर नारायण पर्वत के बीच में बसी हुई विशाला पुरी में वद्रि क्षेत्र में पंच शिलाओं (नारद, गरुड़, मार्कण्डेय, ब्रह्म कपाल और वराह) के परिवेश में उद्धव की ज्ञानभूमि में, नारद की मोहभूमि में अष्टादश पुराणों की रचनाभूमि में, मैं संकल्प ले रहा हूँ तो एकदम रोमांच हो गया। यह विशाला भू-वैकुण्ठ है, पृथ्वी पर स्वर्ग है और मैं सशरीर यहाँ बैठा हूँ, अलकनन्दा की तोड़दार धारा के पास। उस पर मैं गलत कर रहा हूँ, यह मेरा शरीर नहीं है। यह उन सदस्य प्रियजनों का है जो जा चुके हैं और उनका है जो प्यार दे रहे हैं इसलिए वह अनुभव नहीं करने देते कि मैं अकेला हूँ। विशाला में विशाल हुए बिना कोई गति नहीं है। मैं बैठा हूँ, इसका अर्थ है मुझमें नारायण आसन लगाकर यकायक बैठ गए हैं, या मैं जहाँ बैठा हूँ वह सब नारायण है। नदी, नदी की तोड़ ओड़ने वाले पत्थर, नारायण के तप से खौलता हुआ तप्तकुंड, उस कुंड में नहाने वाला तीर्थयात्री समूह, पवित्र भावना के उमड़ाव के अविचल साक्षी नर-नारायण पर्वत, यकायक गहन श्यामल में से झाँकने वाला नीलकंठ पर्वत, इनकी तलहटी में पसरी हुई वनतुलसी, सब नारायण है, और हाँ आदमी का मोह-छोह, छल-कपट, भय-लोभ वर सब भी, क्योंकि वह न हो नर के भीतर तो नारायण की आकांक्षा कैसे उदित हो।

मैं स्वयं भी यहाँ इसीलिए तो आया कि मुझे भारतवर्ष के लिए कहीं गहरा मोह है, बेगानेपन से कहीं बड़ा डर है, पुण्य का जबर्दस्त लोभ है। मैं न तीर्थयात्री हूँ, न दृश्ययात्री, मैं न भोज्य हूँ, न भोक्ता, न तो मुझसे इतनी विनम्रता है कि यह याद जगे कि तीर्थ मुझसे नहा रहा है, मुझमें कहाँ से पात्रता आए कि तीर्थ में नहाऊँ, न इतना उल्लास है कि अँजुरी-अँजुरी नदी पर्वत निर्झर के सौंदर्य पिऊँ। मैं परम अभागा हूँ। इसीलिए मुझे इतनी सिहरन हो रही है।

बदरी-केदार की यात्रा का योग यकायक लगा। श्रीनगर में मेरे एक पुराने मित्र हैं ठाकुर गुरुप्रसाद, गढ़वाल विश्वविद्यालय कलासंकाय की बैठक में कई वर्षों से बुलाते हैं, पर इस बार कुछ खास आजिज़ी से बुलाया, सोचा चलें इसी बहाने बदरीनाथ भी हो आऊँ पर सुविधाओं ने क्रीतदास बना रखा है, बसों से जाने का कष्ट उठाना नहीं चाहता, विशेषकर अपनी सह-धर्मचारिणी को भी साथ ले जाना था, उनका वैकुंठ उनके हाथ से निकला जा रहा है और चारों धाम की यात्रा के

लिए निरंतर आग्रह करती रहती हैं। उत्तर प्रदेश के सूचना विभाग के निदेशक और अपने आत्मीय मित्र ठाकुर प्रसाद जी से यों ही चर्चा चली, उन्होंने कहा बदरी-केदार पर पुस्तक हमारे लिए लिख दें, यात्रा की व्यवस्था मैं करता हूँ। इतने जल्दी यह सब हुआ, मुझे लगा बदरी-केदार को कहीं मेरी चिंता हो गयी है। पर इसमें एक गड़बड़ हो गयी। हिंदुस्तान वैसे भी बड़ा इतमीनानी है, पर उसका इस तार विभाग तो खास तौर से इतमीनान से काम करता है, तार ख़ास कर पहाड़ों में लगता है किसी न किसी शिखर से टकरा कर कहीं के कहीं चले जाते हैं। इसीलए इस शुभस्य शीघ्र का स्वाभाविक परिणाम यह हुआ कि कहीं सूचना पहुँची, कहीं नहीं पहुँची। यात्रा पूर्वनियोजित होते हुए भी अनियोजित हो गयी। और इसका अपना अलग मजा रहा। कुछ यात्रा सुविधापूर्वक, कुछ असुविधापूर्वक, कुछ खट्टा, कुछ मीठा और कुछ तीखा सब मिल जुलकर अपूर्व आस्वाद मिला। पच्चीस वर्ष पूर्व सूचनाकेंद्र खुलवाने का काम मुझे मिला था, तब यह कल्पना नहीं की होगी कि दलबल के साथ एक रात सूचनाकेंद्र की मेज़ों को जोड़कर शय्या बनानी होगी। गोपेश्वर के सूचनाकेंद्र में जब यह नगर आठ बजे रात के बाद मिली (और गढ़वाल के आसना महाभारत के लिए शिविर लगाने वाले राजनेताओं से केवल यही जगह बची थी) तो पहले कुछ खीझ तो हुई, पर फिर मचान पर सोने का मज़ा आने लगा। केदारनाथ में जो जगह पंडा बागवासी की कृपा से मिली थी, नयी पलस्तर की गयी फर्श, नयी दीवालें और केदारनाथ की गीली सर्दी पूरा वातावरण दाँत बजाने वाला, उससे तो यह मचाननुमा शय्या अच्छी ही थी। पर साथ में एक जत्था था, जिसे मेज़ पर सोना कुछ बहुत ही अटपटा लग रहा था। उन्हें लग रहा था कि अस्तित्त्व अधर में टँगा जा रहा है। कुर्सी की सुरक्षा का अभ्यास जिन्हें होता है, ये मेज़ पर पड़ी निरीह फाइलों के भाग्य के साथ अपने को जोड़ने में बहुत असुरक्षा का अनुभव करते हैं, उनके लिए मेज़ पर जो चीज़ें रखी जाती हैं, उनमें से टेलीफोन, सोख्ता, गोंद, आलपीनदानी और कलमदानी को छोड़कर सब कहो किस ओर फेंके जाएँगे, कुछ भाग्य का पता नहीं रहता, कभी संभव है कि ऊपर भेज दिए जाए, पर अधिकतर की तो गाति रद्दी की टोकरी है। ख़ैर अनुमान लगा रहा था कि उस तरह नींद आँखों में नहीं आ रही है, पर मैं अपने भाग्य को देश के साधारण आदमी के साथ और उसके भाग्य का फ़ैसला करने वाली सरकारी फाइल के साथ जोड़कर रस ले रहा था।

और सच पूछें तो देवभूमि हिमालय की यात्रा तो की ही जाती है इस उद्देश्य से कि अस्तित्त्व टँग जाय, बस में बैठे हो तो, जीप में बैठे हो तो, घोड़े पर सवार हो तो, पैदल चल रहे हो तो, आप निरंतर देखते रहते हैं कि कहीं बहुत नीचे एक सड़क है, उसके भी नीचे नदी। उस सड़क पर एक बस चल रही है, कितनी छोटी लगती है और उद्दाम आवेग वाली नदी बस हवा में उड़कर तनी हुई रूपहली

ओढ़नी लगती है। प्रकृति के घूँघट उतर गए हैं और उजले हिमशिखरों की दन्तपंक्तियाँ विहँस रही है, शिव अट्टहास कर रहे हैं। यकायक नज़र जाती है, सर्पिल सड़क ऊपर चली गयी है, वहाँ भी एक बस जा रही है। कितने ऊँचे हैं उस बस के लोग और हम कितने खड्ड में। यकायक उतराई शुरू हो जाती है, किसी नदी का पुल आने वाला होगा, हम निरंतर नीचे उतरते चले जाते हैं और उद्दाम जीवन का प्रवाह एकदम अपनी नाक के नीचे आ जाता है। और नदी पर होते ही फिर चढ़ाई शुरू ऐसी चढ़ाई कि केवल दाएँ-बाएँ देर देखता रहा तो चक्कर आ जाय। एक क्षण में हजारों हाथ नीचे चले जा सकते है, यह भय कभी-कभी लोगों को ऐसा आतंकित कर देता है कि घोड़े पर से गिरते हैं, बस नदी की उत्ताल तरंगों के ऊपर सवार ही होते हैं।

इन पहाड़ों में सड़कें अधिकतर नदी के किनारे हैं, अलकनन्दा हो, मन्दाकिनी हो, भागीरथी हो, शिव गंगा हो, लक्ष्मण गंगा हो, कंचन गंगा हो, सरावती हो, कोई हो, नदी के किनारे चढ़ने-उतरने में मुझे तो बड़ा रोमांच होता है। मैं अपने पूरे अस्तित्त्व को पहले से ही नदी को सौंप देता हूँ, अस्तित्त्व नदी के साथ नीचे की ओर दोड़ता जा रहा है और मैं नदी की धार के विरुद्ध अस्तित्त्व के विरुद्ध ऊपर चढ़ रहा हूँ पर अनुभव बड़ा रोमांचकारी लगता है। यही स्वर्गारोहण है, राज-पाठ छोड़कर बस उत्तर की ओर बढते चलो। उत्तर कुबेर भंडारी की दिशा है, जीवन की विपुल समृद्धि की दिशा है, वहाँ ब्रह्म कमल खिलते हैं, वहाँ चमरी गाय की झब्बेदार पूँछ चँवर बनकर हवा करती है, वहाँ हवा पतली होती जाती है, प्राण संशित होते जाते हैं मन भरता जाता है, वही शरीर की सोचे तो पैर न पड़ें, शरीर को भूल जाय तो, फूल बना आदमी उड़ता चला जाय, भारतीय कला के विद्याधर-विद्याधरी की तरह या कालिदास के पुष्करावर्त्तक मेघ की तरह। जीवन की असली समृद्धि है फूल की तरह हल्का बनना परिमल परिपूर्ण बनना अपने लिए नहीं पवित्र करने वाले पवन के लिए तारने वाली नदी के लिए फूल की तरह झूमना, फूल की तरह हँसना और फूल की तरह एक-दूसरे से ग्रंथित होता, मालाकार होना, चढ़ना, उतरना, उतरकर प्रसाद रूप में बँटना जहाँ छूना, वहाँ गंध बनकर बस जाना। गोपेश्वर के सूचनाकेन्द्र की मेज़ पर सोए-सोए ये ख़्याल तो आते रहे पर फूल बनना इतना सहज नहीं है, आदमी जब तरह-तरह की गठरी लेकर चलता है तो फूल नहीं बन सकता। बस फूल बनने की कल्पना एक हल्की-सा सिहरन पैदा करती रही और मन को, बचे हुए तन को हल्का करती रहती है।

मैंने पहले ही बतलाया मैं, न सैलानी हूँ, न तीर्थयात्री, मुझे न यात्रा वर्णन का ढंग आता है, न वस्तु निरीक्षण कर पाता हूँ, न नोटबुक भरता चलता हूँ। और तीर्थ की महिमा से मंडित भी नहीं हो पाता, तीर्थ माहात्म्य मुझे क्रम से याद नहीं रहते, प्रत्येक की अनुष्ठान की तैयारी की या किए गए अनुष्ठान की मीमांसा की

धार्मिक जागरूकता भी नहीं रख पाता। मैं बस बीच में टँगा रहता है। न तीर्थयात्री की तरह धार में डूबते बनता है, न सैलानी की तरह भर आँख देखते बनता है। देखता भी हूँ तो उसे टाँक नहीं पाता हूँ, खुद ही उस दृश्य में टँक जाता हूँ। डूबते हुए भय लगता है कि कहीं दृश्य हाथ से न निकल जाए और डूबना नहीं होता। यात्रा पूरी हुई होती तो यात्रा का वर्णन सिलसिले से लिखता, यात्रा भी अभी लगता है हो ही रही है। कई दिन बीत गए पर कोई रात नहीं जाती जब यात्रा सपनों में लौट न आती हो।

मैं यात्रा की बात क्या करूँ, अभी तो यात्रा शुरू ही नहीं हुई।

खण्ड-4 : गिर रहा है आज पानी

मृत्युजयी दादा

दादा (श्रद्धेय माखनलाल चतुर्वेदी) को मैं कब से जानता हूँ, उन्हें कितने नजदीक से जानता हूँ, इसका लेखा लेने बैठा तो लगा कि दादा अपरिचित ही कब थे और किसके थे। बचपन में एक कवि सम्मेलन में उन्हें देखा था, गोरखपुर में। उसके पहले 'फूल की अभिलाषा' पढ़ चुका था, बलि-पंथियों के गायक को पहली बार देखा था और उनके मुँह से "कैदी और कोकिला" शीर्षक कविता सुनी थी। तभी कालिमा के विरोध में उठे स्वर का प्रकाश मन पर छा गया था। इतना कोमल स्वर और इतना कठोर, इतनी मनुहार और इतना आक्रोश, वाल्मीकि के करुण आक्रोश का ऐसा अद्वितीय अवतार। तभी लगा था कि दादा तो हर उदीयमान पीढ़ी के कवि हैं, तभी से देख रहा हूँ, गालों पर झुर्रियाँ, सफेद मूँछों के बीच में ढुरी मुस्कान, वाणी में ओज, शरीर इस तेज को वहन करने में लाचार, दादा कालिमा की चुनौती है। पर दादा की सर्वशुचिता और शुभ्रता का केन्द्र बिन्दु भी तो काला ही है। दादा कालिमा को जीत गए पर काले से तो हारते ही आए। खीजते आए, गरियाते आए, पर बराबर हारते आए।

इंटरमिडिएट में था, तभी "कृष्णार्जुन-युद्ध" पढ़ा था, साहित्य देवता को सम्बोधित उनका काव्यमय भाषण सुनने को मिला था। अभिभूत होने के लिए यही काल था। पर पिछले वर्ष आमने सामने शैय्यासीन दादा से जब भेंट हुई तो पिछली स्मृतियाँ जाग उठीं और एक ही क्षण बाद हँसी-दिल्लगी के दौर में उन्हें कोसों पीछे धकेल दिया। दादा के बारे में सुना था मृत्यु से लड़ रहे हैं। दादा के पास बैठने में लगा कि उनके पैताने मृत्यु बैठी हुई उन्हें मना रही है और दादा हैं कि उधर नजर भी नहीं फेरते। स्वर क्षीण है, आँखें धोखा दे रही हैं। पर चेहरा दीप्त है, भीतर लगता है इच्छामृत्यु भीष्म का आत्मबल है।

दादा की आत्मीयता और सहज उच्छलता उम्र की दीवारें ढाह देती हैं, मुझे लगा कि तरुणाई को लजाने वाला एक बुढ़ापा यह है और एक ययातिधर्मी यौवन-लोभी बुढ़ापा भी हमारे ऊपर सवार है, यौवन दो और शाप लो। दादा तो लगता है अपने

को तरुणाई के लिए उत्सर्ग कर चुके हैं।

खंडवा तीन दिन रहा, भीड़, जलसा हजूम सबके केन्द्र में दादा, पर वे केन्द्र से बराबर उछल कर वृत्त में आ जाने को आतुर, कविता, संस्मरण सुनने-सुनाने को उमंगित, राष्ट्रगान में भी शारीरिक बल के खड़े होने की जिद पर आए, लगता लोग दादा से नहीं दादा ही लोगों को घेरे हुए है।

बड़ी भाग्यशलिनी है हमारी पीढ़ी जिसे ऐसे व्यापक स्नेह का घेरा मिला हुआ है। दादा कवि हैं, लेखक हैं, पत्रकार है, स्वाधीनता के साधक हैं, यह सब तो उनके लिए मैं समझता हूँ बहुत बड़ी बात नहीं, बड़ी बात यह है कि वे साक्षात साधना हैं, एक बलिदानी पीढ़ी की साधना हैं, एक शवभूत राष्ट्रधर्म को जिलाने की साधना हैं, उसे शिवरूप में उन्मुख करने की साधना हैं। साहित्य और राजनीति उनके द्वार पर पानी भरें, वे कवियों के कवि हैं, नेताओं के नेता है। वे भारत के हृदय के विस्तार-रूप विन्ध्य की प्रतिमा हैं, भारत की एकता के लिए विनत, पर सूर्य से आँखें मिलाने में समर्थ।

दादा के कृतित्व का मूल्याँकन शब्दों के द्वारा इसलिए संभव नहीं कि वे शब्दों में नहीं, शब्द उनमें आकर खो गए हैं। उनके कृतित्व का प्रमाण है नए संकट में उभरा हमारा राष्ट्रीय व्यक्तित्व। दादा इस व्यक्तित्व के मन्त्रदाता हैं, दीक्षागुरु हैं। वे इस देश के स्व-अन्वेषी चैतन्य के प्रतिमान हैं दादा अकेले रह गए, साथी परकीया साधन के पथ पर चले, पर दादा की उमंग घटी नहीं, वे कृष्ण से मंत्र लेने वाले अर्जुन नहीं, कृष्ण से लोहा लेने वाले अर्जुन बने रहे। देश उनके पथ पर आकर ही एकाएक अन्य अंधकार से पुनः आलोक में आ गया, दादा उस आलोक के प्रभामण्डल के रूप में क्षितिज पर विराजमान हैं दादा की कीर्ति के प्रमाण हमारे प्रबुद्ध राष्ट्रीय संस्कार के संकेल्प हैं।

श्रद्धेय श्री पुरुषोत्तम दास टंडन

आज स्व. बाबूजी का (राजर्षि पुरुषोत्तमदास टंडन) का जन्मदिन है। कुछ स्मृतियाँ ऐसी होती हैं जो विह्वल करती हैं, कुछ ऐसी होती हैं जो पवित्र करती हैं, कुछ ऐसी होती हैं जो आलोकित करती हैं अनदिखती राह, और कुछ होती हैं जो मन में ग्लानि भरती हैं कि ऐसी स्मृति की सुबास के तुम कितने अपात्र हो। श्रद्धेय बाबूजी की स्मृति एक साथ विह्वल करती हैं कि वह माँ जैसा वात्सल्य कहाँ मिलेगा, एक ऐसी शुचिता भरती हैं जिसमें चन्दन गंगाजल से घिसकर माथे का तिलक बन जाता है, क्षुब्ध अधियारे में वह स्मृति पीछे छूटी कठिन चढ़ाई की राह दिखलाती हैं, और बरजती हैं जिधर ढुलके हो यह राह नहीं है, यह विनाश का आमंत्रण है और वह स्मृति ग्लानि का एक दंश भरती है कि तुमसे वह थाती सँभाले नहीं सँभली।

श्रद्धेय टंडनजी, राजनीति वालों के कुछ भी रहे हों, एक सनकी और झक्की नेता रहे हों; साहित्यकारों के लिए और सभी हिन्दी वालों के लिए वे बस केवल बाबूजी थे। विधानसभा में उनका पुराने जमाने की हेडमास्टरी रूप रहता था, राजनीतिक मंत्रों पर दमकता हुआ तेजस्वी रूप रहता था, सार्वजनिक जीवन और घर के बीच ऐसी लक्ष्मण रेखा थी कि घर का कोई आदमी मजाल नहीं था, बाबूजी के सार्वजनिक पद को भूलकर भी तनिक भी लाभ उठा ले, एकदम तलवार चढ़ी रहती थी। तुम विधानसभा के अध्यक्ष की गाड़ी से गए, इतना रुपया भरो। पर हिन्दी उनकी कमजोरी थी, हिन्दी का आदमी उनकी कमजोरी था। उनके सामने वे बस माँ बने रहते थे। कई बार ऐसा हुआ है कि हिंदी-साहित्य-सम्मेलन की स्थाई समिति की बैठकों में, अधिवेशनों में हिंदी का छोटे-से-छोटा आदमी खड़ा होकर उनकी बात का विरोध करता और बाबूजी डाँटते नहीं, उसे मनाने की कोशिश करते, कभी-कभी हँसते भी, जैसे बच्चे खेल रहे हों, खेल-खेल में लड़ रहे हों, और माँ उसका आनंद ले रही हो। एक बार मैंने पूछा भी था कि 'बाबूजी आप इतना तरह क्यों देते हैं, ऐसे लोगों की ऐसी बातों पर'? बोले—'शालिग्राम की बटिया क्या छोटी क्या बड़ी, जो हिंदी की सेवा करता है, मेरे लिए शालिग्राम की बटिया है, मैं उसमें संभावना देखता

हूँ एक महाजाति के निर्माण की। हिंदी मेरे लिए भाषा नहीं है, वह जीवन निष्ठा है, हिंदी के प्रति थोड़ा भी जो अर्पित होता है, उसे मैं बड़े जतन से पालना-पोसना चाहता हूँ मैं चाहता हूँ उसमें दमक आए, ओज आए, अपनी बात पर टिकने का दम जाए।

मैं महापंडित राहुल जी के साथ कोश का कार्य कर रहा था। सम्मेलन में ''सत्यनारायण कुटीर'' में रहता था। बाबूजी किराए के मकान में सामने ही रहते थे। जब इलाहाबाद होते, तो सवेरे ही कुछ न कुछ नाश्ते की सामग्री लेकर खुद पहुँचते और जिद करते कि मेरे सामने ही आप लोग इसे ले लें। खुद मिठाई नहीं खाते, चीनी नहीं खाते, नमक नहीं खाते पर कौन चीज किसे पसंद है, यह जानते थे और वही उसे खिलाते थे। बिना सामने खिलाए उनका मन नहीं मानता था। बड़ा आश्चर्य होता था इतने ऊपर से रूखे और कड़े व्यक्तित्व के भीतर इतना स्नेह, नारियल की जटाओं सरीखी रूखी दाढ़ी की तलहटी में ऐसा पिन्हाई गाय के दूध जैसा हृदय। पर फिर यह सोचता हूँ कि शायद सात्विक वात्सल्य रूखेपन के भीतर ही सुरक्षित रहता है।

मैंने उन्हें कई बार द्रवित होते देखा है। कानपुर के स्व. सत्यनारायण पाण्डेय के उद्धव प्रसंग को सुनकर पं. अमृतलाल चतुर्वेदी के ''स्याम संदेसों'' को सुनकर आँसू उनकी आँखों में रूके नहीं हैं। यह जरूर है कि उनके भीतर एक गहरा आध्यात्मिक रंग भरा हुआ था, वह किसी मजहब या सम्प्रदाय का नहीं था। बाबूजी थे जरूर राधास्वामी सम्प्रदाय के, एक बार तो गुरु होते-होते बच गए, पर थे वे हिंदी के फकीरी रंग में रँगे। कम लोगों को मालूम है कि हिंदी के फकीरी मन का किस प्रकार का नक्शा बाबूजी के मन में अंकित था। स्व. राजाजी ने पहले लोकप्रिय मंत्रिमंडल के जमाने में मद्रास का मुख्यमंत्रित्व सँभालते ही हिंदी अनिवार्य की। गाँधीजी स्वदेशी और हिंदी का समीकरण पहले ही कर चुके थे। कुछ लोगों ने विरोध किया, उनको जेल भेजा। इस पर बाबूजी बहुत दुखी हुए, महात्मा जी से उन्होंने कहा कि ''यह तो हिंदी जैसा काम नहीं है, प्यार से जीतो, त्यागसे जीतो, तब तो जीतना है, इससे तो हिंदी हार जाएगी, और गाँधी जी ने भी ठीक यही बात कही थी कि ''यह अँग्रेजी के मन का काम है—व्यवस्था लादो। व्यवस्था लादी नहीं जाती, भीतर से आती है, भीतर के संयम से आती है,।

बाबूजी हिंदी के आग्रही थे तो उसका अर्थ यह भी था कि वे हिंदी के उस फकीरी ठाठ के आग्रही थे, जो पुकार लगाता रहता है, जो घर जारे आपणा चले हमारे साथ। किसी को हिंदी के काम में लगना है तो अपने अहंकार को छोड़ करके आए, अहंकार चाहे किसी बात का हो, धर्म का हो, विद्या का हो, जाति का हो। हिंदी का आदमी प्रादेशिकता की बात करे, सम्प्रदाय की बात करे, प्रबुद्धवर्ग की श्रेष्ठता की बात करे, जाति की बात करें तो वह हिंदी का आदमी नहीं। साथ

ही, हिंदी का आदमी अगर शक्ति-प्रदर्शन की बात करे, संख्यासुर का तर्क दे तो वह उन्हें असह्य था। उन्होंने हिंदी का कौन रूप संविधान में राज्यभाषा का दर्जा पाए इसके निर्णय का आधार हिंदी भाषा क्षेत्र के जनमत का ध्यान नहीं रखा, उन्होंने समस्त देश से विद्वानों, साहित्यकारों का सम्मेलन बुलाया और उनकी आकाँक्षा को सम्मान दिया। वे कृत्रिम भाषा भी नहीं चाहते थे, उन्होंने संविधान के प्रारूप का एक हिंदी अनुवाद देखा उसमें "एतद द्वारा" जैसे अव्ययों के प्रयोग से घबरा उठे, राहुलजी से कहा कि सात दिनों के भीतर, एवं हिंदी के मुहाविरे में, अनुवाद करके दो। राहुलजी तो दिन-रात जानते नहीं थे, मुझे जोता, स्वयं जुते, साल दिन में अनुवाद पूरा हुआ छपा भी, नाम दिया गया "संविधान का मसौदा" उसका प्रभाव यह पड़ा कि पुराना प्रारूप काफी बदला, नरम हुआ। बाबूजी ने अमीर खसरो की एक बात की चर्चा की थी, वह मुझे कभी नहीं भूलती। अमीरखुसरो ने हिंदी को फारसी से श्रेष्ठतर बतलाते हुए कहा था कि "जो भाषा अपनी शक्ति से उधार लेती है, वह अपना सलोनापन खो देती है, फारसी ने यही किया है, उसने अपने को अरबी से एकदम लाद दिया है। हिंदी और अरबी ने उतना ही उधार लिया है, जितना उसमें पच गया है। बाबूजी ढर्रेदार भाषा के हिमायती थे और वे मध्ययुगीन भक्तिसाहित्य की भाषा, भारतेंदु की भाषा, बालकृष्ण भट्ट की भाषा को प्रतिमान मानते थे।

पर भाषा की बात छोड़कर मैं पुनः भाव पर आता हूँ। बाबू को एक बार विन्ध्य प्रदेश हिंदी साहित्य सम्मेलन के उद्घाटन के लिए छतरपुर बुलाया गया। बड़ी जबरदस्त शोभायात्रा निकली, उद्घाटन-समारोह पूरा हुआ, विश्राम के लिए वे गान्धी भवन पहुंचे और मैं उनके साथ गया। बोले—तुम्हारे लिए मैं लखनऊ से खरबूजा, दशहरी आम लाया हूं, इसे तुम अभी खा लो, नहीं तो तुम लोगों की व्यवस्था में भूखे रह जाओगे। मैंने कहा—'बाबूजी मेरी व्यवस्था है', पर वे माने नहीं, खिलाया और बड़े बटुए से ढेर सा मेवा निकालकर एक खद्दर के रूमाल में बांधा और कहा, इसे रख लो। जब तक मैंने उनका प्रसाद पाना आरंभ नहीं किया, तब तक वे भोजन करने नहीं बैठे। मैं इसीलिए कहता हूँ कि उनका वात्सल्य बड़ा आक्रामक था पर साथ ही सहज भी था। जो, दूसरों की चिंता करता है, वह अपने लिए सूखा होता ही है। उन्होंने दूध-दही-ही छोड़ दिया कि देश में यह इतना कम है कि बच्चों और बछड़ों को ही दूध पूरा नहीं पड़ता, उन्होंने नमक छोड़ दिया, मिल की चीनी छोड़ दी, कभी चमड़े की कोई चीज नहीं इस्तेमाल की, देश के बाहर की कोई वस्तु घर में रहने नहीं दी, राशन के दिनों में मेहमानों के लिए राशन का गेहूँ-चावल रहता था, अपने लिए वे अपने बगले में ज्वार उगाते थे,उसी की रोटी खाते थे। इतने बड़े आत्मनिग्रह के भीतर ही ऐसा प्यार उमड़ सकता था, जो सभी को एक-सा तृप्ति देने वाला हो। कई बार मन में एक प्रश्न उठता था, बाबूजी

राजनीति में क्यों आए, ये तो फकीर होते। पर बाबूजी जिस राजनीति में थे, वह राजनीति राज से बहुत दूर थी, वह एक आदर्श थी। आज हम उसे असम्भव कह लें, आज शायद कोई विश्वास न करे कि एक ऐसी नस्ल थी, जिसमें भीतर झरने का सोता बहाने वाले पैदा होते थे, बार-बार पैबन्दों वाला कुर्ता और उजली पर कहीं कहीं न फटी या सिली धोती पहनने वाले लोग ऊँची कुर्सियों पर बैठते थे और कुर्सी लाज के मारे दब जाती थी, इनके बैठने के योग्य नहीं। बाबूजी यू. पी. के स्पीकर थे, कुछ विपक्ष के सदस्यों ने कहा कि स्पीकर होते हुए भी टंडन जी लीग का विरोध करते हैं। और बाबूजी ने खुले आम घोषण की मैं बहुमत के बल पर एक दिन स्पीकर रहूंगा, एक भी सदस्य कह दे कि स्पीकर की हैसियत से मैंने कभी अन्याय किया है, पक्षपात किया है, तो अपना पद छोड़ दंगा और विपक्ष के नेता ने माफी मांगी। स्पीकर के पद पर रहते हुए टंडनजी ने कभी भी अनुभव नहीं होने दिया कि वे एक बहुसंख्यक दल के सदस्य हैं।

कैसे सधता है सार्वजनिक जीवन में इतना बड़ा आदर्श और ऐसा उच्छल प्यार व्यक्ति के लिए। कैसे सधता है ऐसा निर्मोही कठोर भाव और ऐसा वात्सल्य एक साथ? इसका उत्तर पाना चाहता हूँ और बाबूजी याद आते हैं। विश्वास नहीं होता यह सचाई मेरी आँखों देखी सचाई है, अपना झूठ अपने इर्द गिर्द का झूठ कचोटता है और वह सचाई एक दर्द बन जाती है, ऐसा दर्द जो रह रहकर और सुख-सुविधाओं को, समझौतों को, छोटे स्वार्थों को, थोथे आदर्शों को जिंदगी को चीरकर रख दें। काश यह दर्द जिंदगी बन सके।

राष्ट्ररत्न बाबू शिव प्रसाद गुप्त

राष्ट्ररत्न बाबू शिवप्रसाद गुप्त जी अपने समय के आश्चर्यजनक व्यक्ति तो थे ही आज भी उनके जैसा कोई दूसरा व्यक्तित्व बहुत कम मिलते हैं, जिनमें काव्य-शक्ति एवं क्रिया-शक्ति दोनों का सामंजस्य हो। वे राष्ट्र की स्वाधीनता के सभी आयामों के बारे में न केवल दूर-दृष्टि ही आश्चर्यजनक रूप से रखते थे, भारतीय स्वाधीनता के लिए न केवल उन्होंने अपने को समर्पित किया वरन इसके लिए उन्होंने एक कर्मठ पुरुष के रूप में अपना अमूल्य समय लगाया और स्वाधीनता को साकार बनाने के लिए दो महत्वपूर्ण कार्य किया जिनमें पहला था–राष्ट्रीय शिक्षा का विकल्प तैयार करना। उन्हें महामना पं. मदन मोहन मालवीय के काशी हिंदू विश्वविद्यालय से संतोष नहीं हुआ क्योंकि उन्हें लगा कि वहाँ ब्रिटिश शासन से कुछ समझौता कर भारतीय अस्मिता की पहचान कराई जा रही है और स्व. गुप्त जी समझौतावादी नहीं थे। उन्होंने राष्ट्रपिता महात्मा गांधी जी से आशीर्वाद लेकर स्वाधीन चिंतन वाले लोगों को तैयार करने के लिए तथा शिक्षा द्वारा राष्ट्रीय जागरूकता पैदा करने के लिए काशी विद्यापीठ की स्थापना करने का संकल्प लिया और एक पैसे की भी सहायता अन्य किसी से नहीं लिया। राष्ट्रपिता महात्मा गांधी जी ने काशी विद्यापीठ की नींव डाली और विद्यापीठ ने न केवल अपने को राष्ट्र वेदी पर अपने न्योछावर करने वाले स्वतंत्रतासंग्राम सेनानियों को तैयार किया बल्कि समाजसेवियों की भी एक पीठिका तैयार की। स्व. गुप्त जी के इस पवित्र कार्य में मंत्रदाता श्रद्धेय स्व. डॉ. भगवानदास जी रहे और सहायक के रूप में आचार्य नरेंद्रदेव एवं डॉ. संपूर्णानंद जी रहे। स्वाधीनता का दूसरा आयाम था–स्वाधीन प्रेस। श्रीकृष्ण जन्माष्टमी के दिन हिंदी समाचार पत्र "आज" की स्थापना और उसके साथ ही ज्ञानमण्डल की स्थापना करके प्रकाशन प्रारंभ कराया, जिसने हिंदी भाषा का निर्माण किया और स्व. बाबूराव विष्णुराव पराड़कर जैसे महान पत्रकार के सहयोग से उन्होंने राष्ट्रीयता की भावना जगाई।

स्व. गुप्त जी चाहते तो बहुत बड़े रचानाकर होते। "पृथ्वी प्रदक्षिणा" के

नाम से प्रकाशित उनकी कृति अपनी एक विशेष महत्ता रखती है जो स्वर्णाक्षरों में अंकित होने योग्य है। स्व. गुप्त जी ने अपने कंधे पर बहुत सारे कामों को ले लिया और जिस काम को वे करते थे बड़ी लगन से करते थे। काम करते करते उनके साथ रहने वाले लोग थक जाते थे परन्तु उनको थकान जैसे आती ही नहीं थी। इतना सारा कार्य करते हुए उनका एक और पक्ष बड़ा ही उज्वल रहा है और वह पक्ष है भावुकता का। वे प्रत्येक देश-सेवी, हिंदी-सेवी की प्राण-पण से सहायता करने को बराबर तत्पर रहा करते थे। उनके सेवा-उपवन में बिरले ही क्रांति के पथिक रहे होंगे जिन्हें सुरक्षा के साथ-साथ आतिथ्य न मिला हो। अपने आचरण में वे अहिंसा में विश्वास करते रहे। परंतु सशस्त्र क्रांतिकारियों के लिए भी उनके मन में बड़ा वात्सल्य छिपा हुआ था। वे काशी में तो कर्ण के रूप में प्रसिद्ध थे ही। भारतीय स्वतंत्रता संग्राम के सेनानी उनको पाकर यह विश्वास रखते थे कि उनके लिए ठौर है और वह ठौर है सेवा-भवन। उनका आतिथ्य औपचारिक नहीं होता था। स्व. गुप्त जी अपने आतिथ्य में माँ की तरह अपने सामने बिठाकर भोजन कराते थे। उन्होंने भारत के लिए अपने को अर्पित कर दिया था और इसी समर्पण भावना ने उनके मन में एक सपना जगाया कि मंदिरों की नगरी काशी में एक मंदिर भारतमाता का भी हो और सन् 1936 में उन्होंने भातरमाता मंदिर की स्थापना कराई और इसकी भी स्थापना काशी विद्यापीठ की ही तरह राष्ट्रपिता महात्मा गांधी से ही कराई। इस मंदिर की विशेषता यह है कि भारतवर्ष का मानचित्र और उसके प्राकृतिक संदर्भ में बड़ी सूक्ष्मता के साथ विवरण अंकित किया गया हैं और पहली बार किसी ने भारतवर्ष की प्रकृति को साकार रूप में दिखाने की कल्पना की। उनके मन में भारतमाता मंदिर का भारत के सांस्कृतिक रमणीयता के साथ ही जोड़ने का विचार था और इस विचार को मूर्त्त रूप देना था।

जिन लागों ने स्व. गुप्त जी के दर्शन किए हैं और उनके दहाड़ को सुना है उन्हें अनुभव होगा कि बड़े ही दृढ़ और कठोर संकल्प वाले व्यक्ति के भीतर कैसी कोमल करुणा देखी जा सकती थी। मैं इसे अपना सौभाग्य मानता हूँ कि काशी विद्यापीठ का कुलपति रहा और मैं समझता हूँ कि उन्हें अपनी हार्दिक श्रद्धांजलि यह होगी कि काशी विद्यापीठ का राष्ट्रीय स्वरूप पुनः जागृत हो और फिर से राष्ट्र की नई परिस्थितियों के अनुकूल, नए भविष्यत् के निर्माण में काशी विद्यापीठ की भूमिका उतनी ही महत्त्वपूर्ण हो जितनी स्वाधीनता के समर में उसकी रही तभी स्व. गुप्त जी का सपना पूरा होगा, जो इसे स्वाधीन और राष्ट्र की चिंतन का केंद्र बनाना चाहते थे, जिसमें जाति, मजहब, प्रांतीयता जैसे संकीर्ण भावों से ऊपर उठकर स्वस्थ और स्वच्छ राष्ट्रीयता की दीक्षा दी जाय।

भारतीय साहित्य के श्री सौरभ : स्व. उमाशंकर भाई

स्व. उमाशंकर जोशी से मेरी पहली भेंट उज्जैन के कालिदास समारोह में हुई, संयोग ऐसा हुआ कि उसके बाद साथ दिल्ली तक, आना हुआ, कार से हम लोग रतलाम कालिदास ही में डूबते-तिरते आए। हमें पता नहीं चला कि कालिदास के बाहर भी कोई देश काल है। उसके बाद एक दो रचनाओं का विनिमय हुआ, फिर साहित्य अकादमी मे वे अध्यक्ष चुने गए, मैं कार्यपरिषद का सदस्य और इस ब्याज से अनेक संगोष्ठियों और समितियों की बैठकों के ब्याज से दिल्ली और अधिकतर दिल्ली के बाहर लंबी साहित्य चर्चाएँ हुई, उनका अमित स्नेह मिला। भाषा में ऐसी मिठास और सिद्धांतों पर ऐसी दृढ़ता बहुत कम लोगों में मिली।

उमाशंकर भाई भारत के स्रोत ग्रंथों रामायण और महाभारत के साथ बिल्कुल एकात्म थे, मानव चरित्र के अनेक आयामों को मूर्त रूप देने वाले इन ग्रंथों में डूब डूब कर आधुनिकपन में डूब डूब कर नया अर्थ निकालते थे। ''मध्ययुग'' के भक्ति आँदोलन के भावोच्छल रूप में उनका तादात्म्य उतना गहरा नहीं था, पर संस्कृत के जीवन को संपूर्णता के साथ स्वीकार करने वाले पर संयत न खोने वाले तप से ही मृदुता प्राप्त करने वाले व्यापक राग भाव से उनका पूर्ण तादात्म्य था। कालिदास और भवभूति तो उनकी रगों में प्रवाहित से थे। उनकी सौंदर्य दृष्टि स्थिति पर नहीं, स्थिति के भीतर की छटपटाती गति पर ध्यान देती थी, शिव की तपस्या के वर्णन का प्रसंग कालिदास के कुमार संभव में आता है--

अवृष्टसंराममिवाम्बुवाहमयामिवाधरमनुत्तरंगूम।
अन्तश्चराणां मरुतां निरोधान्निवात निष्कम्पमिव प्रदीपम्॥

शिव ध्यानमग्न ऐसे लग रहे थे, जैसे बरसने की तैयारी के पूर्व बादल कुंडलित हो जाता है, बिल्कुल निश्चल जैसे बड़ी भयंकर आँधी के पूर्व समुद्र सारी सृष्टि का आधार निस्तरंग हो जाता है, थिर हो जाता है, जैसे बंद हवा में दीपक की

लौ निष्कम्प हो जाती है। यह सम्भव होता है शरीर के भीतर संचरण करने वाली प्राण वायु के निरोध से, प्राणी को महान लक्ष्य के लिए परिकरबद्ध बनाने से। पार्वती को पाना है और पार्वती के अपार प्रेम का वशवर्त्ती होना है, उद्दाम गति से सृष्टि का प्रवर्त्तन करना है तो यह निश्चलता साधनी ही साधनी है।

उमाशंकर भाई ऐसे संयत पर विसर्जन के लिए कृतसंकल्प समग्र सौंदर्य के अन्वेषी थे। उमाशंकर भाई में बस एक दोष था, वे नाराज़ होना नहीं जानते थे, शायद नाराज़ होते भी हों तो नाराज़गी व्यक्त नहीं कर सकते थे। मुझे कभी-कभी साहित्य अकादमी की बैठकों में उनका सहिष्णुभाव बड़ा वैसा लगता था और मैं उन्हें उलाहना भी देता था, धीरे से उत्तर देते—भाई दूसरों की बात सुन लेने का मौका देने से उनका कलुष निकल जाता है,उस कलुष पर मैं नाराज़ होऊ तो वह कलुष मेरे भीतर आ जाएगा, उसको बाहर ही करना है। कभी-कभी बैठक बड़ी लंबी खिंचती थी, पर उमाशंकर भाई खीझते नहीं थे। उम्र में मुझसे बहुत बड़े थे, और साहित्यिक अनुभव में तो और बड़े थे पर मुझे जैसे अधसीखे बन्धु को आदर देकर वे उपचार का निर्वाह नहीं करते थे, वे अपनी सहज सहृदयता का ही परिचय देते थे, क्योंकि उनके व्यवहार से यह बात निरंतर उद्भासित होती रहती थी।

वे महात्मा गांधी जी की संस्थाओं से, गुरुदेव रवींद्रनाथ ठाकुर जी की संस्था से जुड़े होने पर भी वैचारिक स्तर पर उनसे स्वतंत्र विचार रखते थे, पूरी प्रणति के साथ वे आधुनिक जीवन की विसंगति पहचानते हुए इन दोनों की तुलना में कम से कम मनुष्य और उसकी दारुण नियति के बारे में अधिक व्यग्र थे। उन्हें आक्रोश और नपुंसक रोष की भाषा उद्विग्न नहीं करती थी, बहत ही करुण बनाती थी, ऐसी स्थिति आई ही क्यों? अकादमी की कई बैठकों में भारतीय साहित्य के विश्व कोश की समिति की बैठकों में वे बीच बीच में आधुनिक भारतीय साहित्य में असहमति के स्वरों पर बड़ी ही गहरी विवेचनात्मक टिप्पणी देते थे। पर वे करुण होते हुए भी सस्ती और छिछली भावुकता के आवेग पर बराबर नियंत्रण रखने पर बल देते थे। वह इसे भारत की जातीय प्रकृति मानते थे कि अपने को मनोवेगों के हाथ सौंपने में नहीं बल्कि अपने मनोवेगों को विशालात्मा के हाथ सौंपने में इस देश का धर्म (व्यापक अर्थ में धर्म) सधता है।

जब उनके महाप्रयाण का समाचार दिल्ली में एक अख़बार में बस एक स्तंभीय शीर्षक के नीचे पढ़ा तो बड़ा दुःख हुआ। ऐसी गहरी मानवीय संवेदना और जातीय के यशःकाय साहित्यकार और विचारक का जाना इतनी छोटी घटना मान लिया जाय, इससे बढ़कर सजीव राष्ट्र के लिए विडंबना की बात क्या होगी? उमाशंकर भाई जैसे व्यक्ति देश में एक समय में इनेगिने होते हैं, वे एक क्षेत्र या एक भाषा में होते हुए भी, एक युग के होते हुए भी देशकालजयी होते हैं। ऐसे ही लोगों से देश का आकार बनता है, युग का आकार बनता है, राजनीति तो उस आकार

के लिए केवल ईंट और गारा जुटाती है।

उनके जाने के लंबे अंतराल के बाद में अपने परिवेश को देखता हूँ तो मुझे साहित्य की व्यापक समझादारी रखने वाले और अपनी अस्मिता को समझने में हमारा जातीय साहित्य का पैमाना देता है, इस पर बैठकर चर्चा करने वाले विरल होते जा रहे हैं। दो वर्ष से कछ ही अधिक हुए मेरे भाई, बन्धु और साहित्य पथ के अग्रचारी वात्स्यायन जी ने शरीर छोड़ा, साल भर में ही हिंदी की संत साहित्य साधना के मर्मी व्याख्याता श्री वियोगी हरि जी और गांधीवादयुग के आश्चर्य जैनेंद्र जी चले गए। भारत का साहित्य हज़ार प्रयत्नों के बावजूद खंड चेतना का शिकार हो रहा है। जो उसकी अखंड चेतना के साधक रहे हैं, उनका जाना बावजूद उनकी लंबी उम्र के बहुत अकेला करता है।

मैं इस छोटी सी श्रद्धांजलि में स्व. उमाशंकर भाई का मूल्यांकन करने का विचार नहीं कर रहा। मैं कोई प्रतिमा नही बना रहा, उनके व्यक्तित्व और कृतित्व का अंकन भी नहीं कर रहा, केवल उन्हें स्मरण कर रहा हूं और बड़ी उदासी के साथ स्मरण कर रहा हूं, यह स्मरण पवित्र करेगा, मेरे खालीपन को भरेगा भी, इसलिए अधूरे ढंग से ही सही, स्मरण कर रहा हूं। सोचता हूं उन्हें स्मरण न करना बड़ा पाप होगा, देश की जागरूक आत्मा के साथ घात होगा। विनम्र भाव से मैं उन्हें अपनी श्रद्धाजलि अर्पित कर रहा हूं।

अज्ञेय का समग्र जीवन

''आज के लोकप्रिय हिंदी कवि : अज्ञेय'' की कविताओं को समग्रतर बनाने के लिए मैं पंद्रह वर्षों से सोच रहा हूं। प्रारंभ में दी हुई जीवनी को फिर से लिखना चाहता हूं—केवल कुछ जोड़ घटाकर नहीं आमूल ढांचे को बदलकर लिखना चाहता था, वह कई कारणों से नहीं हो सका। सबसे बड़ा कारण यह रहा कि मैं कृती अज्ञेय को पूरी तरह समझना चाहता था और वह समझना आसान नहीं था। डूबता ही रहा तिर कर किसी किनारे लग नहीं सका।मैं उनके स्नेह के प्रकाश के घेरे में ऐसा घिरता गया कि उनके कृतित्व का उनके व्यक्तित्व से संयोजन कर सका आज वह स्नेह देने वाला व्यक्ति नहीं है, उसके स्नेह की अहर्निश जीती-जागती स्मृति है, और यह स्मृति ही लिखने में बाधक है। उन्नीस सौ सत्तासी में, सत्ताइस मार्च को यह योजना बनी कि मैं उनके जीवन के बारे में उनसे निरंतर बातचीत करके उनके कुछ और भीतरी जानकारी लूं और तब उनकी जीवनी लिखूं। पहले भी उनके साथ बर्कले में दिन में सात-सात घंटे बात करके (क्योंकि उस समय विश्वविद्यालय बंद था, और कोई दूसरा कार्य न भाई के पास था न मेरे) मैंने मौन गंभीरता की राख कुरेद-कुरेद कर वह आग खोदी थी जो अज्ञेय की वैश्वानरी खोज थी। मैंने उस आग के आलोक में फिर से उनकी कविताएं पढ़ी और ''आज के लोकप्रिय हिंदी कवि : अज्ञेय'' का पहला संस्करण बर्कले में ही तैयार किया। पहला संस्करण जहाँ तक मुझे याद है अप्रैल उन्नीस सौ तिरसठ में छपा था। उसके बाद अनेक संस्करण हुए, थोड़े बहुत परिवर्तित होते रहे पर 1986 से इस संग्रह को सर्वथा नया रूप देना चाहता रहा हूं और कहीं न कहीं अटक जाता रहा हूं। कहीं आत्मीयता जितनी बढ़ती है उतनी ही दूरी भी बढ़ती है, यह असमंजस ही कारण हो या अज्ञेय के विचारक पक्ष के निखरने पर उनकी कविताओं में आई हुई सादगी एकदम अनपहचानी लगी यह कारण हो-संकल्पित कार्य हो नहीं सका। वह संकल्प 86-87 में फिर जगा और स्वर्गीय भाई से जो वादा किया था कि जून 87 में भीमताल के पास वाले, नए खरीदे मकान में पंद्रह दिन साथ बिताएंगे और यहाँ किताब

पूरी करेंगे, यह वादा कराने वाला स्वयं धोखा दे गया (यद्यपि कहा यह था "देखिए इसबार "डिच" न कीजिएगा"—हम लोगों के बीच कई एक यात्राओं के साथ-साथ रहने योजनाएं आँख-मिचौनी का खेल खेल चुकी थी) इसका आधार भी बहुत जबर्दस्त था और तीन वर्ष बीत गए मैं अपना संकल्प पूरा न कर सका। क्योंकि इस अवधि में इस तथ्य से समझौता नहीं कर सका कि वे नहीं रहे। वे छोड़कर चले जा सकते हैं। आवेग अभी गया नहीं पर अब लगा कि संग्रह की भूमिका को नए सिरे से लिखूँ ही और उन्हीं के साथ बैठकर छोटी गई कविताओं का नए सिरे से अनुक्रम लगाऊं और उनकी जीवनी पूरी करूँ उनके क्राँति युगोत्तर साहित्यिक जीवन का सहयात्री बनकर। मैं एक विचित्र किस्म का सहयात्री था—शिष्य या भक्त बनकर उनके पीछे नहीं लगा; हमजोली, मित्र, साथी के रूप में कोई छूट नहीं ली, तटस्थ जीवन लेखक की तरह प्रतिक्षण का लेखा-जोखा नहीं लेता रहा। उनसे दूर पर उनके स्नेह के कारण उनके बहुत नज़दीक उनकी सहज कृपा के कारण उनके बहुत समीप रहा, उनसे अधिक कुछ पूछे बिना अनेक उत्तर पाता रहा। उनके सान्निध्य में एक जादू था जो समुद्दीपित होता रहा। इस समुद्दीपन (रेडिएशन) का अनुभव जो भी उनके पास गया है उसने अवश्य किया है। कभी-कभी विश्वास नहीं होता कि उनके स्नेह की पात्रता मुझमें है कि नहीं और वह अविश्वास उनके सम्बोधन, आशीष, अभिवादन जो भी समझे, "जय" से विलुप्त हो जाता था। मिलने पर "जय" और विदा होते हुए "जय"। प्रत्येक स्थिति में प्रतीक्षा, उत्सुक प्रतीक्षा का भाव मन से छूट नहीं सकता था और यह छूटना ही प्रेरित करता है कि एक-दूसरे से गुँथे हुए अनंत स्मृतियों के सूत्रों को सुलझा नहीं पाऊँ तब भी उन्हें एक सूत के रूप में बट तो दूँ ही।

अज्ञेय के जीवन का अंतिम सप्ताह अद्भुत विषाद, अद्भुत वैराग्य और अद्भुत उछाह से भरा रहा। भोपाल जाने के पूर्व यह इच्छा व्यक्त की कि अब मैं अपने को खींचकर कुछ अपने भीतर प्रवेश करना चाहता हूँ। भोपाल में कविता उत्सव के केंद्र में रहकर कविता के लिए उत्सुकता जगाते रहे और इसी बीच हलका संकेत भी देते रहे कि यह सब दीए की लौ की अंतिम भभक है। दिल्ली आकर एक रात पं. जसराज के संगीत में डूबे दूसरे दिन उन्हें घर बुलाया और कलाकार के साथ बात करते करते कुछ अस्वस्थ अनुभव किया और आराम करने चले गए। अंतिम दिन तक बल्कि अंतिम रात तक सजग कला, साहित्य, संस्कृति, के प्रति सजग बने रहकर अपनी सांसे उन्होंने बटोरी और भारतीय साहित्य संस्कृति के संपूर्ण शरीर हमारी आँखों से 4 अप्रैल 1987 को विदा ले गए। 75 वर्ष उसके पहले साल पूरे हो चुके थे और उसके अनेक उत्सव यहाँ वहाँ बड़ी सुरुचि से मनाए जा चुके थे। कुछ विचार था मानव मूल्यों को केंद्र में रखकर, एक स्तरीय निबंध संग्रह उनके सम्मान में छपाया जाय और उनकी जीवन साधना को इसके द्वारा रूपायित

किया जाय, क्योंकि वह जो कुछ थे मानव मूल्यों को पूरी तरह अर्पित व्यक्ति थे। धीर उदात्त और दुर्धर्ष योद्धा थे, निर्भीक पर दुःसाहसी नहीं, सत्यान्वेषी पर अकरुण नहीं, विचारक पर शब्दजाली नहीं, दिग्विजयी पर अहंकारी नहीं, गहरे आस्तिक, पर विश्वास के डिंडिभवादक नहीं, समाहित पर आत्मलीन नहीं, स्रष्टा से अधिक पाठक-और पाठक से अधिक आस्वादन और संप्रेषण के मर्मज्ञ पर-संप्रेषण के लिए उतावले नहीं, अतिशय संवेदनशील पर संयत, कवि और विचारक अज्ञेय।

अज्ञेय की जीवन-यात्रा और काव्य-यात्रा आधुनिक हिंदी कविता और आधुनिक भारत के भीतर के आवेगों और असंयत-संयत दोनों प्रकार के उबालों; समष्टि से व्यष्टि और व्यष्टि से समष्टि के उदय; स्वप्न भंग और स्वप्न भंग से जन्मे गहरे विषाद के सर्वस्वीकारी और सर्वसमर्पित भाव में परिणमन; अपनी भाषाई और सांस्कृतिक अस्मिता की पहचान; अपनी जातीय लय की खोज; पश्चिमी शिक्षा के संस्कार को स्वीकार करते हुए भी अपनी जातीय स्वायत्तता, अपने अखंड भारतीय व्यक्तित्व को पाने के लिए अनेक मार्गों के अनुसंधान (कुछ भटकने के, कुछ सही दिश में जाने के, कुछ खोने के, कुछ पाने के, अंततः कुछ से कुछ और होने के लिए ये मार्ग तलाशे गए और एक के बाद एक त्यागे गए पर ये सभी मार्ग कहीं न कहीं हमारे व्यक्तित्व के अंग बने) का समवर्ती इतिहास है। अज्ञेय जन्म से लेकर वृद्ध तक यात्री रहे-घुमक्कड़ यात्री नहीं, न कोरे सैलानी यात्री। देश या विदेश में उन्होंने प्रकृति के मनोरम स्थलों की यात्रा इस भाव से की जैसे प्रत्येक स्थल आनंदमयी चैतन्य सत्ता का साकार विग्रह है। वे देश-विदेश की तरह-तरह की मानव भंगिमाओं में कहीं कुछ गहरे सत्य का आलोक पाते थे पर यायावर होते हुए भी घर के बिना और घर वापसी की आशा के बिना नहीं। वे कहते थे, 'घर रहने के लिए उतना नहीं होता जितना कि वापस जाने के लिए होता है।'' वे इतने विजातीय साहित्यों संस्कृतियों में रमे हुए थे फिर भी वे भारत के घर से निंरतर बंधे रहे। जाने के लिए पहले बड़े चाव से और उछाह से एक ही काम किया-घर के पास के नीम की डालियों के बीच काठ का घर बनाया और उस तक पहुँचने के लिए काठ की सीढ़ियाँ बनाई वह घर बच्चों के और चिड़ियों के खेलने के लिए बनाया गया था। शायद अज्ञेय के कवि के भीतर भी एक बच्चा था ऊर्ध्वंग आकाँक्षा लिए एक हारिल पंछी था जो आकाश में खोना चाहता था और हाथ में अपनी प्रिय धरती का तिनका लिए था। 1938 में जेल की लंबी यात्रा से लौटने के बाद अज्ञेय ने अपने हारिल को पुकारा था--

उड़ चल, हारिल, लिए हाथ में यही अकेला ओछा तिनका।
ऊषा जाग उठी प्राची में-कैसी बाट भरोसा किनका।

शक्ति रहे तेरे हाथों में–छुट न जाय यह चाह सृजन की,
शक्ति रहे तेरे हाथों में–रुक न जाय यह गति जीवन की।

ऊपर-ऊपर-ऊपर-ऊपर-बढ़ा चीरता चल दिङ्मंडल,
अनथक पंखों की चोटों से नभ में एक मचा दे हलचल

मिट्टी निश्चय है यथार्थ, पर क्या जीवन केवल मिट्टी है?
तू मिट्टी पर मिट्टी से उठने की इच्छा किसने दी है?

आज उसी ऊर्ध्वंग ज्वाल का तू है दुर्निवार हरकारा
दृढ़ ध्वज-दंड बना यह तिनका सूने पथ का एक सहारा।

अज्ञेय के उस हारिल ने अनन्त की पावन धूलि बनकर अनंत की अमरता छूली, सही है, पर घर उनको घेरे रहा। कोई एक ठिकाने के रूप में नहीं बल्कि आत्मीयता के आश्वासन के रूप में प्रकाश के घेरे के भीतर घर की चाह और बेघर होने को भाव दोनों ताना बाना बुनकर उनको रचते रहे। संयोग से उनकी मानव-नियति यही थी-जन्म हुआ कुशीनगर के एक खुदाई शिविर में किसी छोलदारी के नीचे-उस स्थान की बड़ी मुश्किल से पहचान बड़ी बहिन जी ने कराई। बचपन अपने पिता के साथ बीता पुरातत्व केंद्रों में पढ़ाई स्कूल में लगभग नहीं ही हुई, क्योंकि ऊदकमंडलम् (ऊटी) में भर्ती होते ही एक अंग्रेज बच्चें ने गाली दी और उसकी ठुकाई करके स्कूल का मुँह नहीं देखा। दक्षिण भारत के रम्य नीलगिरी की छाया में और पिता के कड़े अनुशासन और बड़ी बहन के मातृ-कल्प वात्सल्य की छाया में बचपन बीता। घर पर ही पढ़ाई कर पंजाब की मैट्रिकुलेशन परीक्षा दी। सीधे मद्रास के क्रिश्चियन कॉलेज में इंटरमीडिएट भर्ती हुए और इंटरमीडिएट कर लाहौर के फोरमैन कॉलेज से बी. एस. सी. में प्रवेश लिया और वहीं से क्रांतिकारी का मार्ग अपनाया ओर फिर वहाँ से हिमालय की पहाड़ियों तक न जाने कहाँ लुकते-छिपते एक दिन गिरफ्तार हुए और जेल के सींखचों में बंद हो गए और राजद्रोह की सजा फाँसी आँखों के सामने झुलती रही। प्रक्रिया की त्रुटि के कारण छुटे फिर लाहौर गए, जेल में नजरबंद हुए और उसके बाद किसान आंदोलन, पत्रकारिता, सेना की नौकरी साहसिक एकाकी यात्राओं का सिलसिला सही मानों में भारत की खोज और दिल्ली, इलाहाबाद और दिल्ली, मेरठ, आगरा, कलकत्ता, पूर्वी भारत, इलाहाबाद, दिल्ली फिर इलाहाबाद फिर दिल्ली में मकान पर मकान बदलते हुए काम पर काम छोड़ते हुए उन्नीस सौ सत्तावन से विदेश यात्राओं का क्रम-उपक्रम उन्नीस सौ छियासी तक चलता रहा। ये यात्राएँ जितनी बाहर थी उतनी ही भीतर भी। जितनी खोना थी उतनी ही पाना थी। जितनी

आत्मीयता की तलाश थी उतनी ही बाहर कर दिए जाने की कसक थी। ऐसे अविश्रांत यात्री को इतना अनुद्विग्न देखते ही लोग अचरज में पड़ जाते थे कभी-कभी परेशान भी हो जाते थे कि कौन जादू है कि इतनी उथल-पुथल में रहने वाला आदमी अपने को इतना शांत और समाहित बना लता है; पर ढोंग की छाया भी अज्ञेय को छू नहीं गई थी। वे जो कुछ थे, ये उनमें बनाव नहीं था। सब कुछ सहज भाव से आता था। अच्छे भोजन का स्वाद (जरूरी नहीं कि वह अमीरी का भोजन हो) अच्छे कपड़े और उसकी अच्छी सिलावट की पहचान (जरूरी नहीं कि वो कपड़े महँगे हो) घर के विन्यास का कौशल कि प्रवेश करते ही पता चल जाए कि किसी खास आदमी के घर आए हैं—कहीं सामान की भीड़ नहीं, कहीं प्रदर्शन, तड़क-भड़क नहीं। हर चीज का हर चीज से ऐसा मेल कि लगे उनके बीच का जाने कब का रिश्ता है। अपने हाथ से लगाए फूल पत्तियों से उतना ही प्यार जितना अपने आप उगे पौधों-औषधियों और पेड़ों से प्यार, अन्याय न सह सकने का आक्रोश और अपनी भावनाओं को संयत रखने का अपार धैर्य, वाणी की कुशलता और मौन का अभ्यास, यह सभी देखने में एक दूसरे के विपरीत लगते हैं पर वस्तुतः एक दूसरे के पूरक हैं और पूरक नहीं तो समग्र व्यक्तित्व बनेगा ही नहीं और अज्ञेय का व्यक्तित्व समग्र हैं। फाँसी के तख्ते से उतर कर आया व्यक्ति एक बार मृत्यु के द्वार को देख लेता है तो उसका जीवन-मरण धर्मा नहीं रह जाता है, वह अमर हो जाता है।

हजारी प्रसाद द्विवेदी

पंडित हजारी प्रसाद द्विवेदी के जाने पर सहसा विश्वास नहीं होता, उन्हें बीमार कक्ष से शवगृह में पहुँचाकर भी नहीं, पर पंडितजी की हँसी, उन्मुक्त हँसी, उन्मुक्त करने वाली हँसी गूँज बनकर रह गई है, इस हँसी में एक जादू था जो छोटों का संकोच हर लेता था और बड़ों-बड़ों का दर्प पानी कर देता था, ऐसी शालीनता और ऐसी सहजता उनके जीवन में एक दूसरे की स्पर्धा में ऐसी रच गयी थी कि पता नहीं चलता था कहाँ से पंडित शुरू होता है और कहाँ से गवँई गाँव का ठेठ आदमी, पंडितजी ज्योतिषाचार्य थे, पर ज्योतिष की उन्होंने बराबर उपेक्षा की, नियति की उन्होंने हमेशा खिल्ली उड़ाई। संस्कृत-साहित्य के मर्मज्ञ होते हुए भी लोकतत्व के हृदय के साथ वह सँवाद जोड़े हुए थे। अतीत उनके लिए अतीत नहीं था, उन्होंने भारतीय भावधारा की रचना का पूरा इतिहास अपनी आँखों से ऐसे देखा था कि वह इतिहास उनके रचना-संसार की एक सनातन प्रक्रिया बन गया था। उनके ऐतिहासिक उपन्यास इतिहास की सजीवता रखते हुए भी एकदम आधुनिक है, क्योंकि पंडितजी सच्चे हिंदुस्तानी की तरह अखंड रूप से आधुनिक थे, खंडित या सँकरे अर्थ में नहीं।

उन्होंने मनुष्य के रागात्मक संबंध की गहराई नापी थी, उनके लिए मनुष्य चरम सत्य था, विशेषणरहित मनुष्य, जिस मनुष्य की न कोई जाति होती है, न कोई रंग होता है। कवि गुरु रवींद्रनाथ ठाकुर का स्नेहस्पर्श ओर साधना के पारखी स्व. क्षितिमोहन सेन की दीक्षा ने उनके भीतर के द्रष्टा को एक ऐसी शक्ति प्रदान की कि वह पूरी नम्रता के साथ विद्रोही हो गए, उन सभी सड़े-गले मूल्यों के विरुद्ध, जो भारतीयता की दावेदारी कर रहे थे। पहली ही रचना में पंडितजी ने हिंदुस्तान की नई आवश्यकता का साक्षात्कार किया एक ऐसे पात्र में जो अत्यंत निम्न कुल से आती है, पर ऐसी तमक लिए आती है कि वह अभिजात बाणभट्ट को नया मनुष्य बना देती है और मानवीय प्रेम के एक ऊँचे धरातल की सृष्टि के लिए अपना उत्सर्ग कर देती है।

बरसों पहले मैंने पंडितजी से पूछा था—पंडितजी, आपको यह निउनिया (निपुणिका) कहाँ मिली, कादंबरी भट्टिनी बनी, महाश्वेता सुचरिता बनी, पर पत्रलेखा मात्र से निउनिया नही बन सकती थी। पंडितजी हंसकर टाल गए, पर वह हँसी भीतर से बिंधी हुई हँसी थी, पंडितजी ने प्रत्येक उपन्यास से समाज में उपेक्षित नारी के भीतर छिपी हुई ज्वाला को धधकाया है, समाज में तिरस्कृत वर्ग की संभावना को उभारा है और इसपर बल दिया कि हिंदुस्तान का अभ्युत्थान बिना इस शक्ति को पहचाने हो नहीं सकता, ऊँची जातियों का दम्भ जब तक विगलित नहीं होगा और जब तक पिछड़ी जातियों में आत्मविश्वास नहीं जगेगा, उनकी संक्रामक निश्छलता और सहजता पूरे समाज पर छा नहीं जाएगी, तब तक हिंदुस्तान अपने स्वरूप को नहीं पा सकेगा, पंडितजी के भीतर एक ऐसी निपुणिका थी जो अपने को तोड़कर मनुष्य से जोड़ती रहती थी।

पंडित जी संस्कृत से आए, व्यास और कालिदास के द्वार से साहित्य में प्रविष्ट हुए, पर उन्होंने आलोचना के क्षेत्र में सबसे पहला अध्ययन प्रस्तुत किया कबीर पर। कबीर के अध्ययन के माध्यम से उन्होंने सीधे और खरे साहित्य की पहचान की एक नई राह दिखलाई, हिंदी का सौभाग्य था कि उस राह ने आलोचना को बड़े महनीय मूल्यों से जोड़ा, वह निरा शब्दजाल नहीं रही।

पंडितजी से पहली भेंट में ऐसा लगता था कि वह युगों-युगों से परिचित है और उनका भाषण सुनते समय लगता था। पंडित जी ऊँचे और ऊँचे और ऊँचे शिखर हैं। 15 मिनट गरमाने में लगते, उसके बाद व्योमकेश शास्त्रीके केश व्योम में लहरा उठते, बांहें ऊर्ध्व शिखा बन जातीं, वाणी की गति चौगुनी हो जाती और जानी-पहचानी उपेक्षित सी छोटी बात एकदम अनछुई ऊँचाई छू लेती। उनके साथ बैठना एक अलग अनुभव था, घर का सा अनुभव और उनका व्याख्यान सुनना अलग एक हिमधौत शिखर के प्रथम साक्षात्कार का सा अनुभव। ये अनुभव अब स्मृति बन गए।

पंडित जी गुरु थे, पर गुरुत्व को कभी भार नहीं बनने देते थे, एकदम निकट आ जाते थे, और कहीं कोई कसर बाकी रही तो अट्टहास से सारा संकोच दूर कर देते थे, पंडितजी कालिदास का एक श्लोक सुनाते थे, जिसके अन्त में कैलास की उत्प्रेक्षा आती है जैसे शिव का अट्टाहास एक ही जगह इकट्ठा हो गया हो, पंडितजी उस अट्टहास की मानवाकार प्रतिमा थे, पंडितजी का अट्टाहास छत की तरह लगता था, बीच की दीवारें ढह जाती थी और आदमी उस हँसी के जरिए भीतर से बाहर आ जाता था, उसके मुखौटे उतर जाते थे, उसके विशेषण झर जाते थे। पंडितजी कथाकोष थे पर साथ ही कथाओं के गुम्फन में ऐसे कुशल थे कि उनके मुँह से सुनी कथा कथा न रहकर जीवन का गलहार बन जाती थी।

मेघदूत में यक्ष के आँगन में एक कल्पवृक्ष है, जो सभी सामग्री अकेले देता

रहता है, पण्डितजी हिंदी के आँगन के कल्पवृक्ष थे, देवता वह कल्पवृक्ष उठा ले गए, आँगन का एक परिपार्श्व सूना हो गया है, हाँ, उनके प्राणवान ग्रंथ हैं और है सुरभि सी स्मृतिशेष उनकी हँसी की एक अमिट गूँज।

एक साथ पंडितजी की कई यादें आती हैं।

पंडितजी को पहला पत्र मैंने तब लिखा था जब 'विशाल भारत' में उनकी बाणभट्ट की आत्मकथा किस्तों में छप रही थी। मैं कालेज का छात्र था, बाणभट्ट का हर्षचरित पढ़ चुका था, कादंबरी का पूर्वार्द्ध पढ़ रहा था। मैंने अपने पत्र में काफी कुछ पंडिताई छाँटा, पर पंडितजी ने आदरणीय भाई संबोधित करते हुए जो उत्तर दिया उससे मैं पानी-पानी हो गया। संस्कृत पढ़कर हिंदी में लिखने की प्रेरणा मुझे पंडितजी से ही मिली। पंडित जी से बाद में साक्षात्कार हुआ। रीवाँ में मेरे घर पधारे, उनके साथ चचाई जल-प्रपात में स्नान हुआ, गिरि निर्झर परिक्रमा हुई और फिर उनसे कभी भोजपुरी के अलावा किसी और जबान में बात करने की ढिठाई नहीं हुई। हँसी-हँसी में कहते, भोजपुरी अंतर्राष्ट्रीय बोली है, हिन्दी राष्ट्रभाषा हो, बनी रहे, पंडित जी ने भोजपुरी में लिखा कभी नहीं, पर भोजपुरी का रस हिंदी को उन्होंने ऐसे दिया कि वह पूरे हिंदी भाषी प्रदेश का अपना रस बन गया। उन्हीं से सीखा कि भोजपुरी आदमी ही हिंदी का प्रगल्भ लेखक हो सकता है, क्योंकि वह हिंदी का दावेदार या धरोहरी न होकर हिंदी के प्रति अर्पित होता है।

पंडितजी तन्त्रों का बड़ा हवाला देते थे और तन्त्रों की ऐसी व्याख्या प्रस्तुत करते थे कि बस कपाट खुल जाते थे, जीवन उन्मीलित हो उठता था। उनके साथ एक-दो सत्संग भी भारतीय आस्था के स्पर्श से पुलकित कर देता था। और जिसे उनके साथ बैठकर उनके हाथ से लगाए पान के साथ उनकी रस-चर्चा को छककर आस्वादन का सौभाग्य मिला होगा, वह कितना उनकी जादुई सन्निधि से आत्म-साक्षात्कार कर सका होगा, यह शब्दातीत है। मैं तो अनुभव करता हूँ कि मेरा रोम-रोम उनका ऋणी है।

वह आगरा आए, तीन-चार दिन घर पर रहे और गोष्ठी में ही कह उठे कि अब तो लगता है मुझे आगरा में ही घर बनाना होगा। ऐसी आत्मीयता की असंख्य लहरों के वह क्षीर-सिंधु थे। आकार-प्रकार में शिव जैसे अवधूत, मन में गहरे वैष्णव और वाणी में शक्ति का प्रवाह, उनको समझना बड़ा कठिन था। कितने सहज परिहास के साथ वह ऊँची बातें कह जाते थे और कहीं जो देखा कि श्रोता थाह नहीं पा रहा है तो फिर ऐसा मोड़ लेते कि बात फिर सहज हो जाती और वह ठठाकर हँस पड़ते। उस हँसी में जो शरीक हो पाता था, वह फिर दूसरे ही क्षण उनकी बात की तह तक पहुँच जाता था। उनकी हँसी एक सेतु थी, जो आदमी को अनायास गहरे अर्थ के पास पहुँचा देती। उनकी हँसी गरिमा की दीप्ति थी।

एक बार शान्तिनिकेतन की चर्चा करते-करते एक के बाद दूसरी कथा कहते

गए और उन्हें ध्यान नहीं रहा कि बातचीत टेप होती जा रही हैं। यकायक ध्यान गया तो बोले, तुम लोग भाई बहुत गड़बड़ आदमी हो, अरे यह उस समय की बात है 'जब मैं रहेउ अचेत'। आज मन में होता है इतने अचेत हम भी रहे होते और अचेतता के कारण ही उनसे कुछ और पा लिया होता। शान्तिनिकेतन में उनका पंडित एक ओर बाउल बना तो दूसरी ओर उनकी भोजपुरी सिधाई सत्य के प्रखरतम रूप को ग्रहण करने में निष्णात हो गई। वहीं उन्होंने बाणभट्ट की कृतियों से ऐसे हृदयवान् बाण का व्यक्तित्व पुनर्निमित किया। और वहीं रहते हुए उन्होंने कबीर को हिंदी-साहित्य के जागरूक प्रहरी के रूप में स्थापित किया। उनकी रचना और समीक्षा दोनों ने भारतीय मूल्यबोध के पुनराकलन का नया प्रतिमान स्थापित किया।

पंडितजी की एक बड़ी विशेषता उनकी सन्धिनी शक्ति थी। कहाँ की बात कहाँ जोड़ दें, इसका तब तक अंदाज नहीं लगता था, जब तक पूरा चित्र सामने न आ जाए और तब लगे कि पंडितजी ने बड़ा धोखा दिया, हम समझते थे कि वह दूसरी बात कहने जा रहे हैं। वे किसी भी गाथा को अर्थहीन नहीं मानते थे और लोक-संस्कृति में वे अनायास ही ज्ञान का नया स्रोत पा जाते थे।

पर इससे भी अधिक विशेषता उनकी विनम्रता थी, जो प्रायः लोगों को भ्रम में डाल देती कि पंडितजी कहीं दुर्बल हैं, पर पंडितजी अपनी निषेधरूपा शक्ति को ऐसा विधि रूप शिवभाव का कंचुक दिए हुए थे कि उनकी विपुल शक्ति का लोगों को अंदाज नहीं लग पाता था। पर मैं जानता हूँ कि पंडितजी की केवल एक दुर्बलता थी, वह थी—उनकी मनुष्यता। इस मनुष्यता के अतिशय के कारण वह कभी-कभार कातर हो उठते थे और इस कातरता ने ही मेरे जैसे लोगों को (जिनके लिए वह कातर हो उठते थे) आज इतना कातर बना दिया है कि मैं कुछ कह नहीं सकता।

देवी जी

स्व. महादेवी वर्मा के बारे में लिखते समय अजीब सी उलझन होती है। समस्त साहित्यकार उनके परिवारी जन थे। अब मैं कह न चलूँ कि मुझे उनका विशेष स्नेह प्राप्त था, तो यह मेरी हिमाकत होगी और न कहूँ तो अपने भीतर के विश्वास को चोट पहुँचेंगी। वे मेरे अध्यापक और किसी समय मुझे बहुत वात्सल्य देने वाले डॉ. बाबूराम सक्सेना की साली होती थीं। मुझे यह परिचय बाद में मालूम हुआ तबसे मैं उन्हें माँ से सगी मौसी बना बैठा था और इसलिए उनके सान्निध्य में कुछ ढीठ भी हो गया था। ढीठ होने का अधिकार भी मुझे मिल गया था।

एक बार राहुल बाबा के साथ रहते समय ऐसा प्रसंग हुआ कि देवीजी बाबा से मिलने आई, गर्मी के दिन थे, प्यास लगी थी। पानी लेने सुराही के पास चलीं, बाबा मेरा आचार-विचार जानते थे और वे सच्चे मनुष्य की तरह मेरा निर्वाह करते थे, बाबा ने कहा, मैं पानी लाता हूँ, अपनी सुराही से पानी लाने गए। देवीजी ने टोका, क्यों दूसरी वाली से नहीं। उन्होंने कहा—विद्यानिवास जी की सुराही है, गिलास जूठी हो जाएगी। और उस पर रख दी जाएगी तो फिर वे सुराही से पानी नहीं पिएँगे। देवीजी तेजस्विनी तो थी ही, तमक कर कहा—आप अपने को परिवर्तनवादी कहते हैं, और यहाँ पोंगापंथी को प्रश्रय दे रहे हैं, राहुल बाबा भी नाराज हो गए, मेरे साथ जो दिन-रात रहता है, उसके आचार-विचार का निर्वाह न करूँ तो मनुष्य क्या होगा। इतने में मैं कमरे में ऊपर से भोजन बना कर आ गया। देवीजी को नमस्कार किया। पर वे बहुत अनखनाई हुई थी। राहुल जी भी गुमसुम। क्या हुआ, मुझे पता नहीं चला। कुछ ही दिनों बाद मैं अपने गुरु डॉ. सक्सेना जी के यहाँ गया, चाची जी (गुरुपत्नी) लड़के की तरह स्नेह देती थी', मेरी ओर से कभी-कभी डॉ. सक्सेना से भी लड़ पड़ती थी। वहाँ चाचीजी मेरे अनुकूल मिठाई बनाके रखतीं। मैं पहुँचा कि देवी जी की सवारी भी पहुँच गयी, उन्होंने मेरी ओर इशारा करके पूछा—ये पोंगा पंडित तुम्हारे यहाँ कैसे? चाची जी बोलीं—यह तो मेरा अपना लड़का है। देवीजी मुस्कराई—इसी ने राहुल जी से मेरी लड़ाई करा दी थी, बड़ा शरारती

लड़का है।

इसके बाद तो उनके घर में मेरा प्रवेश इसी शरारती लड़के के रूप में हो गया। मैं जाता तो कहतीं लो पंडित आ गए, इनके लिए तो मुसीबत है क्या खाने को दें, यह सब कहती जाती और कुछ न कुछ खास मेरे लिए भेजती जातीं। आक्षेप भी करतीं और मुस्कराती भी।

उनसे बात करते समय लगता कि कितनी भीगी हुई हैं आस-पास की विसंगतियों से, पर वे झनकी नहीं हैं, सहज विनोदी हैं। नफ़रत पड़ती है तो तमक दिखा देती हैं। आपातकाल की घोषणा के बाद उन्हीं की प्रतिक्रिया थी पूरा देश ही कारागार हो गया है। सांकृतिक मूल्यों के प्रश्नों पर कहीं भी समझौते के लिए तैयार नहीं थी, इन सबके बावजूद हिंदी संस्कार के गुरुजनों की दीदी या बहन थीं, नारी साहित्यकारों की तो प्राण-ऊर्जा थीं, युवा साहित्यकारों के लिए देवी जी थीं। सबके ऊपर उनके स्नेह का प्रबल अधिकार था। कोई ऐसा था नहीं जो उस अधिकार के आगे सहज प्रणत न हो। देवी जी को छेड़कर उनसे सुनना बड़ा प्रीतिकर लगता था। वे सबकी दुर्बलताएँ बता देती थीं और दुर्बलताओं की जानकारी के बावजूद कहीं भी तिक्त या कटु नहीं होती थीं।

उनमें व्यवहार कुशलता और आदर्शपरायणता का अपूर्व समन्वय था। इसके बावजूद संस्था का गठन इसलिए नहीं कर पाईं कि वे सबकुछ स्नेह बल से चलाना चाहती थीं। उनके मन में बहुत सवाल उठते थे और कार्यान्वित नहीं हो पाते थे क्योंकि वे असंख्य लोगों में से कुछ को चुन नहीं पाती थीं। हाँ, अलबत्ता अपने आप में वे प्रयाग की एक संस्था थी, जिसका स्पर्श मात्र गंगास्नान जैसा स्फूर्त्तिप्रद लगता था।

भाई (अज्ञेय) के नेतृत्व में जानकी जीवन-यात्रा जनकपुर से चित्रकूट के लिए निकली। शृंगवेपुर के बाद प्रयाग पड़ाव था, भाई बीच में कुछ अस्वथ थे, वे प्रयाग में आ जुड़े, यात्री दल देवी जी से तिलक कराने पहुँचा। तो अस्वस्थ होते हुए भी देवी जी इतनी गद्‌गद् थीं कि क्या मिले, क्या न्यौछावर करें इन यात्रियों के उत्साह और संकल्प पर, उन्हें कुछ समझ में नहीं आता था। बहुत भावविस्वल हो गईं, कहा भी था, तुम अब यहाँ से सीता के निर्वासन के आश्रय वाल्मीकि आश्रम जा रहे हो। वाल्मीकि का मन समझने की कोशिश तो करना ही सीता की अगली पीढ़ियों की वेदना भी समझने की कोशिश करना।

इस विदाई के बाद ज़्यादा मुलाकातें उनसे मेरी हुई नहीं, केवल भारत भारती पुरस्कार के प्रसंग में एक बैठक में भेंट हुई, जिसमें जैनेन्द्रजी को यह सम्मान समर्पित करने का निश्चय हुआ था, उसके बाद बस एक बार और, अंत में तो सिर्फ उनकी चिता के दर्शन हुए उनके प्रयाग रहने पर लगता था हम वहाँ पहुँच पाए या नहीं, हमारे लिए एक बहुत बड़ा आश्वासन एक स्थान पर है। उनके जाने के बाद यह

आश्वासन जाने कहाँ चला गया।

वे इतनी सहज मानवीय बनी रहीं यही उनके सर्जक होने का सबसे बड़ा प्रमाण है। वे अपने से छोटों की रचना में रुचि लेती थीं जबकि ज्यादातर लोग नए लोगों की रचना पढ़ते ही नहीं और केवल रुचि नहीं लेती थीं, अच्छा लगता था तो सराहना करती थीं, मुखर होकर सराहना करती थी। इससे युवतर लोगों को उनसे बहुत बल मिलता था। उनकी अनुपस्थिति वैसे तो हो नहीं सकती, क्योंकि साहित्य में विशेषकर सहज सलोने गद्य साहित्य में उपस्थिति तो बनी ही रहेगी और पाठकों के मन में, उनके ललित ओजस्वी व्याख्यानों के श्रोताओं के मन में गूँज के रूप में भी बनी रहेगी, परंतु उस व्यक्ति को हम कहा पाएँगे, जो हमें आशीष से, विनोद से और शिक्षा से दुलारता था, सेवा करता था और कुछ नया बनाता था।

स्व. शंभूनाथ शुक्ल

मैं रीवा चार वर्ष के लगभग रहा। इस समय पं. शंभूनाथ शुक्ल मुख्यमंत्री थे। ऊपर से बड़े रूखे और गंभीर, पर भीतर से बड़े सरस और विनोदी थे। विंध्यप्रदेश की राजनीति की बागडोर सँभालना बड़े धैर्य और बड़ी सूझबूझ का काम था और उन्होंने उसे बड़ी योग्यता से निबाहा। वे बृहत्तर मध्य प्रदेश बनने पर कई दायित्वों को निभाते रहे। उनकी सबसे बड़ी विशेषता यह थी कि वे संस्कारी पुरुष थे। अपनी परंपरा और अपने साहित्य में उनकी गहरी निष्ठा थी। उन्होंने मानसचतुश्शती समारोह तो अनेक कराए ही, स्थाई परंपरा बना दी मानस के विवेचन की। इस सिलसिले में कई बार उन्होंने स्नेहपूर्वक बुलाया। एक बार उन्होंने बुलाया और पं. बलदेव प्रसाद मिश्र का व्याख्यान शुरू हुआ था। शुक्ल जी ने धीरे से कहा कि विदिशा देखा है। मैंने कहा—नहीं, उन्होंने कहा—चलो तुम्हें दिखा आएँ। मैं कहा—भाषण तो समाप्त हो जाय। बोले चिन्ता न करो, जब हम लौटकर आएँगे, तब भी व्याख्यान चालू रहेगा। और सचमुच यही हुआ। मिश्र जी की वाग्धारा हम लोगों के लौटे आने तक दूसरे दौर में चल रही थी।

दूसरी घटना इनके आत्मविनोद की है। एक बार स्व. हुमायूँ कबीर रीवा आए, एक फोटो खीची जिसमें शुक्लजी, तत्कालीन, उपराज्यपाल संतानमजी और हुमायूँ कबीर तीनों बैठे हुए थे, वह शिक्षा की सरकारी पत्रिका में छपी। मेरे विनोदी मित्र वासुदेव जी ने अपने मुद्रित अखबार में उसकी बतस चिपका दी और शीर्षक दिया—सचित्र सुंदरकाण्ड। शुक्ल जी को एक बार यह अप्रतिम अख़बार दिखलाया गया, यह चित्र देखे ही बोले—क्या शीर्षक दिया है, हम तीनों साँवले तो हैं ही, पर क्या मूड था सबके चेहरे एक जैसे मनहूस दिख रहे है और मुस्कराने लगे। एक ओर उनके चेहरे पर जल्दी कोई मनोभाव व्यक्त नहीं होता था, इसलिए उनसे लोग बराबर आतंकित रहते थे, दूसरी ओर आत्मीयों के बीच में खुलने पर, विशेष कर साहित्यकारों के बीच खुलने पर बहुत ही सहज हो जाते थे। विन्ध्यप्रदेश में उनहोंने मूर्धन्य साहित्यकारों को बुलवाया और बराबर उनकी सेवा का ख्याल रखा।

पं. श्री नारायण चतुर्वेदी, पं. परशुराम चतुर्वेदी, पं. हजारी प्रसाद द्विवेदी, पं. उदयनारायण तिवारी, वियोगी हरि, श्री शिवमंगल सिंह सुमन लक्ष्मी नरायण मिश्र जैसे आदि तो आए ही। नए उभरते लोगों में धर्मवीर भारती, भिक्खु, नामवर, श्रीकृष्णदास, विद्यावती, कोकिल, और अनेक युवतर लोग आए और विन्ध्प्रदेश के आतिथ्य से प्रसन्न होकर गए। मेरे ऊपर उनका उत्तरोत्तर स्नेह बढ़ता ही गया–बाद में कहते थे–पहले तो मैंने समझा कि साहित्यिक व्यक्ति सूचना में आया है, पता नहीं, कैसा होगा, पर अब लगता है कि विन्ध्यप्रदेश से सांस्कृतिक छवि बनाने में इन्होंने क्या किया।

उनके साथ दो तीन बार साथ गया हूँ। रास्ते में उनसे उनके निजी संघर्षमय जीवन की गाथा सुनी हैं। वे स्वयंनिर्मित व्यक्तित्व थे, इसीलिए ऊपर से इतने रूखे थे और भीतर से वे सर्वसाधारण की पीड़ा समझने वाले एक विरल राजनेता थे। जीवन के अन्तिम दिनों में उन्होंने रीवा विश्वविद्यालय की बागडोर कुलपति के रूप में सँभाली, तब भी उन्होंने स्मरण किया और आज उस सारी स्मृतियों को सहेजने बैठा हूँ तो सोचता हूँ सरकारी नौकरी करते हुए मुझे जो भीतर से स्वतंत्रता का एहसास होता रहा उसके लिए मैं अपने मित्र महेंद्र कुमार मानव का जो उस समय मेरे मंत्री थे और पं. शंभूनाथ शुक्ल का कितना ऋणी हूँ। मेरे शेष अधिकारी भी ऐसे मिले जिन्होंने मुझे खुली छूट नियमों के भीतर काम करने की दी थी, पर सबसे अधिक शुक्लजी का प्रभाव उसमें विशेष कारण था। शुक्ल जी की सहृदयता के प्रति श्रद्धांजलि अर्पित करता हूँ।

उच्छल व सहज व्यक्तित्व के मालिक

राहुल सांकृत्यायन इस शताब्दी के अपने ढंग के निराले व्यक्ति और लेखक थे। उनका जीवन अविराम यात्रा और अविराम लेखन को समर्पित था। अपने जीवन में उन्होंने अनेक राहें बदलीं, पर उनकी मंजिल हमेशा या तो हिंदी रही या हिंदुस्तान की गरिमा, जिसके प्रतीक के रूप में वे हिमालय को अपनी ऊर्जा और देश की ऊर्जा का स्रोत मानते थे। संस्कृत की परंपरागत शिक्षा से प्रारंभ करके उन्होंने स्वयं आधुनिक ज्ञान विज्ञान के विविध क्षेत्रों का अध्ययन किया, अनेक देश-विदेश की भाषाएँ सीखीं। पर इन सबके बावजूद उनका मन लोक का मन बना रहा, उनका जनपदीय भोजपुरी संस्कार उनको बराबर सहज और खुला हुआ व्यक्तित्व बनाए रहा।

उनकी यह सहजता उनकी रचनाओं में भी परिलक्षित है। उनकी रचना के अनेक आयाम हैं। उन्होंने यात्राओं के विवरण लिखे, देश-विदेश के विविध क्षेत्रों के मुख्य रहन-सहन और उनके रीति रिवाज पर लिखा। हिमालय क्षेत्र तिब्बत, चीन, रूस, सिंहल आदि क्षेत्रों के विवरण विशेष महत्त्वपूर्ण हैं। उन्होंने पुस्तकों की खोज की। तीन तीन बार तिब्बत की कठिन जोखिमभरी यात्रा करके वे न केवल दुर्लभ प्राचीन बौद्ध बाङ्मय की पोथियाँ लाए, बल्कि अनेक पोथियों को छपाने का काम शुरू किया। हिंदी में प्रमाणवार्त्तिक जैसे कठिन दार्शनिक ग्रंथों तथा पालि त्रिपिटक ग्रंथों को उतारा। भारतीय और पाश्चात्य दर्शनों का विवेचन हिंदी में प्रस्तुत किया। सबसे प्रामाणिक काम, अपने समय का अत्यंत मौलिक काम, उन्होंने 'मध्य एशिया का इतिहास' लिख कर किया। उन्होंने भारतीय साहित्य की समग्र परंपरा से अंश चुने, वैदिक वाङमय से, संस्कृत वाङ्मय से, पालि-प्राकृत-अपभ्रंश वाङ्मय से और हिंदी अनुवाद सहित उन्हें प्रस्तुत किया। यही नहीं, उन्होंने जनपदीय साहित्य के क्षेत्र में जनपदीय कवियों जनपदीय भाषाओं और जनपदीय इतिहास के क्षेत्रों के अध्ययन का मार्ग प्रशस्त किया।

पर इन सबसे अलग है उनका रचनात्मक साहित्य, जिसके अंतर्गत आता

है कनैला की कथा, मेरी जीवन यात्रा, वोल्गासे गंगा, जय यौधेय, सिंह सेनापति, सतमी के बच्चे, विस्मृत यात्री जैसे आत्मकथात्मक ग्रंथ, उपन्यास और कथा साहित्य। उनके इस बहुआयामी कृतित्व में से उनका उच्छल ओर सहज सत्यान्वेषी व्यक्तित्व झाँकता है। उनकी रचनाओं में एक शाश्वत बेचैनी है, इसीलिए इतनी जल्दबाजी है कि परिष्कार और परिमार्जन की कभी चिंता ही उन्होंने नहीं की। उनकी रचनाएँ सौ से ऊपर हैं और यह कार्य निरंतर यात्रा सामाजिक-राजनीतिक कार्य, अध्ययन और अध्यापन के बीच में किया गया, यह विस्मय की बात। वे क्रांतिके बीज बिखेरने में इतने तल्लीन थे कि उन्हें अवकाश नहीं मिला। एकाग्र चिंतन मिला होता तो निश्चय ही उनके रचनात्मक साहित्य का रंग और निखरा होता। पर जैसा भी है, वह एक व्यक्ति का कृतित्व होने के कारण बहुत विस्मयकारी है। केवल विषयों का विस्तार ही इन रचनाओं में नहीं, इनमें मनुष्य और उसके परिवेश को देखने वाली सूक्ष्म दृष्टि और गहरी मानवीय संवेदना की झलक भी है।

ऐसे फैले हुए रचना संसार का मूल्यांकन अकेले एक व्यक्ति करना चाहे तो भी नहीं कर पाएगा। लोक साहित्य से शास्त्र तक, एक भाषा से दूसरी भाषा तक और इतिहास से दर्शन तक की यात्रा अनुपम है।

खण्ड-5 : भ्रमरानन्द का पचड़ा

दिव्य कैलाश लोक के मुखिया की खोज

मैं जगा ही था और अखबार पर नजर डाल रहा था कि भ्रमरानंद आ विराजे। एकदम घोड़े पर सवार, बोले-इस पृथ्वी के अखबार ऐसे वैसे ही हैं। अखबार तो देवलोक में मेरा मित्र नारद निकालता है, सच्ची खबर और ताजा खबर, बिना किसी शील-संकोच के देता है। भाषा उसकी बिल्कुल देवभाषा होती है। आज की देववार्ता में ताजा खबर यह है कि कैलाश की सरकार के ऊपर महान सँवैधानिक संकट उपस्थित हो गया है। वह सरकार दिव्य कैलाशलोक की सरकार है। उस सरकार के बारे में यह कहना मुश्किल है कि वह राजतंत्र है कि अधिनायक तंत्र या प्रजातंत्र। वहाँ का संविधान बड़ा विचित्र है। एक बार कभी भूत-प्रेतों का अभूतपूर्व हंगामा हुआ और उससे शंकर जी की समाधि टूट गई। बोले, 'क्या चाहते हो।' उन्होंने कहा, 'हमको मुकम्मिल सरकार चाहिए, जो दिन में चार बार समाधि में न जाए, हमको रंडुवा सरकार नहीं चाहिए, गृहस्थ सरकार चाहिए।

पुराणों में जो लिखा है कि देवताओं ने प्रार्थना की, तब शंकर जी दूसरी बार विवाह के लिए राजी हुए, वह केवल लीपापोती है। हकीकत यह है कि उनके भूत-प्रेतगणों का हंगामा ऐसा हुआ कि वे खप्पर लेकर पड़ोस की हिमालय की चोटी पर चले गए। हिमालय को घर बैठे वरदान मिल गया और शादी पक्की हुई, तारीख मुकर्रर हो गई। धूमधाम से बारात गई। हिमालय राजा ने रत्नों का खजाना खोल दिया। विवाह के बाद वर कौतुकगृह में घुसा तो निकलने का नाम ही न ले। मुफ्त का बढ़िया खाना, न देवता हटे, न भूत-प्रेत हटे। बढ़िया खाना, बढ़िया बिस्तर, बढ़िया नींद आती थी। कौन यह सुख छोड़ के जाना चाहेगा, पर इतने में ही हिमालय का दिवाला पिट गया। बड़ी मुश्किल से एक देवता किसी तरफ से मच्छर का रूप धारण करके घुस गया और वरबाबा के कान में अपने आने का जयघोष करने लगा। उन्होंने सोचा कि यहाँ भी अगर मच्छर हैं तो कैलाश लोक की अपनी कुटिया लाख दरजे अच्छी है, जहाँ बूटी चढ़ाने पर साँप तो काट ही नहीं पाते, मच्छर क्या काटेंगे? अड़बड़ा कर बाहर आए और बारात विदा होने के लिए तैयार हुई। खैर,

यह पचड़ा जाने दीजिए। शंकर जी अपनी जगह विराजे और उन्होंने नई सरकार की घोषणा की। गौरा पार्वती-प्रधानमंत्री, स्कंद कार्तिकेय-रक्षामंत्री, नंदी-विदेशमंत्री, कुबेर-वित्तमंत्री, विजया गृहमंत्री तो नहीं हुई, पर प्रधानमंत्री की सहायता में गृहराज्यमंत्री हो गई। गणेश जी को खाद्यमंत्री बनाया जा रहा था, गणेश जी ने प्रार्थना की कि माता इस पेटू लड़के की स्थाई व्यवस्था कीजिए। मंत्री तो जब चाहें तब हटा दिए जाते है। मेरी लिखावट बड़ी साफ सुथरी है और मैं सुनता भी बहुत दूर से हूँ। मुझे अपना कैबिनेट सेक्रेटरी बना लीजिए। बहरहाल, सरकार बहुत दिनों तक व्यवस्थित चली। कहने के लिए संसद सदस्य, गणतंत्र के प्रतिनिधि हैं, पर हमेशा नशे में धुत्त, अनुशासन जानते ही नहीं कि किस चिड़िया का नाम है, परले दर्जे के कामचोर और औसत से चौगनी खुराक वाले। सबसे ज्यादा परेशानी तो इस बात की थी कि अपने परिवार में हल्की खुराक वाला कोई था ही नहीं। गणेश जी का मुँह हाथी का ठहरा। पाँव-डेड़ पाव में कुछ होता ही नहीं, कम से कम एक कुंतल हो तो पेट भरे। स्कंद के छह मुख हैं, थोड़ा-थोड़ा भी खाएँ तो छह गुना हो जाता है। नंदी की भी खुराक कम नहीं थी और बाबा जब बूटी छान लेते हैं तब उन्हें पता ही नहीं रहता कि वे कितना खा गए।

गौरा पार्वती को परेशान देखकर विजया ने सलाह दी कि सबसे कहिए कि अपनी-अपनी रोटी बेलें, मैं कढ़ाई गरम कर देती हूँ और हम पूड़ियाँ छानते चले जाएँगे। गौरा पार्वती ने कहा, 'जाओ, अच्छा है।' शंकर जी सबेरे ही रसोई घर के सामने हाजिर हो गए। मेरी बूटी तैयार है—बूटी के साथ पनपियाउ भी तैयार है। गौरा पार्वती का मूड उखड़ गया और उन्होंने कहा,'आप राज्य के मुखिया है, आप ही गैरजिम्मेदार रहेंगे तो राज्य का संचालन कैसे होगा?' शंकर जी को जब ताव आता है तब फिर सब कुछ भूल जाते हैं और उन्होंने तत्काल सब कुछ-कमंडल, त्रिशूल आदि छोड़कर सीधी नीचे जाने वाली राह पकड़ी और भोज-पत्रों के वन में गंगा के किनारे जा पहुँचे सूखी-सूखी टहनियाँ इकट्ठी कीं ओर आग भभक उठी। दाढ़ी को भी आग छू गई। कभी भोजन बनाया नहीं था, गंगा सामने आई और बोली, 'भले आदमी भोजन नहीं बनाना आता तो शादी क्यों नहीं कर लेते?' 'फिर बाबा बोले "मेरी पत्नी लड़कर मायके चली गई, अब उसका संदेश आया है कि मैं लौटूँगी नहीं, तुम्हें इतना मोह हो तो तुम्हीं कर लो।" गंगा ने कहा कि विचार करूँगी और भोजन बनाकर देती रहूँगी।

यहाँ का वृतांत यहीं रहने दें। गौरा-पार्वती ने गणेश जी को तलब किया-बेटा इतने बाहुबली हो, जरा रसोई में मदद करो। गणेश जी साष्टाँग प्रणाम कर बोले 'माँ, मैं आग फूँकने चलूँगा तो मेरी सूँड की फूँक से ऐसी आग पैदा होगी कि सारा घर भस्म हो जाएगा। गौरा-पार्वती ने कहा कि तब भोजन नही मिलेगा। बुद्धिमानों में बुद्धिमान गणेश बोले, माता आपकी ही कृपा से मेरे पास ऐसा वाहन है जो

आपकी रसोई से लाकर मेरी जरूरत पूरी कर देगा। अब प्रधानमंत्री के कोष का ठिकाना नहीं। यह मेरी नाक के नीचे भ्रष्टाचार पनप रहा है? गणेश ने कहा, माता यह भ्रष्टाचार नहीं है, यह सुविधा की व्यवस्था है, तुम्हारा इतना बड़ा खजाना है कि मेरा वाहन यदि थोड़ा-सा उसमें से ले भी आया तो कुछ पता नहीं चलेगा, माँ, तुम्हारे अक्षय भंडार की जय। गौरा कुछ द्रवित हुईं, बोली, बेटा ऐसा न कहो, सबको सब काम सीखना चाहिए। कभी तुम्हारे कपार पर प्रधानमंत्रित्व आ सकता है। इसके बाद कार्तिकेय बुलाए गए। उन्होंने कहा कि माँ मुझे केवल लड़ाई सिखाई गई है, भोजन बनाना किसी ने सिखाया नहीं। न आपने, न बाबा ने, न मेरी छह दाइयों ने। मैं भोजन में हाथ लगाऊँगा तो सब गुड़-गोबर हो जाएगा। हाँ आज्ञा दीजिए तो दो-चार के कान उमेठने, पीठ उधेड़ने के लिए मैं तैयार हूँ। गौरा-पार्वती ने देखा कि पूरा मंत्रिमंडल ही प्रतिकूल होता जा रहा है। उन्होंने नंदी को बुलाया। बाबा के पुराने साथी हैं, वे सरकार चलाने का मर्म जानते होंगे। नंदी ने हाथ जोड़कर विनती की, माँ जो कहो करने को तैयार हूँ। रसोई में दो-एक बार चूल्हें टूटेंगे, बर्तन लुढ़केंगे, दूसरी-तीसरी बार में कच्चा-पक्का तैयार होगा, पर इतना यह सब होता है मालिक के रहते। मालिक चले गए, मेरा सारा पौरुष चला गया।

इतना सुनते ही गौरा पार्वती के हाथ-पाँव सूज आए। यदि राज्य का मुखिया ही नहीं रहा तो फिर राज्य कहाँ से रहेगा। तो पहले राज्य के मुखिया की तलाश होनी चाहिए और तब तक अखंड उपवास व्रत और हरिनाम संकीर्तन चलेगा। शायद बाबा के दोस्त विष्णु भगवान आकर कुछ रास्ता निकालें। उनके पास तेज सवारी भी हैं बूढ़ा बैल विदेशमंत्री है। जो भी यात्रा करता है शिव के साथ ही करता है, कहने को विदेशमंत्री है पर दरवाजे पर ऊँघता रहता है स्वयं तो चलने फिरने में असमर्थ है पर बड़े-बड़े कलाकारों को नाचना सिखाता है। अप्सराएँ तक उससे सीखने आती हैं इसीलिए उसका दिमाग सातवें आसमान पर रहता है। पार्वती भी अपने वाहन सिंह से डरा नहीं पाती और सिंह उनका रक्षामंत्री है। गौरा पार्वती ने अपने पास गृह विभाग विधि विभाग रख लिया। सोचा जरूर था कि कोई कानूनी सलाहकार रखना चाहिए, पर रखा नहीं। लड़का पढ़ा-लिखा है और अनादि काल से मुंशीगिरी कर रहा है उससे पूछती है कि मान लो बाबा नहीं मिलते तो यह अंतराल, जिसमें राष्ट्रपति गायब और कोई राष्ट्रपति है नहीं मैं तो विष्णु भगवान को राष्ट्रपति बनाने को तैयार थी पर उनकी नकचढ़ी लक्ष्मी नहीं तैयार हुई। अब एवजी राष्ट्रपति कोई है नहीं, एक बड़ा भारी संकट आ गया। गणेशजी को बुलाया, बेटा तुम्हारी अक्ल बहुत तेज है, तुम कानून के नए-नए मुद्दे निकालते हो और बाबा को भी ऐसे-ऐसे टालू उपाय बताते हो कि बाबा घोर संकट के समय कोई कार्रवाई करना नहीं चाहते। न कहते हैं कि देखेंगे, न कहते हैं कि सोचेंगे, बस मुस्कराते रहते हैं। चुपके से गणेश जी को बुलाकर पूछ लेते हैं कि बेटा बहुत

उपद्रव मचे तो कोई काट तैयार रखना और ये भूत प्रेत मरभूखे हैं, हड़ताल करें भी तो कुछ दिन हड़ताल करने देना। किसी को अहंकार हो जाय कि शिव का बड़ा आत्मीय है तो उसकी खबर रखना और बताते रहना। गणेशजी ने तत्काल पूछा कि मैं आपको अपना न मानूँ? माँ आपको अपना आदमी न माने, छोटा भैया आपको अपना आदमी न माने? शिव ने कहा तुम लोग अपवाद हो। तुम लोग तो मेरी किचेन कैबिनेट के सदस्य हो। पार्वती अपनी सरकार अलग चला रही है। पर मुझे राज्य चलाना आता है, अपने ढंग से चलाता हूँ। हम सबको देने वाले थे, सबको पैकेट बाँटते फिरे थे, आज हम लुट गए। और तत्काल इस्तीफा दे दिया। कुबेर भी घबड़ा गए और कहा कि मेरा भी इस्तीफा ले लीजिए। गौरा पार्वती के सामने बड़ा संकट आया, झुंझलाईं, किसी पेटू बैठकबाज गणेश की सलाह से गौरा पार्वती रुआँसी हो रही थी, एकाएक विहँस पड़ी और क्रोध में आ गईं। आपने पहली बार करार तोड़ा है। आपसे जब शादी हुई थी, तभी करार कराया था कि एक बार मैं भोग चुकी हूँ। आपको अब मेरे साथ निरंतर रहना है, आपको इसकी सजा भोगनी होगी। मैं मुकदमा तो नहीं करूँगी, विष्णु भगवान आए हैं, इन्हीं को पंच बनाती हूँ। वे पंच बनना स्वीकार किया और अगली तारीख डाल दी। और निर्देश दिया कि तब तक यथावत् स्थिति बनी रहेगी। इसलिए राष्ट्रपति और प्रधानमंत्री के बीच में यह स्थिति बनी हुई है। वह संकट कुछ समय के लिए टल गया है। भ्रमरानंद जी इतना वृतांत सुनाकर ठठाकर हँस पड़े कि हम मनुष्यों को क्या दोष दें जब देवताओं की सरकार में भी यह सब प्रपंच होता है, आप देखना चाहेंगे देववार्ता का ताजा अंक? मैं जानता तो था ही, अंक वगैरह कुछ नहीं होगा यह भ्रमरानंद का ढकोसला है, पर भ्रमरानंद अपने हाथ में कुछ आड़ी-तिरछी रेखाओं का एक भोजपत्र लाए हुए थे और बोल रहे थे कि कहिए तो पढ़कर सुना दूँ। मैंने कहा कि आप इसे रख दीजिए मैं किसी प्राचीन लिपि विशेषज्ञ से पढ़ा लूँगा। हाथ में उसे लिया ही था कि टेढ़ी-मेढ़ी रेखाएँ गायब हो गईं। पता नहीं यह भ्रमरानंद का कोई इंद्रजाल है या इस खबर में सच्चाई का कुछ अंश भी है। बहरहाल, लगता है अखबारों में अब लड़ाई होगी, तब होगी ओर लड़ाई होते न देखकर जी ऊब रहा था, खीज भी हो रही थी इतनी बड़ी डींग मारने वाला अब लड़ाई से भाग रहा है, जो सोना उछला था, नीचे आ रहा है, शेयर जो लुढ़के थे, ऊपर आ रहे हैं।

इन सबका परिमार्जन गप्पवार्ता से हुआ। यथास्थिति का संकट वैश्विक ही नहीं, ब्रह्मांडीय घटना है, इसलिए कुछ सुख मिला और मन में एक उत्सुकता भी जागी कि विचारे ज्योतिषियों की भविष्यवाणी का क्या होगा? पेशा उनका कैसे चलेगा? भ्रमरानंद को पाएँ तो कच्चा चबा जाएँ। भ्रमरानंद ही उनके लिए बिन लादेन हो गया है। भ्रमरानंद मस्ती में जैसे आए, वैसे ही बिना चाय-नाश्ता किए चले गए।

निरा बैल

संस्कृत के शास्त्रों में लक्षणा का जहाँ विचार किया गया है वहाँ बारबार एक उदाहरण दिया जाता है "गौर्वहिक" अर्थात् वाहिक क्षेत्र का रहने वाला बैल। उसका अर्थ यह नहीं है कि वह सींग वाला बैल है उसका अर्थ यह है कि वह बैल की तरह बोदा है, जड़ है, मंद बुद्धि वाला है। जब जिस व्यक्ति को जड़ता अतिरेक जतलाना होता है तो कहा जाता है 'गौरयम' यह निरा बैल है, बैल के सिवा कुछ नहीं है ऐसे वाक्य को सुनने पर किसी को भ्रम नहीं होता कि वह सींग वाला आदमी है। निरा बैल कहने का अर्थ बस इतना होता है कि ऐसा व्यक्ति बस मूर्ख है और कुछ नहीं। बल्कि ठीक-ठीक कौन सा प्रदेश है, यह शोध का विषय है। पश्चिमोत्तर भारत का ही कोई प्रदेश है। ठीक-ठीक क्षेत्र का ज्ञान नहीं। नहीं ज्ञात है यह अच्छा ही है नहीं तो संस्कृत के पुराने विचारकों के ऊपर तो नहीं, पर भ्रमरानन्द के ऊपर निश्चित आता है यह मानकर चलें कि वाहिक एक कल्पित नाम है जो नक्शे में कहीं भी हो सकता है। ऐसे ही एक गाँव के मतिमान थे। उन्होंने कोई विज्ञापन पढ़ा कि हमें बच्चे को पढ़ाने के लिए घर में रहने वाला ट्यूटर चाहिए। उम्मीदवार अमुक पते पर मिले। एक पढ़े लिखे मतिमान व्यक्ति तत्काल बोझा ढोने वाली बैलगाड़ी पर सवार होकर उक्त पते पर रवाना हो गए।वह उस पते पर सुबह चार बजे पहुँचे। मकान का पता पूछते-पूछते मकान के पते पर पहँच गए। घंटी नहीं थी दरवाजा ढबढबाया। मालिक ने छत के ऊपर से कहा 'कौन है।' मतिमान ने उत्तर दिया 'टयूटर के लिए आपने विज्ञापन दिया है।' सेठ ने कहा 'इस समय आने की क्या जरुरत थी।'

मतिमान ने कहा 'मैं यह बतलाने आया हूँ कि मेरे भरोसे न रहिएगा। मैं खाली नहीं हूँ।"

सेठ ने तत्काल भाँप लिया। केवल अपने संदेह के निराकरण के लिए पूछा, आप अमुक गाँव से तो नहीं आ रहे हैं।

मतिमान ने तपाक से कहा, 'जी हाँ, मैं उसी गाँव का निवासी हूँ।' सेठ जी ने हँसते हुए कहा, 'तब तो आप ठीक समय पर ठीक सूचना देने आए हैं।

एक दूसरा गाँव भी काफी समय से प्रसिद्ध है, लोग कहते हैं। पता नहीं अब है कि नहीं,पर पहले तो जिला मुख्यालय से 13 मील दूर था। एक बार अंग्रेज कलेक्टर ने सोचा, इस गाँव के बारे में बड़ी शोहरत है, इस गाँव को मैं भी जाँच कर देखूँ। उन्होंने पता किया कि गाँव में कोई सरकारी महकमा है। पता चला एक काँजी हाउस है। उसी काँजी हाउस पर गए। काँजी हाउस में जाने पर पता चला कि मुंशी जी अपनी जगह पर किसी को बैठा कर कहीं चले गए हैं। जिसे बैठा कर गए थे उसने पहला काम यह किया कि काँजी हाउस में इलाज के लिए दाखिल होने वाले पशुओं के रजिस्टर पर कलेक्टर साहब का नाम लिखा "आमद एक कद कलेक्टर।" कलेक्टर साहब ने पूछा कि मुंशी जी कहाँ गए हैं? उसने कहा कि मुझको एवजी के रूप में बैठा कर नजदीक ही दिशा मैदान गए हैं। कलेक्टर साहब उबलते रहे, इतने में मुंशी जी आ गए। एवजी ने बड़ी तत्परता से काँजी हाउस का फाटक बंद कर दिया था। मुंशी के पास दूसरी चाबी थी उन्होंने फाटक खोला और भीतर आते ही फाटक बंद कर दिया, कलेक्टर साहब बिगड़ रहे थे 'कैसे नालायक हो, किसलिए गैरहाजिर हो गए। मुंशी ने माफी माँगी कलेक्टर से कहा आपका नाम आमद में दर्ज हो चुका है, पहले मैं खारिज कर दूँ, तब आप जाएँ। कलेक्टर ने रजिस्टर देखा और अपना माथा ठोंक लिया। अब किसी प्रमाण की जरुरत नहीं थी। जैसा उस गाँव के बारे में सुना था वैसा ही मिला।

बिहार के क्षेत्र में भी एक गाँव ऐसा था। वहाँ के एक मंत्री अपनी बुद्धिमत्ता के लिए प्रसिद्ध थे। एक बार मुख्यमंत्री ने कहा, चलिए मंत्रीजी आप के गांव होते आएं। गांव पटना से दूर था। कार में चलें, गाँव के सीवान में पहुंचे। मुख्यमंत्री जी ने मंत्री से पूछा, 'इसी गांव के बारे में शोहरत है कि लोग अपनी अक्ल दूर जंगल में चरने के लिए भेज देते हैं। एक आदमी नजदीक कहीं एक विशेष आसन में बैठा था उससे रहा नहीं गया, उसने कहा, 'पहले यहाँ ऐसे हुआ करते थे। अब यहां मूर्ख नहीं होते।'

मंत्री जी ने भी इसकी सहमति दी,मुख्यमंत्री हँस कर रह गए। उन्होंने हँस कर कहा, 'हाँ अब ऐसे नहीं होते।'

अब वैसे तीर्थ की कमी किसी देश में नहीं है, इसलिए वाहिक नाम एक अंतर्राष्ट्रीय नाम है। किसी क्षेत्रविशेष का नाम नहीं है। ऐसा मूर्ख जिसे निरा बैल कहा जा सके, बहुत प्रयत्न से पैदा होता है। विधाता को बड़ी अक्ल लगानी पड़ती है। सामान्यतया कोई भी ऐसा आदमी नहीं है जो कोई न कोई भूल न करता हो, कहीं न कहीं अपनी अज्ञानता का परिचय न देता हो। स्वयं विधाता के बारे में भी ऐसा है। उनका नाम था चतुरानन पर चूकते चले गए। इन्द्रायण को सुंदर बनाया उसका फल जहर होता है, एक को गठीला बनाया, उसका रस मीठा होता है। कोयल को काला बनाया, उसकी आवाज मीठी होती है। मुर्गे को रंग-बिरंगे

पंख दिए, चोटी दी, पर उसकी आवाज सुबह उठ न पाने वालों के लिए जहर से कम नहीं होती। इसलिए सामान्यतया यह मान कर चलना चाहिए कि मूर्खता, जीव के साथ जन्म से जुड़ी है। परंतु प्रतिभाशाली मूर्खता, जिसके उदाहरण पहले दिए गए, बिरलों को ही मिलती है।

ऐसे बिरलों को निरा बैल कहा जाता है। कभी-कभी गधा कहा जाता है, कभी-कभी उल्लू कहा जाता है। यह उल्लेखनीय है कि मूर्खता के लिए गाय का नाम नहीं लिया जाता। गाय सीधी होती है, सिधाई को जो मूर्ख मान ले उसकी बुद्धि की बलिहारी है और वही बात उल्लू की है। उल्लू का कोई स्त्रीलिंग नहीं होता। इससे जाहिर है कि विशिष्ट प्रकार की मूर्खता पुरुष जाति के भाग्य में अधिक आती है। गधे के बारे में अपवाद है। गधे को कुछ लोग गधी भी कहते थे, पर, गधी कहने वाले स्वयं वही लोग होते हैं जो गधे कहलाने के पात्र नहीं। नहीं तो सब विशिष्ट आदमी स्त्री को गधी नहीं मानते। अपनी स्त्री को कहने का जोखिम नहीं उठाते। उसकी अनुपस्थिति में कह दें तो कह दें, सामने पड़ने पर किसी पुरुष को स्त्री को गधी कहने की हिम्मत नहीं होती है। जबकि बैल या उल्लू जैसे संबोधन भाषा व्यवहार के नाना प्रकार की उक्तियों में मिल जाएँगे। मास्टर छात्र को इन विश्लेषणों से संबोधित करते है। मालिक नौकर को इससे संबोधित करता है। साहब जब रंग में रहता है तो अपने अधीनस्थों को इन विशेषणों से संबोधित कर देता है। अत्यंत स्नेह में स्त्री पुरुष को उल्लू कह देती है। बैल भी कह देती है। यह ज्ञातव्य है कि साँड़ नहीं कहती, सोचने की बात है कि बैल, गधी ने क्या किया है कि वे विधाता की विशेष रचना के वाचक हो गए हैं। हल में जुतता है, न जुते तो भी कभी-कभी फुटकर दुकानदार का बोझा ढोता है। जब निष्क्रिय हो जाता है। या निष्क्रिय होने का ऐसा बहाना करता है कि कुछ नहीं ढोता और हल चलाते-चलाते बैठ जाता है। सोंटे पर सोंटा खाता है और समाधिस्थ रहता है। संस्कृत में बैल को गलि कहते है। उसी से देशी शब्द बना है 'गरियार।' संस्कृत में उक्ति है

सुखम् स्वपिति गौ गलि

गरियार बैल सुख से सोता है। उस गरियार बैल को होशियार ही कहना चाहिए। उसे मूर्ख कहा नहीं जा सकता, तो कौन सा बैल, जिसके अपूर्वनीय होने पर आदमी विधाता की एक विशेष रचना बन जाता है।

बैल का बारीकी से अध्ययन करेंगे। इसमें तीन-चार विशेषताएँ दिखाई देती है। एक तो यह कि वह बैल होता है, गोस्वामी नहीं होता, गायों की ओर से उदासीन होता है। उनसे किसी प्रकार की ऐसी वैसी चेष्टा नहीं करता। दूसरी विशेषता यह है कि खाते समय उसको जल्दी रहती हैं वह मुँह डुबो कर खाता है और हड़बड़ी

में खाता है। उसे पउवाता है। देर तक पचाता है। दूसरा लक्षण यह है कि गाय को कोई चुराने जाय तो गाय बछड़े के लिए रँभाना शुरू करेगी। इसे जल्दी चुरा नहीं पाएँगे। किंतु बैल को कोई खूँटे से चिटका दे तो बैल चुपचाप चला जाएगा। मैं जब गाँव में रहता था तो कातिक की रात में बैल टिका दिए जाते थे। तब बिचौलिए के द्वारा फिरोती माँगी जाती थी। अब तो खैर बैल की कीमत कुछ नहीं रह गई है। और बैल के लिए लोगों के मन में कोई भाव नहीं रह गया है। अब तो बैल चुपके से छिटका दिए जाते हैं और चुपके से उनका रुपया ले लिया जाता है। वह ट्रकों पर लद जाते हैं, कभी-कभी पुलिस को जागरूक का नाटक करना पड़ता है। बैल पकड़े जाते है। पकड़े जाने पर सरकारी विभाग इस बहस में दिन बिता देते हैं कि इन बैलों की जिम्मेदारी किसके ऊपर है। जिम्मेदारी रेलवे के ऊपर है। जिम्मेदारी सीधे स्वर्ग में आ जाती है। कौन-कौन संस्थाएँ इसकी पूछताछ करती है। इन लक्षणों पर विचार किए जाएं तो अब किसी को बैल कहना उसे मूर्ख बतलाना नही हैं उसे बैल ही बतलाता है। लगता यह है कि बैल सिर्फ मुहावरे में रह जाएँगे। खेत-खलिहान में तो दिखेंगे नहीं, यदा-कदा मन्दिरों की ओर जाते दिखेंगे। या फिर यमपुरी की ओर ले जाते हुए दिखेंगे। उल्लू तो करीब-करीब गायब ही हो चुका है। इसको पहचानने वाला शायद ही कोई हो। गधा सही सलामत हैं पर गधा इतना मूर्ख नहीं है जितना माना जाता है। उसे सिर्फ अपने संगीत ज्ञान के बारे में थोड़ा सा मुगालता है और हरियाली से थोड़ा बहुत लगाव है। जब वैशाख में हरियाली नहीं दिखती तो गधे को लगता है कि इतनी हरियाली मैंने चर ली है। यह दोनों अब इतनी अधिक मात्रा में मनुष्यों में पाए जाने लगे हैं। इतने अधिक संगीतकार हो गए हैं, इतने अधिक हरियाली चरने वाले हो गए हैं, दूसरों की गरीबी के बल पर धनी हो गए हैं। अब गधा उपमान नही रह गया है। पर्यावरण की दृष्टि से उल्लू के लुप्त होने का क्या प्रभाव पड़ा यह पर्यावरण वेत्ता जानें। गधों के लुप्त होने का आरक्षण नीति पर क्या प्रभाव पड़ेगा वह आरक्षणवेत्ता जानें। बैल के लुप्त होने पर भाषा पर गहरा प्रभाव पड़ने जा रहा है।

बैल के बल पर साहित्य में लक्षणा चली थी। अब लक्षणा की टांग खीची जाती है। वाहिक तो अंब अप्रासंगिक हो गया है, बैल भी अब अप्रासंगिक हो जाएगा। विधाता के विधान को समझने के लिए कहाँ से उदाहरण ढूँढ़ेंगे। साँड़ तो फिर भी स्कूटरों एवं मोटरसाइकिलों के बावजूद जब तक काशी है तब तक रहेगा। सांड़ तो लक्षणा का विषय है ही नहीं। हो भी नहीं सकता। चाहे मूर्ख कितना भी हो, उसकी सींग से डर तो लगता है ही। भले ही काशी में आकर वह रहते-रहते एकदम बैल बन गया हो। बाबा विश्वनाथ को सवारी कराते-कराते वह अपना साँड़पन खो चुका है। साँड़ को कोई लक्षणा का परिचय नहीं बनाएगा। अब जो बैल मिलेंगे वो इतने निरीह व असहाय होंगे कि उनमें दयनीयता के अलावा किसी गुण की

तलाश करना मूर्खता होगी। मूर्ख तो वह है जो अपने गले में रस्सी डलवाता है, अपने मुँह में जाबी डलवाता है। अपने नथुनों में नाचने वाली रस्सी डलवाता है और काम में जुटा रहता है। सिक्कों-मूर्तियों एवं पुराण कथाओं में पथ्वी बैल के रूप में दर्शाई जाती है।

पृथ्वी तो आज भी गाय बनी हुई है, और धर्म आज भी बैल बना हुआ है। राजनीति ने उसको नकेल डाली है, तटस्थता के खूँटे से वह बँधा हुआ है। वह केवल शोभा यात्राओं में रथ ढोने के लिए जुतता है उसकी सींग रँगी जाती है, उसके गले में मनके पहनाए जाते हैं, उसके पैर में घुँघरू बाँधे जाते हैं, धर्म भी बैल की तरह, धीरे-धीरे वीडियो कैसेट और आडियो कैसेट की ओर तिरोहित होता जा रहा है। उस धर्म की मर्यादा पर चलने वाला व्यक्ति भी समाज का एक अजूबा होता जा रहा है। उसे प्राचीन विशिष्ट स्तम्भों की तरह संग्रहालय में रखने का प्रस्ताव हो रहा है। भ्रमरानंद को चिंता इसकी नहीं है कि बैल की महिमा घट रही है, धर्म की महिमा घट रही है, चिंता इस बात की है कि साहित्य शास्त्र पढ़ाते समय किसको निरा बैल कहें।

शुक-सारिका सँवादःनई शिक्षा के नए प्रतिमान

भ्रमरानंद का कुछ ठीक नहीं है कब क्या करें। अभी जंगल सरकार में अपनी नाक घुसेड़ने पहुँच गए। आज की ही बात है। मैंने उनसे कहा, यार तुम मतिभ्रम के शिकार हो गए हो, किसी एक मौके पर तुम टिके ही नहीं रहते। आज कहाँ का गड़ा मुर्दा उखाड़कर ले आए? भ्रमरानंद को कुछ कहने की उतावली होती हैं तो वह कुछ सुनते नहीं है। भ्रमरानंद ने तपाक से उत्तर दिया, मैं चिड़ियों के सँवाद की बात नहीं कर रहा हूँ। मैं जो शुक-सारिका संवाद लेकर आया हूँ वह चिड़ियों की दुनिया की बात नहीं है। आधुनिक आदमियों की बात है, नाम के लिए शुक और सारिका नाम दे दिया। नाम तो लोग गाँव में चिलोर, बिलऊ रखते हैं, पर वे चील ओर बिल्ली तो नहीं बन जाते। आप चुपचाप सँवाद सुनिए—मिस्टर शुक ने मिसेज सारिका का दरवाजा खटखटाया। सारिका बिना किवाड़ खोले बिगड़ी, नींद में खलल डालना उन्हें बरदाश्त नहीं था। सारिका ने पूछा, 'इस समय कौन मूर्ख दरवाजा खटखटा रहा है'? शुक ने कहा, 'तुम्हारी जबान अभी भी ऐसी तेज चलती है। कान्वेन्ट की शिक्षा का तुम्हारे ऊपर कोई असर नहीं'। सारिका ने कहा,'ये आप हैं। दुनिया भर के लफंगों के सरदार! दरवाजा नहीं खुलेगा। जो भी आपको कहना सुनना हो, बाहर ही बैठे-बैठे कह सुन लीजिए।'

शुक भीतर-भीतर कसमसाया और उसकी शुक के ठोड़ की तरह की नाक क्रोध में कुछ और लाल हो गई। उसने संयम नहीं खोया, बोला, 'तुम जैसे कूप मण्डूक को मैं क्या बताऊँ? दुनिया बदल गई है। भाषा बदल गई है, तौर-तरीके बदल गए हैं। इतिहास, भूगोल तक बदल गए हैं। हर क्षेत्र में क्रांति हो रही है। तुम्हारे पास कम्प्यूटर होता तो मैं इतनी दूर आने की जहमत नहीं करता। घर बैठे ई-मेल कर देता। तो सुनो, हम लोग एक मेमोरण्डम बना रहे हैं, इसे गरुड़ महाराज को देना है। उस पर तुम्हारे दस्तखत लेने हैं। उस पर एक महिला का तो दस्तखत हो जाए। उस मेमोरण्डम में हम माँग कर रहे हैं कि दकियानूसी पिछली जबानें जब तक स्कूलों से खाली नहीं कर दी जाएँगी तब तक लोग आगे नहीं बढ़ सकेंगे।

इसलिए एकभाषा सूत्र लागू होना चाहिए, केवल अंग्रेजी ही पढ़ाई जाए।'

श्रीमती सारिका दरवाजे के पीछे से ही बोलीं, 'एक दिन जाकर यह अपनी चहेती मिस बुलबुल को सुनाओ। मैं तो डंके की चोट पर अपनी भाषा बोलूँगी।'

शुक फिर शुरू हो गया, 'मेमोरेंडम का दूसरा सूत्र है, जितने इतिहास अंग्रेजों के जाने के बाद लिखे गए उन्हें जब्त कर लिया जाए। इतिहास का नजरिया अंग्रजों को ही मालूम था। वो यहाँ के लोगों को सभ्य बनाने आए थे। यहाँ के नेटिव लोगों को इतिहास का बोध नहीं था। अब वे लोग अपने ढंग से इतिहास की बात सोचते हैं तो यह उनकी हिमाकत है। इतिहास अंग्रजों की नियामत है। अनिवेशी शिक्षा नीति के तहत उसमें एक अक्षर भी परिवर्तन करना वैश्वीकरण (ग्लोबलाइजेशन) के साथ विश्वासघात है। यही नहीं, इतिहास विषय का ही पेटेंट हो गया है। अब कोई भी व्यक्ति इतिहास पैदा नहीं कर सकता। इतिहास उगाने का अधिकार पेटेंटधारियों को है।'

सारिका गरजी, 'तुमने तो आदमी की सोच समझ को भी घास-भूसा बना डाला है उसे पेटेंट करने की बात कर रहे हो। अक्ल तो तुम्हारे पास पहले भी नहीं थी। इतनी बेसिर-पैर की बात पहले नहीं करते थे। कहाँ से सीख कर आए हो। पहले बताओ इतिहास का लक्ष्य क्या है'?

मि. शुक सकपकाए, 'मैडम मैंने बताया तो था। मैं भूल गया हूँ, कल पूछकर बता दूंगा'

फिर सारिका ने प्रश्न दागा, 'क्या समझदारी की भी लाइसेंस मिलने लगी है?' शुक बोला, 'जरूर मिलती होगी। तभी तो मुझे ज्ञापन पर हस्ताक्षर कराने का कार्य समझदारी के लाइसेंस शुल्क में मिला है। सारिका ने कहा, 'अच्छा, दूसरों के विचारों के उगालदान हो तुम। दूसरा सूत्र पढ़ो।'

शुक ने कहा, 'मैडम, एक कप चाय पिला दीजिए'। गलासूख रहा है और आप जैसी दो चार महिलाएँ मिल जाएँ तो मेरा काम तमाम हो जाए। मेमोरेंडम जाने कहाँ किस गर्त में चला जाए।'

श्रीमती सारिका को दया आई। उन्होंने चाय बनाई और खिड़की के रास्ते से चाय बाहर रख दी। शुक ने चाय पी और फिर हाथ में रखा हुआ मेमोरेंडम पढ़ने लगा-आगे का सूत्र है अनिवार्य विषय के रूप में स्कूल में ऐसा वितर्कशास्त्र पढ़ाया जाए जो सभी प्रश्नों का एक उत्तर दे कि आपकी बात से गैर-सैक्यूलर की बू आती है। मैं इसका उत्तर देने के लिए विवश नहीं हूँ वितर्क शास्त्र में ही यह भी सिखाया जाए कि जो भी बात अपने अनुकूल न पड़े उस पर पीले रंग की लकीर लगा दीजिए और कह दीजिए कि इन शब्दों का भगवाकरण हो गया है। कोई इसे सुनने को भी तैयार नहीं 'बहस की तो कुछ चर्चा ही नहीं।'

सारिका बोली, 'अरे मरकिल्ले, तुम्हें यह पता नहीं कि तर्क का अर्थ ही है

युक्ति देना। युक्ति देंने से इनकार करता है तो यह तर्क कहाँ हुआ? शुद्ध देने से इनकार करता है तो यह तर्क कहाँ हुआ? शुद्ध मताग्रह हुआ।' मि. शुक ने अपने पुराने दिनों की बात सोची और निर्लज्ज चापलूसी पर उतर आए, 'मैडम मैं तुहारी सीधी जुबान पर हमेशा से कुर्बान रहा हूँ। यह मेमोरेंडम की बात छोड़ो। दरवाजा खोलो अपना दीदार दो।' पर सारिका काफी चतुर थी। किसी झाँसे में आने वाली नहीं। उसने साफ इनकार कर दिया, 'तुम्हारे जैसे निखट्टू को घर से बाहर ही रखना ठीक है। तुम लोग घर में रहने लायक नहीं हो।' शुक ने सोचा, साम से काम नहीं चलता तो दाम का प्रयोग करें। वह बोला, 'मैडम तुम इस मेमोरेंडम पर दस्तखत कर दो तो मैं तुम्हें मुफ्त में दुनिया की सैर करा दूँ। टिकट और पांचतारा होटलों में ऐश का खर्च हमारे मालिकों की ओर से।' सारिका ने ताना दिया, 'यदि तुम्हें इतनी छूट मिली हुई है तो अपनी माँ और दादी को क्यों नहीं न्योता देते। इनको क्यों नहीं सैर करा देते? क्योंकि, वह तुम्हारी गिटपिट अंग्रेजी नही जानती।' अब शुक ने तीसरे उपाय की बात सोची। उसने कहा, 'अच्छा मैं जाता हूँ, इस मेमोरंडम पर मिसेज कोकिला से दस्तखत करवा दूँगा।'

सारिका ने कहा, 'जरूर कराओ, बाहर घूम रही होगी तमाम फुलसुँघनी देवियाँ। इन्हीं से पहले हस्ताक्षर करवा लो। देखो, तुम्हारी क्या मरम्मत होती है'। अब मि. शुक आपे से बाहर हो गए। अपना सिर पटकने लगे कि मैं तुम्हें अखबारों में बदनाम करके छोडूँगा कि तुम 'देशद्रोही हो' 'जातिद्रोही हो', तुम्हारे ऊपर मुकदमा चलना चाहिए, तुम पर मुकदमा इंटरनेशनल कोर्ट आफ जस्टिस में चलना चाहिए।

अब मिसेज सारिका की बारी थी। उन्होंने एक जलती मोमबत्ती रोशनदान के रास्ते निशाना साधकर फेंकी कि वह मोमबत्ती संजोग में मि. शुक की कलगीदार टोपी में लगीं और मि. शुक थके हुए योद्धा की तरह विदा हुए।

मैं चुप बैठा था। मैंने भ्रमरानंद से पूछा इसमें शिक्षा की बात कहाँ है? क्या शिक्षा के प्रतिमान की बात हुई। यह तो पुराने से भी बेतुका वृतांत है। पुराने किस्से में तो चटपटापन भी था, कुछ रस भी था। पर तुमने जो संवाद सुनाया है वह अत्यंत नीरस, अयथार्थ, ऊबाऊ है। भ्रमरानंद ने सफाई दी कि हम क्या करें, आजकल के सारे वृतांत तो ऐसे ही हो गए हैं, सारे सेमिनार ऐसे ही हो गए हैं। वहीं से सुन-सुनकर मैं इकट्ठा करता हूँ। पर इतना मैंने सुन लिया है कि चंदन हो गया हूँ। चंदन जितना घिसो, उतना महकता है, इसी तरह झूठ जितना दोहराओ, उतना सच होता है। यह कहते हुए वे निकले गए।

हिंदी की धरोहर

हिंदी दिवस जब समीप आता है तो हृदय में उल्लास नहीं होता, उल्टे गहरी उदासी होती है। ऐसी प्रतिबंधित प्रतिष्ठा हिंदी को न ही मिलती तो अच्छा था। वस्तुतः यह हिंदी दिवस नहीं, यह हिंदी प्रतिबंध दिवस है। आज की स्थिति देखते हुए जरूर कुछ उत्साह होता है। इसलिए नहीं कि हिंदी का प्रयोग बढ़ रहा है, राजभाषा विभाग परिपत्र पर परिपत्र जारी कर रहा है। हरेक सरकारी विभाग हिंदी प्रयोग का जलसा मना रहा है। बल्कि इसलिए कि अंग्रेजी के नए देसी चाहक पैदा हो गए हैं, जो अंग्रेजी की बदौलत, तीस फीसदी अंक वाली अंग्रेजी की बदौलत, कद ऊँचा करना चाहते हैं। उत्साह इसलिए कि जब अंग्रेजी ऐसे मखौल का विषय होगी, तभी उसके विदा होने के दिन नजदीक आएँगे। अंग्रेजी की मानसिकता का भोंडा प्रदर्शन जितना ही बढ़ेगा और पुरानी टाइयाँ जब अंग्रेजी की ताल पर नाचने उतरेंगी, तभी हिंदी का ही नही भारतीय भाषाओं का भाग्योदय होगा। मुझे अंग्रेजी से तनिक भी द्वेष नहीं, अंग्रेजी के सीमित संदर्भों में प्रयोग चलेंगे, पर अंग्रेजी जब संस्कृति की धरोहर होने चलेगी तो वह भारत की आत्मा का अधिकतर उपहास ही करेगी। जितनी संगोष्ठियाँ भारतीय संस्कृति को विषय बनाकर होती हैं, उन सबमें अंग्रेजी की अपर्याप्तता अपने आप उजागर होती है। विवश होकर भारतीय अवधारणाओं के व्याख्यात्मक अनुवाद किए जाते हैं, पर्याय ढूँढ़े नहीं मिलते।

हर भाषा को उसके बोलने वाले अपनी संस्कृति धरोहर के रूप में सौंपते है। धरोहर का अर्थ है, भाषा उसे सँभालेगी, आगे उत्तराधिकारियों को देगी, वे फिर अपनी समझ जोड़ कर संस्कृति की धरोहर आने वाली पीढ़ी के लिए भाषा को सौंपेगे। भाषा नदी की तरह तप की, आहुति के धूम की, घिसे हुए चंदन की, गंध की, दीप के आलोक की पंक्ति अपने ऊपर तैराती आगे ले जाती है। दूसरी भाषा उसे लेना भी चाहे तो पूरी तरह आत्मसात् नहीं कर पाती। भारतीय भाषाओं की बहुत सी धरोहर समान है, क्योंकि मूल अवधारणाएँ जिस भाषा में सबसे पहले अवतीर्ण हुई, वह संस्कृत थी। वह संस्कृत प्राचीन तमिल, प्राचीन मुंडा, प्राचीन किरात, भाषाओं

के घनिष्ठ संपर्क में आने के बाद उन सबके तत्वों का संश्लेषण अपने में कर चुकी थी। उसमें जहाँ ऐसा लचीलापन था, वहीं उसमें सुघड़ स्थापत्य का ऐसा ठोस आधार था कि वह कभी पुरानी नहीं हुई। भारतीय भाषाएँ जाने अनजाने उस अक्षयस्रोत से अभिव्यक्ति के नए आयाम पाती रहती हैं।

हिंदी भारतीय भाषाओं में अद्वितीयता का दावा नहीं करती, पर यह दावा जरूर करती है कि भूगोल और इतिहास दोनों ने उसे केंद्र में रखा। हिंदी भाषा ने सबसे अधिक आक्रमण झेले। सबसे अधिक टकराव झेले और उसी ने सबसे अधिक एक छोर का संदेश दूसरे छोर तक पहुँचाने का काम किया। उसी ने सार्थवाहों, तीर्थयात्रियों, रमताजोगियों, परिव्राजकों, भिक्षुकों, श्रमणों और कलाकारों के माध्यम से संपूर्ण जीवन की प्यास जगाई। हिंदी एक भाषा नहीं है, वह कई समूह भाषाओं का समूह है जिनमें समृद्ध साहित्य है; लिखित से कई गुना बहुत ही संपन्न वाचिक साहित्य है, पुश्त दर पुश्त के सूक्ष्म जीवन अनुभवों से गुजर कर के छनी हुई पैनी लोकोक्तियाँ हैं। ताजा से ताजा विम्ब विधान हैं, सादृश्य विधान है और संघर्षों से पाई हुई प्रखर दीप्ति है, साथ ही भक्तिधारा के उमड़ाव में बहाई संस्कृति की सहज शुचिता और ऋजुता है। हिंदी में सबका रुझान है, परिष्कार का भी, अनगढ़पन का भी, नागरता का भी और ठेठ गँवई का देसीपन का भी राजा का भी, रंक का भी। परंतु उसमें अधिक प्रतिष्ठा सामान्य की है, उसमें 'सूधे मन सूधे वचन सूधी करतूति' पर बड़ी आस्था है। 'मन मस्त हुआ तो क्या बोले' की मस्ती है, 'नगद दमाद अभिमानिता के' वाली ठाकुर की ठसक है, बोधा वाली प्रेमी पीर है तो भूषण, लाल और दिनकर का शौर्य भी है। हिंदी की धरोहर है कोई छोटा नहीं, न कोई व्यक्ति, न कोई काम, न कोई ठौर, सबमें अपार अपार क्षमता है। देखने वाली आँख चाहिए, जो जीवन की साधना से मिलती है। हिंदी ने संस्कृति की ज्ञानगरिमा की धरोहर संभाली। पुरानी प्राकृत परंपरा का सहज बाँकपन सँभाला। उसने पालि और प्राकृत श्रमणसाहित्य की त्याग वृत्ति सँभाली, उसने अपभ्रंश साहित्य की पौरुष-पराक्रम और जीवन के रसास्वाद की वृत्ति सँभाली। सारांश में उसने जातीय राग-विराग, जातीय अमर्ष, आध्यात्मिक और जातीय विश्वदृष्टि की धरोहर बड़े यत्न से सँभाली। हिंदी ने शासकों का मुँह नहीं जोहा, दरबारों की शोभा बढ़ाई भी तो बिक कर नहीं। देव-पद्माकर जैसे कवियों ने कई दरबार छोड़े, पर तमक नहीं छोड़ी। हिंदी का, जातीय स्वभाव था, सत्ता से निरपेक्ष रहना।वह स्वभाव कुछ कम ही सही आज भी हिंदी के कारण जिन्हें नौकरी मिली है, उनके भीतर तिलमिलाहट रहती ही रहती है। हिंदी भाषी विनम्रता बिना खोए स्वाभिमानी बना रहता है।

यही कारण है, मुझे हिंदी दिवस की स्मृति देश की स्मृति लगती है। अब भी मन करता है, कहूँ, कर दो देश में अंग्रेजी ही अंग्रेजी का व्यवहार। जो काम अंग्रेज नहीं कर सके, वह तुम सुविधाओं के लोभ में, कर्ज के नशे में कर दो।

हिंदी की पढ़ाई प्राथमिक शिक्षा से ही बंद कर दो, हिंदी का व्यवहार अपने तीज त्योहारों में भी बंद कर दो, नाम तक अपने बदल डालो, अंग्रेजी के ही बल पर तुम विश्व नागरिक बन जाओ, हम तुम्हारे कुचले कुचल नहीं जाएँगे। हम दूब की तरह लहलहा उठेंगे, जितना ही हमें उन्मूलित करोगे, उतना ही हमारा स्वत्व जागृत होगा। अभी तो वह स्वत्व तुम्हारी लुभावनी लोरियों से और तुम्हारे आश्वासनों की थपकियों से सो गया है। पर जब वह जगेगा और वह जाग कर रहेगा तो वह प्रलय मचा देगा, कुर्सियाँ उलट जाएँगी, सिंहासन धराशायी हो जाएँगे, विश्वयारी का नशा हिरन हो जाएगा, प्रभु और शासित के बीच की विलायती गारे-माटी की दीवाल ढह जाएगी।

आज हिंदी और दूसरी भारतीय भाषाओं के बीच जो खाई खोदी जा रही है और उसमें शुद्ध जातीयता का जहरीला पानी भरा जा रहा है, वह अपने आप पाट दी जाएगी, जब हिंदी यह विश्वास जगाएगी कि हिंदी को अंग्रेजी नही बनना है, उसे हुकूमत की भाषा नहीं बनना है, उसे बनना है संयोजन की भाषा, सौहार्द्र की भाषा, प्यार की भाषा। हिंदी भाषी जन का स्वत्व जगेगा तो अपने क्षेत्र की सरकारों से आग्रह करेगा, दूसरी क्षेत्रीय भाषाओं से उन्हीं भाषाओं में व्यवहार करो, अपने यहाँ भारत की समस्त भाषाओं में, समर्थ व्यक्ति तैयार करो। किसी से हिंदी की माँग न करो। पर अपने ऊपर भी किसी की प्रभुता स्वीकार न करो, हमारे यहाँ कोई काम हिंदी के सिवा किसी भाषा में न हो, जो लोग हिंदी भाषी क्षेत्र में हैं, उनकी भाषाओं का आदर हो, उसकी संख्या जहाँ पर्याप्त हो, उनकी पढ़ाई की व्यवस्था भी हो, द्विभाषी बनें, जैसे हिंदीभाषी द्विभाषी है, वह अपने घर में, एक अनौपचारिक दायरे में भोजपुरी-अवधी-ब्रज, बुंदेली, बघेली, छत्तीसगढ़ी, मालवी, मेवाड़ी जाने क्या-क्या बोलता है, पर औपचारिक और व्यापक सामाजिक परिवेश में हिंदी का व्यवहार करता है। हिंदी भाषी अनेकभाषी होने के लिए प्रस्तुत होंगे, वह दूसरे क्षेत्रों से हिंदी के लिए कुछ भी अपेक्षा नहीं करेंगे, परंतु अपने क्षेत्र में रहने वाले से अपेक्षा करेंगे कि तुम अपनी भाषा सीखो, उसका व्यवहार भी सीखो। हिंदी तमिलभाषी बांग्लाभाषी क्षेत्रों में तमिल, बांग्ला सीखने पर बल देगी और उन हिंदी भाषियों को सेतु बनाएगी। हिंदी एक तरफा आंदोलन छेड़ेगी, जिसका जिस क्षेत्र में जो प्रभुत्व है, यदि वे भाषा को प्रभुत्व का घटक मानते हों, हम नहीं मानते। हम भाषा को मैत्री का घटक और सवाहक मानते हैं, उसमें हिंदी तनिक भी हस्तक्षेप नहीं करेगी, परंतु हिंदी निरर्थक रूप से राजभाषा कहे जाने का अपमान भी नहीं सहेगी। हिंदी जनभाषा है और यही उसका गौरव है, वह अपरिभाषित जन की भाषा है, यह दुहरा गौरव है, वह गुलदस्ते की सजावट नहीं, जुड़े की शोभा नहीं, वह उत्सव के मंडप की बंदनवार है। इस भूमिका से वह अति परितुष्ट है। जब अंग्रेजी ही हाईस्कूल से लेकर एम. ए. तक माध्यम थी, तब भी हिंदी तेजस्वी थी, समर्थ थी। हाँ, तब अंग्रेजी में राष्ट्रीय

सभा में बोलने के पहले क्षमा याचना करते थे लोग, अब हिंदी में बोलने के पहले क्षमा-याचना करते है। हिंदी को किसी जंजीर की जरुरत नहीं है, वह मुक्तधारा है, वह किसी के रोके नहीं रुकेगी और प्रखर होगी। क्योंकि हिंदी का पास जो अमूल्य धरोहर है, वह हिंदी के ऊपर संयम के दायित्व का भार भी डालती है। हिंदी के ऊपर जन-जन के मंगल के दायित्व का भार है, हिंदी को इन दायित्वों का निर्वाह करना है, तभी वह एक बड़े जातीय भाव की धरोहर उसमें कुछ जोड़ कर आने वाली पीढ़ी को सौंपेगी।

●●●